幼儿园
探究式主题活动
设计与案例

杨柳 杨媛 郭璀 / 编著

中国轻工业出版社

图书在版编目(CIP)数据

幼儿园探究式主题活动设计与案例/杨柳,杨媛,郭璀编著.—北京:中国轻工业出版社,2024.3
ISBN 978-7-5184-4625-4

Ⅰ.①幼… Ⅱ.①杨… ②杨… ③郭… Ⅲ.①幼儿园—教学活动—教学设计 Ⅳ.①G612

中国国家版本馆CIP数据核字(2023)第228625号

保留所有权利。非经中国轻工业出版社"万千教育"书面授权,任何人不得以任何方式(包括但不限于电子、机械、手工或其他尚未被发明或应用的技术手段)复印、拍照、扫描、录音、朗读、存储、发表本书中任何部分或本书全部内容,以及其他附带的所有资料(包括但不限于光盘、音频、视频等)。中国轻工业出版社"万千教育"未授权任何机构提供源自本书内容的电子文件阅览、收听或下载服务。如有此类非法行为,查实必究。

责任编辑:张天怡　　责任终审:张乃柬
策划编辑:吴　红　　责任校对:刘志颖　　责任监印:吴维斌

出版发行:中国轻工业出版社(北京鲁谷东街5号,邮编:100040)
印　　刷:中国电影出版社印刷厂
经　　销:各地新华书店
版　　次:2024年3月第1版第1次印刷
开　　本:787×1092　1/16　印张:18.25
字　　数:170千字
书　　号:ISBN 978-7-5184-4625-4　　定价:78.00元
读者热线:010-65181109
发行电话:010-85119832　　010-85119912
网　　址:http://www.chlip.com.cn　http://www.wqedu.com
电子信箱:1012305542@qq.com
版权所有　侵权必究
如发现图书残缺请拨打读者热线联系调换
231838Y1X101ZBW

前　言

历经五个春秋，怀着对园本课程建设的孜孜追求，我和青岛国家高新技术产业开发区（简称"青岛高新区"）实验幼儿园"成长教育"课程团队的实践成果《幼儿园探究式主题活动设计与案例》正式出版，这也是我园"成长教育"研究团队为幼教同人们奉上的集体智慧结晶。

2018年6月，我和杨媛、郭璀来到青岛高新区，负责筹建该区的第一家公立幼儿园——青岛高新区实验幼儿园（后称"我园"）。选择来到这里，是因为我们被这所幼儿园所处的环境深深吸引。青岛高新区作为青岛市的新兴城区，城区建设规划布局科学合理，宜人宜居，既重视生态环境的创设，又凸显现代科技。幼儿园枕河傍海，门前就是广阔的绿地公园，自然环境优越。周边社区资源丰富，既有传承历史的渔盐文化博物馆，又有现代的游乐城、科技馆。我想，在这里办幼儿园，一定要打开大门、跨越围墙，教师带着孩子们将课堂真正搬到大自然、大社会中，给孩子们提供充足、充分的探究空间和时间。这里，具备办一所理想中的幼儿园的外在条件。

怀着这个信念，我和杨媛、郭璀带领年轻的教师团队开始了立足本园实际的"成长教育"园本课程建设与实践，并将其作为打造高水平教师队伍、促进幼儿可持续发展、实现学前教育高质量发展的核心抓手，形成了以促进幼儿自身生命整全成长为根本目的，充分尊重幼儿探究的兴趣和潜力，以"关注自然、关注社会、回归生活"为课程实践导向和关键实践途径的"成长教育"探究式主题课程。

本书出版的初衷，是为广大的学前教育实践工作者提供具体而实际的帮助。五年时间里，我们先后开办了三所幼儿园，不断有新手教师加入这个团体。不管是新教师还是成熟教师，都需要有一个可操作的课程蓝本，即我们要通过实践性强的教育活动方案，为一线教师搭建支持性平台。但本书的出版绝不是简单地"方便"教师，为教师提供"模板"，让他们被动执行活动方案，而是让教师通过对书中不同主题活动的阅读、学习、领会，深入理解"成长教育"的儿童观、课程观，并将新观念向实践转换，经由"理解—把握—实施"的过程，促进教师在反思与实践中收获成长，并能游刃有余地创新课程。也就是，我们在研究中所倡导的从"蓝本"到"绿本"的转变。

在此过程中，教师学会实践、学会思考，其专业化将获得发展。

我园"成长教育"园本课程历经四个版本的修改与完善。2018年诞生的1.0版，是我与杨媛、郭璀结合自身十几年的教育思考和经验，伴随着新建园的筹建，共同构建、创生的。它从主题展开，包含教育目标、游戏活动、外出观察与参访、家长工作、环境创设等部分；其课程内容较多体现为到大自然、大社会中学习，强调幼儿生活中的学习。

本着让科研成为课程可持续发展的生命线，伴随着青岛市社会科学课题《幼儿园课程建设与实施中社区资源的开发与利用》《立足"成长"的幼儿园园本课程模式构建研究》、青岛市教育科学"十三五""十四五"规划课题《主题课程下幼儿户外融合活动研究》《幼儿"成长教育"园本课程的建构与实践研究》等多项课题的研究，我们建成了"成长教育"课程资源库，明晰了"成长教育"课程的内涵、确立了"成长教育"课程目标，进一步完善适合幼儿年龄特点和发展需要的课程内容，先后修订了2.0版和3.0版。这时的课程活动以主题为核心，整合各领域内容，凸显了以幼儿发展为本，彰显本土、社区的优势，更加突出了幼儿探究式活动的研究，形成个性鲜明的"成长教育"特色。我们倡导在尊重幼儿时间、空间及机会的基础上，以关注自然、关注社会、回归生活为课程关键实践途径，鼓励教师敏锐捕捉幼儿的兴趣和需要，建构、生成本班幼儿想尝试的课程。在此过程中，一批年轻教师成熟起来，成长为课程研究团队的骨干。教师儿童观、课程观、游戏观的提升，使得主题课程实施最大限度地满足了幼儿在探究中主动学习、自主成长的需要。

与中国轻工业出版社万千教育编辑部达成出版意向后，我们从"成长教育"课程案例中择优选取了十二个凸显幼儿探究式学习的课程活动。这十二个课程活动本着"审议—实践—反思—整理提升"循环往复的动态研究，历经多位教师的实践打磨，由黄璐（《案例一　我和秋天有约》《案例五　秋天的泥学院》《案例八　海的味道》）、臧梦桐（《案例二　我真了不起》）、孙晨（《案例三　与甜蜜为伴》）、郝萍（《案例四　萌宠乐园》）、梁如亚（《案例六　安全大本营》）、刘朔含（《案例七　我的交通视野》）、韩璐（《案例九　"布"一样的花花衣》）、张天琦（《案例十　超级学城[①]》）、李思捷（《案例十一　瓶、碗、罐开大会》）、石雯（《案例十二　你好！高新区》）十位

---

① "学城"一词是指青岛高新区中由幼儿园、小学、中学、大学等组成的区域。

教师整理形成课程故事，再经过我与杨媛、郭璀以"探究式"为关键词，从设计意图、主题总目标、活动网络图、活动设计与实施等几个方面反复推敲、琢磨、修改、完善，最终形成《幼儿园探究式主题活动设计与案例》的初稿，即青岛高新区实验幼儿园"成长教育"的阶段性成果。

"为儿童提供适切生命成长的教育"，是我在近二十年学前教育工作中对教育追求和价值判断的概括与凝练。在"成长教育"探究式主题课程中，幼儿的真切需求占据首位，他们是游戏和学习的主人。对教师而言，观察、解读幼儿是初阶专业基础，设计、组织、实施课程的能力更是身为一名幼儿园教师应当具备的专业能力。伴随着对课程案例的梳理、总结和反思，我和我的团队愈发认识到，课程其实就是一个灵动的探究过程，当我们能够追随幼儿的视角和需要，就会发现：

一只嚁嚁作响的蟋蟀就是课程；

一片丰沛的芦苇湾就是课程；

一株结满硕果的果树就是课程；

一个破旧的大纸盒就是课程；

一场突如其来的感冒就是课程；

……

而这些，才是当下幼儿生命成长所真正需要的。

我希望，致力于研究幼儿园园本课程和活动设计的同行们读一读本书。相信字里行间传递出的精神，能够帮助您解答关于课程从"蓝本"转变为"绿本"、从教师预设转变为幼儿引领以及从自主游戏过渡到生成活动的困惑，展示幼儿在探究中、在主动建构中自我发展的独特过程。

青岛高新区实验幼儿园　杨柳

2023 年 10 月

目　录

导言　为儿童提供适切生命成长的教育　　　　　　　　　　001

小班

案例一　我和秋天有约　　023

核心活动一：秋叶飘飘　　025
 1. 片片叶子飘下来　　025
 2. 走！去远足！　　026
 3. 秋天来了　　027
 4. 公园秋游　　028
 5. 美丽的树叶　　030

核心活动二：我和海棠果的约会　　030
 1. 我的朋友，海棠果树　　031
 2. 制作美味的海棠果酱　　032
 3. 创意拼贴海棠果树　　033
 4. 海棠果排火车　　034

核心活动三：我爱树妈妈　　035
 1. 树妈妈本领大　　035
 2. 送给树妈妈的一封信　　036
 3. 保护树妈妈，我们在行动　　036
 4. 争做小小宣传员　　037
 5. 送给树妈妈的礼物　　038

案例二　我真了不起　　041

核心活动一：可爱的我　　043
 1. 脸，脸，各种各样的脸　　043
 2. 我的五官本领大　　045
 3. 保护眼睛和牙齿　　046
 4. 我的本领　　047

核心活动二：我有一双小小手　　048
 1. 我的小手　　049
 2. 手指创意印画　　050
 3. 我会自己穿衣服　　050
 4. 保护小手我知道　　051

核心活动三：我可真能干　　052
 1. 自己的事情自己做　　052
 2. 收纳小能手　　053
 3. 家中小帮手　　054
 4. 搭建游戏：我的家　　055
 5. 我长大了　　055

案例三　与甜蜜为伴　　058

核心活动一：甜蜜大集合　*060*
   1. 各种各样的糖　*061*
   2. 棒棒糖不见了　*062*
   3. 保护牙齿大作战　*063*
   4. 我会刷牙　*064*

核心活动二：我们班的甜蜜屋　*064*
   1. 一起做蛋糕　*065*
   2. 甜蜜屋大变身　*066*
   3. 甜品对对碰　*067*
   4. 健康饮食我知道　*068*
   5. 搭建香喷喷的甜品店　*069*

核心活动三：不一样的甜蜜　*069*
   1. 生活中的甜蜜时刻　*070*
   2. 好朋友的生日会　*070*
   3. 生日蛋糕 DIY　*072*
   4. 制造甜蜜大行动　*072*

案例四　萌宠乐园　　076

核心活动一：萌宠大发现　*078*
   1. 逛逛萌宠乐园　*078*
   2. 我喜欢的萌宠　*079*
   3. 萌宠如何保护自己　*080*
   4. 益智游戏：萌宠碰碰乐　*081*

核心活动二：嗨，兔子朋友　*082*
   1. 可爱的小兔子　*082*
   2. 我和兔子交朋友　*083*
   3. 兔妈妈生宝宝了　*085*
   4. 探秘小兔子　*086*
   5. 制作香喷喷的胡萝卜　*087*

核心活动三：动物是我们的好朋友　*088*
   1. 动物与人类的关系　*088*
   2. 参观宠物医院　*089*
   3. 给流浪动物搭个家　*089*
   4. 保护动物大行动　*090*

中班

案例五　秋天的泥学院　　095

核心活动一：泥学院里变化多　*097*
   1. 快乐采摘，分享收获　*098*
   2. 用多种形式再现我的发现　*099*
   3. 嗨，花生宝宝　*100*
   4. 快乐的小农民　*101*

核心活动二：玉米大发现　*102*
   1. 认识玉米　*102*
   2. 写生玉米　*103*
   3. 玉米本领大　*104*
   4. 堆肥记　*105*
   5. 夹玉米粒比赛　*107*

核心活动三：百变玉米　*107*
   1. 我和玉米做游戏　*108*
   2. 制作玉米工艺品　*109*
   3. 美味的玉米　*110*

4. 玉米晒太阳 　　　　　　　　*110*
　　5. 磨磨玉米粉 　　　　　　　　*111*
核心活动四：粮食家族 　　　　　　*112*
　　1. 磨一磨，"粉家族"现身了 　*112*
　　2. 查一查，粮食家族的
　　　 "大秘密" 　　　　　　　　 *113*
　　3. 做一做，各种美食分享 　　　*114*
　　4. 颂一颂，粒粒皆辛苦 　　　　*115*
　　5. 讲一讲，节约粮食从我做起 　*115*

案例六　安全大本营　　　118

核心活动一：谁在保护我们的安全　*120*
　　1. "谁在保护我们的安全"
　　　 大调查 　　　　　　　　　 *120*
　　2. 寻找身边的安全隐患 　　　　*122*
　　3. 安全标志保护我 　　　　　　*123*
　　4. 着火了怎么办？ 　　　　　　*124*
　　5. 火的黑说与白说 　　　　　　*124*
核心活动二：参观消防大队 　　　　*125*
　　1. 我心目中的消防大队 　　　　*126*
　　2. 消防员叔叔进课堂 　　　　　*126*
　　3. 我们的参观计划 　　　　　　*127*
　　4. 参观消防大队 　　　　　　　*128*
　　5. 分享参观的收获 　　　　　　*129*
核心活动三：了不起的消防员 　　　*129*
　　1. 我们班的消防大队 　　　　　*130*
　　2. 体验消防员的一天 　　　　　*130*
　　3. 争做优秀消防员 　　　　　　*132*
　　4. 搭建我们班的消防大队 　　　*132*
核心活动四：我是小小安全员 　　　*133*
　　1. 争当小小安全员 　　　　　　*133*

　　2. 安全隐患不见啦 　　　　　　*134*
　　3. 危险来了怎么办？ 　　　　　*135*
　　4. 医生爸爸进课堂 　　　　　　*135*
　　5. 我是安全宣传员 　　　　　　*136*

案例七　我的交通视野　　　139

核心活动一：我家的车 　　　　　　*141*
　　1. 我家的车有小秘密 　　　　　*141*
　　2. 汽车开进幼儿园 　　　　　　*142*
　　3. 汽车加油（充电）站 　　　　*143*
　　4. "我家的车"大统计 　　　　 *144*
　　5. 制作一辆"我们班的车" 　　 *145*
核心活动二：马路上 　　　　　　　*145*
　　1. 马路上的小秘密 　　　　　　*146*
　　2. 交通标志会说话 　　　　　　*147*
　　3. 交警叔叔进课堂 　　　　　　*147*
　　4. 我们班的马路通车了 　　　　*148*
　　5. 搭建游戏：当马路遇上桥 　　*149*
核心活动三：身边的公共交通 　　　*151*
　　1. 我们身边的公共交通工具 　　*151*
　　2. 一起乘坐公交车 　　　　　　*152*
　　3. 我们班的公交车站 　　　　　*152*
　　4. 地铁8号线通车了 　　　　　 *153*
　　5. 安全出行发布会 　　　　　　*154*
核心活动四：绿色出行，从我做起 　*155*
　　1. 世界无车日 　　　　　　　　*155*
　　2. "汽车的好与坏"辩论赛 　　 *156*
　　3. 绿色出行小卫士 　　　　　　*157*
　　4. 益智游戏：绿色出行棋 　　　*158*
　　5. 设计未来的车 　　　　　　　*158*

案例八　海的味道　161

核心活动一：海边人的生活　164
1. 海边人的饮食　164
2. 赶海大发现　165
3. 用多种形式表现海边人的餐桌　166
4. 热闹的海鲜码头　167

核心活动二：本地小海鲜　168
1. 本地常见的小海鲜　168
2. 蛤蜊住进教室里　169
3. 海鲜厨艺大比拼　170
4. 海鲜餐厅开业啦　171

核心活动三：小海鲜，大学问　172
1. 美味海鲜营养多　172
2. 吃海鲜应该注意什么？　173
3. 贝壳上的秘密　174
4. 参观贝壳博物馆　175
5. 成立贝壳博物馆　175

核心活动四：海的味道我知道　177
1. 参访韩家民俗村　177
2. 盐的探究：盐的秘密我知道　178
3. 盐的探究：好玩的盐　178
4. 鱼宝宝笑了　180
5. 保护海洋的宣传活动　181

大班

案例九　"布"一样的花花衣　185

核心活动一："衣"旧如新　187
1. 衣服上的小秘密　187
2. 开一家服装店吧　188
3. 26℃穿衣法则　190

核心活动二：神奇的布　192
1. 调查各种各样的布料　192
2. 了解布和衣服的发展史　193
3. 参访青岛纺织博物馆　193
4. 探究布的特性小实验　194
5. 布的扎染活动　196

核心活动三：衣冠楚楚　197
1. 探究着衣之道　197
2. 我们的干洗店开业啦！　198
3. 旧衣换新颜　200

核心活动四：量体裁衣　200
1. 衣服怎样做出来？　200
2. 参访青岛中学制衣教室　201
3. 如何制作衣服？　202
4. 我会自己缝补衣物　203
5. 我们会制衣　203

核心活动五："衣"依不舍　204
1. 活动发起：贫困山区的小朋友生活现状怎么样？　205
2. 制订计划，发起倡议　205
3. 收集衣物，积极准备　206
4. 运送温暖，传递真情　207

5. 温暖"布"曾减退：爱心义卖活动 … 208

案例十　超级学城　211

核心活动一：学城可真大 … 213
  1. 学城里面逛一逛 … 213
  2. 制作学城地图 … 214
  3. 下沉广场探秘 … 216
  4. 下沉广场音乐会 … 217
  5. 学城马拉松比赛 … 217

核心活动二：学城可真美 … 218
  1. 记录学城的最美一角 … 218
  2. "学城最美风景"排行榜 … 220
  3. 学城的建筑之美：搭建探究 … 220
  4. "学城之美"展览会 … 221

核心活动三：学城超级棒 … 222
  1. 我们的学校参访计划 … 223
  2. 走进青岛中学 … 223
  3. 秒变小小足球迷 … 224
  4. 足球进课堂 … 225
  5. 我们班的足球赛 … 226

核心活动四：畅想未来学城 … 227
  1. 我心中的未来学城 … 228
  2. 设计未来学城 … 228
  3. 制作未来学城沙盘 … 229
  4. 我们的学城宣传会 … 230

案例十一　瓶、碗、罐开大会　233

核心活动一：生活中的瓶、碗、罐 … 235
  1. 瓶、碗、罐交流会 … 235
  2. 了不起的瓶、碗、罐 … 237
  3. 瓶、碗、罐回收站 … 238
  4. 标签上的小秘密 … 239

核心活动二："陶"你喜欢，"瓷"旧迎新 … 240
  1. 追根溯源 … 240
  2. 参观青岛市博物馆 … 242
  3. 寓意吉祥的美工作品 … 242
  4. DIY 时间到 … 244
  5. 我们班的博物馆 … 245

核心活动三：餐桌礼仪我知道 … 247
  1. 餐桌礼仪大调查 … 247
  2. 茶道我知道 … 248
  3. 小鬼当家 … 249
  4. 餐桌礼仪推广人 … 250

核心活动四：我是小小宣传员 … 251
  1. 瓶、碗、罐博览会的小计划 … 251
  2. 一起动手做准备 … 252
  3. 一起布置博览会 … 253
  4. 瓶、碗、罐博览会开幕了 … 254

案例十二　你好！高新区　258

核心活动一：从我家到幼儿园 … 260
  1. 我家居住的小区 … 261
  2. 美丽小区 … 262
  3. 小区里的美景 … 262

核心活动二：推荐高新区的好去处 … 263
  1. 参观高新区规划馆 … 263
  2. 参观海盐博物馆 … 265
  3. 生意红火的烧烤城 … 265
  4. 高新区沙盘 … 267

核心活动三：了不起的高新区 268
    1. 参观地下污水处理厂 269
    2. 用过滤污水发豆芽 270
    3. 小小盐农 271
    4. 进货郎 272

核心活动四：高新区博览会 273
    1. 我们的高新区博览会计划 273
    2. 高新之美 273
    3. 秧歌扭起来 275
    4. 高新宣传角 275
    5. 高新区博览会 276

导　言

为儿童提供适切生命成长的教育

探究式主题活动是幼儿园教育实践的重要组成部分，缘起于方案教学，对促进幼儿全面发展，提升教师专业素养和推动高质量学前教育发展具有重要价值。我园的教师团队基于已有研究、结合幼儿园实践经验，思考探究式主题活动的内涵特征、价值意蕴，进而探索构建幼儿园探究式主题活动的实践路径。

一、幼儿园探究式主题活动的内涵特征

探究既是一种学习方法，也是一种教学手段。20世纪50年代，美国著名科学家、芝加哥大学教授约瑟夫·J.施瓦布（Joseph J. Schwab）在题为"作为探究的科学教学"（Teaching of Science as Enquiry）的演讲中正式提出了"探究式学习"这一概念，认为探究式学习是儿童通过自主参与获取知识的过程。儿童在好奇心和求知欲的驱使下，在动手操作的过程中获取知识和经验，提升探究的能力，从而形成积极的科学探究态度。探究式学习也被称为"研究性学习"，具有主动性、实践性、综合性和开放性等学习特点，需要个体动手操作与实践，在不断探究中获取丰富的学习经验。

主题活动是伴随着课程改革出现的新的教育活动组织类型，是目前我国幼儿园最常见的教学方式，国内外学者都对其进行了丰富的研究。

国外主题活动的形成起源于方案教学。1918年，美国教育家威廉·赫德·克伯屈（William Heard Kilpatrick）在哥伦比亚大学《师范学院学报》（*Journal of Teachers College*）上发表的《方案教学法》（*The Project Method*）一文中，正式提出"方案教学"这一概念。他将"方案教学"定义为："在特定的社会环境中发生的、需要参与者全身心投入的、有计划的行动。" 20 世纪 60 年代，方案教学模式在欧洲得到了广泛的实践，方案教学成为英国幼儿园教学的核心部分，但其成熟和系统化是在意大利瑞吉欧完成的。自 20 世纪 90 年代，瑞吉欧方案教学（Reggio Emilia Approach）开始广为人知。瑞吉欧方案教学强调儿童要参与方案研究，经由与周围人、事和物的互动来建构个体经验，认知外部世界。此外，瑞吉欧方案教学还强调过程的设计性和内容

的生成性。前者强调对于活动的科学设计，如建立幼儿个人档案，通过日记、幻灯片等多种方式回顾幼儿的学习过程，幼儿也在倾听和回顾的过程中丰富经验；后者指虽然强调科学的设计，但教师并不是机械地沿着既定路线开展活动，而是追溯幼儿的兴趣、需要和现实情况对方案进行适度调整，使其向有利于幼儿的方向发展。

随着瑞吉欧方案教学模式日渐成熟，开始在全球范围内得到广泛发展，各国在学习瑞吉欧教育理念的基础上结合本国特色创立了新的课程模式。例如，20世纪80年代，美国幼教专家丽莲·凯兹（Lilian Katz）在其著作《开启孩子的心灵世界：项目教学法》（*Engaging Children's Minds: The Project Approach*）一书中提道：在方案教学中，幼儿不是被动的受教育者，而要主动地参与他们的研究方案，与周围的人、事和物发生有意义的联系。将瑞吉欧的教育理念运用在实践中开展教育试验，将取得显著的成就。

瑞吉欧的教育理念对我国学前教育的发展产生了深远的影响，也对我国走出狭隘的分科式教学制度、开展主题式教学产生了积极的意义。瑞吉欧方案教学主张教师要协助幼儿全面、深入地理解周围环境及经验中值得探究的事物，使幼儿通过方案主题的探索获得与周围的人、事和物的互动。这种教学方式给教师开展"生成型、探究型"的主题活动带来了新的启发。瑞吉欧的教育理念，引导幼儿教育研究者重新审视主题活动的来源和指导方式，为我国幼儿园主题活动的组织和开展指明了新方向，也为研究探究式主题活动提供了方向和范式。幼儿教育工作者开始思考如何在主题活动实施中更加注重幼儿探究的体验式学习。

我国的幼儿园主题活动研究，可以追溯到我国著名儿童教育家、现代幼儿教育奠基人陈鹤琴先生提出的"单元教学法"。陈鹤琴先生认为，儿童的发展是一个整体的存在，教育应当帮助儿童形成完整的经验，获得对世界的整体感知。伴随着新课改的不断深入，在美国教育心理学家霍华德·加德纳（Howard Gardner）的多元智能理论，以及以瑞士让·皮亚杰（Jean Piaget）、美国杰罗姆·布鲁纳（Jerome Bruner）和苏联列夫·维果茨基（Lev Vygotsky）为代表的建构主义学习理论等西方幼儿教育思潮的影响下，国内的主题活动开展也不断进行着新的尝试和改进。专家、学者主要从理论层面和实践层面对主题活动进行相关研究，探讨主题活动的内涵以及实践策略，并取得了丰硕的研究成果。

在理论研究方面，学者对于主题活动的内涵和特征达成初步一致，但不同学者也有不同的理解和解释。例如，虞永平教授提出：主题活动是指课程的某一单元、某个时段要讨论的中心话题，通过对这些中心话题的讨论，对中心话题蕴含的问题、现象及事件等探究，使幼儿获得新的、整体的和联系的经验。朱家雄教授认为：主题活动是以主题的方式开展的教育活动，是综合性课程的一种方式。王春燕教授提出：主题活动的特点是打破学科之间的界限，围绕某一主题开展活动，将各种学习内容有机地联系在一起。由此可知，学者们普遍认为，主题活动是与分科教学相对的一种综合性的活动方式。因此，主题活动是指在一段时间内，围绕一个中心话题开展的基于幼儿的发展目标、问题和兴趣引发的各类活动的综合。

在实践研究方面，通过对已有的资料进行分析发现，关于探究式主题活动的实践研究主要集中在以下几方面：一是运用个案研究，分析并发现幼儿园探究式主题活动开展的现状；二是聚焦于主题活动的某一方面开展深入的研究，如主题活动中的环境创设和社会资源、家庭资源的利用情况以及教师指导策略等；三是基于对探究式主题活动的分析开展的行动研究，在一轮又一轮的行动中不断地修正已有活动方案，促使活动朝向高质量发展。

探究式主题活动作为学前教育课程的一种重要组织形式，具有深厚的历史渊源，在中国文化背景下，经过本土化成为一种非常成熟的幼儿园课程教学模式。探究式主题活动之所以成为学术研究热点以及实践中常用的教学策略，在于其革新了教育理念，摈弃了传统的教学模式（即重预设轻生成、重指导轻主体、偏重知识的割裂性和轻视经验的完整性等）。探究式主题活动要求以幼儿为中心，尊重幼儿学习的主体地位和主动性，始终追随幼儿的兴趣和需要，将其作为课程的立足点；以某一主题为探究内容并有效地融合五大领域的学习，注重经验的完整性和连续性。但是，部分学者在研究中指出了开展探究式主题活动存在的问题，如：内容的整合性不够，容易出现"拼盘式"的教学；看似融合了五大领域的学习内容，实则各个领域仍然是相互独立的存在；教师缺乏科学的指导策略，对幼儿的引导停留在浅层次水平等。基于此，本文旨在从理论层面梳理幼儿园探究式主题活动的内涵特征、价值意蕴，并结合我园教育实践，尝试探索具有建设意义的实践路径，以期为一线教育工作者提供思考借鉴。

目前，关于幼儿园探究式主题活动的概念，还未有学者给出具体的定义。但通过深入挖掘"探究"一词的内涵可知，探究式活动更尊重幼儿的自主性、活动的生成性、人际互动性和经验分享性等。结合以上观点，可将幼儿园探究式主题活动定义为：基于儿童视角，以某一主题为探究中心，以幼儿的自主探索、自由表达、合作交流和质疑解惑为过程，综合运用集体活动、小组活动和个别活动引导幼儿与周围环境进行互动，使幼儿在感知、观察和操作的基础上发现问题、分析问题和解决问题，并运用多种方式表征个体经验，不断地获得分析和解决问题的能力，促进个体的认知、情感和社会性等全面发展。其中，活动主题可以是教师预设的，也可以是师幼生成的。

与传统教学相比，探究式主题活动具有课程结构生成性、课程内容真实性及课程评价主体性的特征。首先，探究式活动的主题不是教师事先预设的，而是随着活动的开展不断进行调整和改进的。可以说，探究式主题活动的生成是一场教育偶遇的过程，在这个过程中可能会不断地产生新问题，需要师幼间共同对话、交流，发挥集体智慧，在一次次思维碰撞的过程中激发灵感。其次，探究式主题活动的内容不是抽象、晦涩的，而应是幼儿在日常生活和游戏中产生的真实问题，经由师幼之间共同梳理经验、凝练，最终生成可供幼儿探究的问题。探究式主题活动主张通过疑问情境激活幼儿"动手做、做中学"的意识，使幼儿在对问题与现象的发现及研究中学会主动发现问题、提出假设、大胆尝试、分析情况、处理信息和沟通交流，从而形成自主探索意识，获得全新的经验技能与知识。最后，探究式主题活动的评价尊重幼儿本位，注重过程性评价，着眼于幼儿视角，引导幼儿回顾探究过程，梳理获取的经验，综合运用多种方式表征探究过程和内心体验。这不仅体现了幼儿为本的教育理念，还可以帮助幼儿在反思的过程中发现新问题，在主动参与中形成良好的创新意识，提高思维能力、创造能力、合作交往能力和动手能力，形成积极的学习态度。

二、幼儿园探究式主题活动的价值意蕴

探究式主题活动具有极强的自主性与实践性，将"教、学、做"有效整合，打破了说教的教育模式，促使幼儿在实践活动中获得更丰富的经验与技能，对其身心发展起着积极的促进作用，有利于教师专业素养的提升，对促进学前教育课程高质量发展有着重要的意义。

（一）有助于促进幼儿身心全面和谐发展

幼儿园探究式主题活动所追求的价值取向与传统课程所追求的价值取向不同，它

主要着眼于幼儿终身学习的愿望和能力的培养，着眼于幼儿可持续发展素质的培养，着眼于幼儿活动中的自主性和亲身体验感，着眼于帮助幼儿在活动中积极主动获得各种体验和经验。探究式主题活动对幼儿发展的价值具体表现在以下方面。

1. 尊重幼儿个体的兴趣和需要，引导幼儿主动参与活动

幼儿通过参与、投入活动而获得发展，他们参与活动的质量决定了发展的质量，参加活动的水平决定了发展的水平。探究式主题活动更注重幼儿主动参与探究的过程，有利于激发幼儿的探索欲望和探究精神，其内容来源于幼儿的生活，更能引起幼儿强烈的兴趣和探究欲望。正所谓"兴趣是最好的老师"，是驱动幼儿深度学习的内在动力，因此兴趣点和关注点是教育的有效起点。教师有意识地关注幼儿的兴趣点、了解幼儿的需求，以幼儿的兴趣和需要作为教育契机，合理组织，适时点拨，就会使活动的教育价值得到最大限度的开发和利用。在此过程中，教师将激发幼儿的好奇心和兴趣，驱动他们积极主动地参与活动，并以积极的情绪投入活动。尊重幼儿个体的兴趣和需要，能使幼儿全身心地投入探究活动，勇于主动探究新事物，不断地发现问题、分析问题和解决问题。

2. 基于幼儿的已有经验水平，培养幼儿良好的学习品质

探究式主题活动的开展是培养幼儿良好学习品质的主要途径。《幼儿园教育指导纲要（试行）》（以下简称《纲要》）指出，幼儿园课程应该重视幼儿学习品质的培养，帮助其逐步形成积极主动、认真专注、不怕困难、敢于探究和尝试、乐于想象和创造等良好的学习品质。在探究式主题活动中，教师面对幼儿提出的问题和探究的欲望，基于对幼儿已有经验和发展水平的认识和了解，筛选有价值的问题，抓住契机，因势利导地组织探究活动，引导幼儿观察和发现新的问题。幼儿通过动手动脑主动寻求问题解决办法，解决自己的困惑，良好的学习品质就会在这个过程中形成，从而为其终身学习和可持续发展奠定良好的基础。探究式主题活动正是幼儿问题解决能力、创新创造能力、探究实践能力和思维能力培养的重要路径，也是发展幼儿自主学习能力的重要方式，对幼儿良好学习品质的形成至关重要。

3. 重视幼儿直接经验的获得，推动幼儿逻辑思维的发展

学龄前儿童处于以具体形象思维为主、抽象逻辑思维开始萌芽的重要时期，同样也是思维能力、感知能力和探究能力等培养和经验积累的关键时期。幼儿对常见的事物和现象都喜欢刨根问底，在现实中成人应避免简单直接地告知，忽略其过程中自身

探究的重要性。幼儿身心发展的特点，决定其主要是通过直接感知、实际操作和亲身体验来认识世界、获取经验。正如"我听见，我忘了；我看见，我记住了；我做了，我理解了"，探究式主题活动是引导幼儿主动建构个体经验的重要方式。在探究式主题活动中，幼儿从自身的生活和经验出发，通过直接感知、实际操作、亲身体验和相互分享等形式，激发兴趣，掌握方法，提高能力。

幼儿期的学习具有整体性和启蒙性的特点，幼儿对于周围世界的认知是笼统的。与传统的分科式教学活动不同，探究式主题活动通过围绕某个主题，将各领域内容以润物细无声的方式整合在一起，旨在帮助幼儿获得完整经验，这与幼儿的认知特点具有高度的一致性。因此，探究式主题活动符合幼儿的身心发展规律，给予了幼儿充分操作和探究的机会，并帮助幼儿在此过程中逐步形成对周围世界的完整经验。探究式主题活动充分尊重幼儿的主体地位，引导幼儿积极主动地进行操作和探究，通过探究式学习形成问题解决的方式，发展解决问题的能力，在不断地尝试和操作中获得更加丰富的经验和技能，对其终身学习和发展起着积极的作用，有利于促进幼儿思维能力的发展。

4. 关注幼儿的个体差异，促进幼儿主动交往和合作

探究式主题活动强调尊重幼儿的个性化发展和个体差异，注意通过"互动合作"的方式进行学习。幼儿从好奇心出发，积极开展相关探究，他们既充分发挥自己的主动性，又和同伴相互配合，在互动合作、操作探究的过程中丰富认知、理解和想象，提升解决问题的能力。在探究式主题活动中，教师通过密切关注幼儿之间的社会交往，识别、解读幼儿在活动中的情绪情感状态，从而在活动过程中给予适宜的支持；并通过创设安全、宽松、自由的探索环境，让幼儿感受到尊重和爱，从而主动参与团体活动，主动与同伴进行交往和合作。

探究式主题活动围绕某个主题开展相关探究活动，具有过程性、内容生活性和经验整合性等特征。它是一种以幼儿自主学习、探究和解决问题为主的学习方式，是促进幼儿全面发展、推动可持续学习的重要途径。

（二）有助于提升教师的专业素养

幼儿园教师的专业素养直接关乎保教质量。关注师资队伍建设，综合运用多种方式提高教师专业素养、实现教师专业化成长是提高幼儿园保教质量，推动学前教育高

质量发展的重要途径。教师专业素养既在实践中体现，也依托实践生成，教育实践过程正是教师发挥教育智慧、实现专业发展的最佳土壤。幼儿园探究式主题活动具有鲜明的实践特征，对教师的专业素养提出了更高的要求。

1. 教师教育观念的转变

探究式主题活动的开展有利于更新教师的专业理念，从关注幼儿知识获得向注重幼儿能力、情感和价值观的培养等方面转变。教学有效性以幼儿的需要和幸福为依据，良好的情感可以帮助幼儿生活，使他们保持学习的欲望与好奇心，促使其保持对万事万物积极探索的内驱力。在探究式主题活动中，教师有意识地引导、支持幼儿通过亲身实践、动手操作参与活动，在此过程中真诚地信任、尊重、理解、关心和爱护每一位幼儿，关注个体差异、个体兴趣与个性发展等生命层面的内容，有利于教师改变"重结果，轻过程"的错误理念，关注幼儿能力的生成，注重幼儿的生命价值与情感体验，培育健康、全面的人。

2. 教师专业知识的丰富和加强

教师专业素养的核心是教师专业知识的不断获得与发展，教师知道什么与能做什么对提升保教质量同样有重要作用。探究式主题活动帮助教师应用领域内容知识和幼儿发展知识，将教师的保教目标任务与幼儿行为的观察结合起来，支持教师从实践中学习。

首先，在探究式主题活动的实施过程中，教师需要对活动主题或内容所包含的广泛事物、现象或规律进行梳理，以达到深刻理解的程度。比如，在大班探究式主题活动"你好！高新区"中，教师不仅需要广泛了解城区内的自然景观、人文历史和高科技产业特点，还要结合大班幼儿的已有生活经验，准确把握活动所涉及的知识及科学概念与幼儿经验的联系，选择处于幼儿最近发展区内的、有价值的内容设计教育活动。其次，探究式主题活动的开展需要教师采用引导型的教学方法，启发幼儿的兴趣，支持他们的探究过程。教师在一次次地设计、组织和实施活动的过程中不断积累经验，形成自己的教学理解和判断。教师不断地总结实践中的经验，结合幼儿在活动中的表现总结活动内容，能够进一步丰富专业知识，加深对教育理论知识的理解。

3. 教师专业能力的提升

活动的组织和实施能力是教师专业能力的重要部分。开展探究式主题活动是对教师教育教学能力的要求，同时教师也能在活动中锻炼能力、增长实践智慧，支持教师从实践中学习，拓展教师专业成长的路径。教师具备良好的专业能力是主题活动研发和实践的基础，幼儿园可以依托园本教研进行有关探究式主题活动组织与实施的专项研讨，引导教师深入观察、思考活动实施过程中幼儿的游戏表现，深度分析幼儿游戏和学习需要，讨论并剖析幼儿游戏发生与发展过程的价值与意义，不断提升教师的思考和学习能力，优化教师的课程理念，提升教师的专业素养。

首先，幼儿园教师需要合理组织一日活动，追随幼儿兴趣、利用相关资源开展教学活动，引导幼儿积极主动地学习，为其健康成长和可持续发展奠定良好的基础。这主要表现为活动主题由原先教师预设变为师幼共同生成，并随着主题活动的开展以及幼儿的兴趣进行适度调整。这就要求教师善于观察幼儿，敏锐地捕捉幼儿的兴趣点，选择能激发幼儿探究兴趣、促进其核心经验生长的探究问题。在此过程中，教师观察、解读幼儿和组织活动的能力不断提升。其次，在探究式主题活动的进行中，教师需要开发利用相关资源以支持探究活动的开展。教师支持和引导幼儿的过程是幼儿学习与发展的过程，也是教师了解幼儿发展状态，发挥教育智慧的过程，更是教师专业素养不断提升的过程。

探究式主题活动的实践过程，也是教师不断反思与自我审视的过程。一方面，在主题活动的实施中，教师有意识地识别和发现活动中存在的问题，对整个主题推进过程进行实时监控和反思，从而促进教师对主题活动实施的及时思考和总结，为接下来的活动推进积累经验。自我反思是教师以更深刻的立场去审视自身的专业发展以及对幼儿学习和发展需求的把握，从而不断寻求解决问题的方法。另一方面，教师边实践边反思，保持思维的敏感性，能够充分发挥探究活动的有效性，引导幼儿在探索的过程中获得有益的学习经验。教师在一次次自我反思（幼儿表现出怎样的情绪状态？这次活动帮助幼儿获得了哪些关键经验？针对幼儿发现的问题，还可以怎样支持活动深入发展？）的过程中凝练智慧，对其教育素养的提升至关重要。

（三）有助于推动学前教育的高质量发展

学前教育的高质量发展离不开学前教育的高质量课程。我国的学前教育课程，先后经历了"模仿化和移植化—本土化和科学化—借鉴化和分科化—综合主题课程—生态式课程、健康课程和田野课程—建构园本课程"的变革历程。探究式主题活动作为当前众多幼儿园推广和研究的课程体系，对学前教育的高质量发展起到了重要的推动作用。

第一，在课程目标上，探究式主题活动首要依据幼儿的兴趣，遵循教育目标和现有的经验，同时把活动目标与幼儿自身的生活经验相融合，以求活动的高质量开展。教师在日常生活中观察幼儿的兴趣，在组织活动时有计划地将知识和技能、方法和能力、态度和情感等融合到一起，制定适宜的活动目标，保证活动的科学性、严谨性、发展性和全面性。

第二，在课程内容的选择上，教师注意幼儿对主题活动内容的掌握程度，从而选择更适合幼儿发展需要的活动内容，并针对活动中的不足进行及时记录和研究，之后加以改正。此外，在主题活动的实施中，探究式主题活动环节一般分为提出问题、引发兴趣、大胆猜想、实验和观察、寻求答案、讨论与交流等几个环节。各活动环节之间存在一定的联系，教师根据幼儿的即时兴趣和需要合理地推进活动的预设环节或生成新的环节，使环节的交替和过渡自然、流畅。

第三，探究式主题活动强调活动过程的设计性和内容的生成性。教师协助幼儿全面、深入地理解周围环境及经验中值得探究的事物，使幼儿通过对各个主题的探索获得与周围人、事和物的互动机会，促进幼儿最大限度的全面发展，对提升课程质量至关重要。

总之，高质量的学前教育主要体现为：幼儿园课程实践符合幼儿的兴趣、需要，激发幼儿的内在动机和探究欲望；拥有优质的课程资源，引导幼儿在与同伴、教师和环境互动的过程中获得有益经验，从而帮助幼儿向更高水平发展。从这一角度看，幼儿园探究式主题活动契合幼儿的身心发展特点，尊重幼儿本位，支持幼儿与周围环境的互动，能够最大限度地点燃幼儿的探究激情，促进其深度学习。

综上所述，探究式主题活动在建构幼儿经验、促进幼儿发展、提高幼儿园保教质量等方面的成果显著、作用突出。在探究式主题活动中，幼儿是自主探索的学习者，并在活动中养成主动学习的学习品质。探究式主题活动的实施提倡以幼儿为主体，强调教师根据幼儿的问题、需要和兴趣进行活动的生成和深入，有利于教师专业素养的提升，能够保障课程质量，有效推动学前教育高质量发展。

三、青岛高新区实验幼儿园探究式主题活动的实践与思考

探究式主题活动的关键在于促进幼儿学习品质的发展，其中最重要的是关注幼儿

学习的过程。探究式主题活动的开展是对幼儿园教师专业素养的考验，教师在主题活动设计、组织和实施的过程中要时刻把握幼儿的探究、发现和成长的过程。让幼儿成为探究的主体，激发其主动参与和主动学习的内驱力，既是对教师的挑战，也是幼儿园教育活动的核心价值。

基于对探究式主题活动的理解与思考，我园在不断研讨、实践、反思和再实践中形成了以探究式主题活动为核心的旨在促进幼儿全面和谐、可持续发展的园本课程——"成长教育"。幼儿园"成长教育"主题课程是一种指向幼儿生命自主、全面成长的课程组织形式，它为幼儿提供了丰富的环境刺激，支持幼儿以自己的方式建构对生命以及成长的理解。涵养幼儿的生命发展动力，发展幼儿的核心素养，夯实幼儿的生命根基，是新时代幼儿园教育的根本使命，而"成长教育"主题课程致力于这一目标的实现。在此引领下，幼儿园围绕课程的核心目标、基本结构、建设路径及实施要点等建立了以探究式主题活动为核心的"成长教育"框架体系。

（一）以幼儿的发展特点、兴趣和需要为立足点确定主题

主题的确立，是开展主题活动的起点，它的选择有多个出发点。新时代的儿童观要求我们尊重儿童的主体地位，能够基于儿童的视角开展和审视教育教学活动。因此，幼儿园探究式主题活动内容的选取应该追随幼儿的兴趣和需要。孟昭兰提道：婴幼儿的智力操作受到情绪状态的影响。在外界的刺激下，婴幼儿的情绪在惧怕和兴趣之间浮动，当游离到兴趣一端时会激发探究活动，当游离到惧怕一端时便会产生逃避反应。研究还发现，探究积极性与愉快强度之间呈 U 形，适度的愉悦刺激即兴趣，更有助于激发个体的探究行为。由此可知，在探究式主题活动中，追随幼儿的兴趣和需要能够激发幼儿的探究内驱力。

我园"成长教育"主题活动的确定始终是从幼儿生命的整体性和完整性发展出发的，将幼儿视为一个完整的生命个体，既强调幼儿的身体，又关注幼儿的心灵，注重能够支撑和促进幼儿可持续发展的品质和核心素养。其目标主要指向强健幼儿体魄、培养幼儿能力和塑造幼儿心灵三方面。这三个目标既单独发展，又相互依存、相互促进。教师必须首先将幼儿视为一个活生生的人，不能将各种知识化、技能化的学习目标强加给幼儿。在青岛高新区实验幼儿园中，探究式主题活动的确立首先考虑幼儿身心发展的特点，依据幼儿身心发展的需要以及《3—6 岁儿童学习与发展指南》（以下

简称《指南》）对幼儿发展水平的要求。同时，以幼儿兴趣为动力，聚焦有教育价值的主题内容。进而，课程研发团队对活动主题的价值及其可行性进行了分析，厘清活动主题对幼儿的发展意义以及活动主题是否有充足的社区资源支持。主题确定后并不是一成不变的，课程蓝本的顺利实施需要经过园长引领、级部商讨、班级共研的层级教研机制，每个核心活动及推进都需要经过"班级共议—级部修订—园长审核"的层级确认程序。其遵循的原则是：是否满足当时、当下幼儿发展的需要。主题的生成来源多种多样，主要分为以下几种。

第一，基于幼儿兴趣类的主题。例如：根据幼儿感兴趣的事物确定的主题——小班的"与甜蜜为伴"、大班的"瓶、碗、罐开大会"，根据幼儿对日常自然现象的关注确定的主题——小班的"我和秋天有约"、中班的"秋天的泥学院"以及根据幼儿园周边社区资源环境确定的主题——大班的"你好！高新区"、中班的"海的味道"等。

第二，基于事物变化类的主题。例如：根据幼儿身体的变化确定的主题——大班的"我和身体朋友"，根据季节变化确定的主题——小班的"天冷了"，以及根据幼儿生活、学习环境的变化确定的主题——大班的"我要上小学啦"。

第三，基于发现问题类的主题。例如：根据幼儿提出的问题确定的主题——中班的"可怕的雾霾天"，根据幼儿在活动中发现并想探寻的问题确定的主题——中班的"小巧手，真能干"。

第四，基于社会环境类的主题。例如：根据节日确定的主题——大班的"欢欢喜喜过大年"，根据突发事件确定的主题——中班的"安全大本营"等。

主题是开展探究式主题活动的核心，既能表明幼儿将要参与的系列活动，又可以表明他们从中所要获得的关键经验，是教师选择并组织活动内容、展开教育教学过程以及创设活动环境的"引航灯"。值得注意的是，在选择主题时，追随幼儿的兴趣并不是指所有幼儿感兴趣的点都能成为探究式主题活动的内容。幼儿天生具有好奇心，周围世界中的一花一木都能引起幼儿的关注。教师作为幼儿学习的支持者、合作者和引导者，应分析、判断、选取具有教育价值的内容作为活动的"生长点"。只有这样，才能引导幼儿在探索交流的过程中基于原有经验生长出新的经验，促进幼儿在原有水平上的不断发展。"成长教育"主题活动的终极目标在于塑造幼儿的心灵，发展幼儿良好的情绪情感和个性品质，帮助幼儿成长为人格健全、精神丰润的个体。

（二）基于幼儿的生活经验及本园特色构架核心活动

生态视野理论认为，幼儿园课程的主体是作为学习者的幼儿，他们的现实生活和可能生活是课程的依据。我园探究式主题活动的设计和实施首先基于幼儿的生活经验，并着重考虑本园在自然资源、人文环境等方面的特色，对课程主题进行深度分析，初步确定主题课程的核心活动和重点活动。同时，依托《纲要》和《指南》确定主题课程的总目标以及各类子目标，从而形成一个个独特的、具体的核心活动。

1. 基于幼儿的生活经验，回归现实生活

主题活动中的核心活动是实现幼儿身心全面健康发展的重要载体，其构架立足于幼儿的身心发展规律、经验水平和个性化学习需要，指向发展幼儿良好的学习品质、提升幼儿适应未来生活的核心素养与关键能力。幼儿的成长是幼儿主体与外部文化、环境相互作用的结果，同时幼儿的成长也具有不同的发展阶段和表现形态，这是幼儿之所以成为幼儿的必然体现，成人对幼儿的教育必须尊重这一客观发展规律。现代幼儿的成长具有三方面的诉求，即主动性、独立性和创造性，且其身体、社会和精神等方面的发展具有同一性，彼此之间不可割裂。因此，我园"成长教育"探究式主题活动以促进幼儿的生命成长为根本遵循，将幼儿视为具有独立人格和发展本能的个体，重视幼儿在自身成长过程中的主动性和能动性。一方面，选择与生活紧密联系的内容，激发幼儿的兴趣和求知欲望，调动学习的积极性，使幼儿全身心地投入探究、交流、思考和创造中。另一方面，生活是教育的目的和内容，教育理应回归生活本身。每所幼儿园都有独特的文化底蕴，课程源于幼儿园实践和探索中的各种活动，通过日常生活的浸润来培养幼儿积极的生活态度和良好的生活能力。一日生活是幼儿开展学习的基本场域和基本手段，核心活动的开展始终紧密联系幼儿的实际生活，聚焦于幼儿生活态度和生活技能的发展，使其在丰富的生活实践和成人有目的性的引导中发展出良好的应对生活的意识、方法和能力，养成积极的个性品质和完整的人格。

2. 基于幼儿的潜在能力，坚持科学教育观念

在组织核心活动的时候，教师遵循如下原则：一是符合幼儿实际与需要的原则。在选择主题时深入思考此主题是否适合本年龄段、本班的幼儿，是否符合本班幼儿的兴趣和需要。二是促进幼儿全面发展的原则。深入探讨主题蕴含的教育价值、涵盖的领域内容，以及拓展思考可能引起幼儿哪些方面的学习。从本园、本班幼儿的身心发

展规律及其发展的一般水平和个别差异出发，使幼儿在体、智、德、美以及知识与技能、能力与习惯、情感等方面各有特色地发展，既应面向全体，同时也应该考虑照顾个别差异。三是活动性与多样性的原则。教师思考适合幼儿的学习方式、提供学习经验，让活动成为幼儿学习的基本形式，让幼儿在活动中学习和发展。同时，关注幼儿喜欢的体验式、探索式、操作式、情境式等多样的学习方式，帮助幼儿获得更有效的发展。四是可操作性与因地制宜的原则。为幼儿提供动手操作、直接感知的机会，设计让幼儿直接参与的具体活动，保障材料与资源的多样性、可操作性。根据本地实际情况，立足本园、本班幼儿的身心发展水平，考虑主题活动内容与实施过程的可操作性，避免过于抽象、复杂，造成实施的困难。

教育的价值应当着眼于当前和未来的生活。这就要求探究式主题活动的内容源于幼儿的生活经验，又不能是对生活的简单复刻。教育是一项有目的、有计划的教学实践工作，承担着传递文化、修炼品格和促进人的全面发展的神圣使命。教育的有意性，决定了教育实践要来源于生活又要高于生活。因此，当日常生活被纳入活动内容之后，教师应该对其进行梳理、凝练和提升，超越对于日常生活的复刻，使其真正能够帮助幼儿获得经验、增长智慧。

（三）利用园所资源融合五大领域，开展室内外活动

我园探究式主题活动围绕核心活动、重点活动以及各层级的课程目标确定课程实施计划。为满足幼儿游戏需要，我们提出"成长域"这一概念，从"支持丰富操作体验的室内空间""满足主动与挑战需要的户外场所""感受与亲近自然的生态环境""链接生活与社会的实践基地"四个维度挖掘、利用园所资源，融合各个领域创设幼儿游戏场域，努力让环境支持游戏，服务幼儿。

"成长域"的创设以及主题课程的游戏化、情景化，促使幼儿在生活、学习和社会交往中收获知识、发展能力，不断进步。每个学前期的儿童都是处于不断发展和变化中的个体，"成长教育"探究式主题课程始终坚持"幼儿在前"，尊重并因循幼儿的发展特点，给予处于不同发展阶段、不同发展情境以及具有不同发展需求的幼儿以不同的教育支持。[1]"幼儿在前"更要注重幼儿的内在心理成长，利用园所资源创设有准

---

[1] 杨柳. 幼儿园"成长教育"园本课程的建构与实施[J]. 学前教育研究，2023（9）：87-90.

备、有挑战、能高度参与的环境条件，为幼儿的发展提供物质支持和精神支持。

1. 引导幼儿不断积累自主探究经验

我园探究式主题活动从预设到实施，是由"静"到"动"的过程。具体到每个班级的课程建构中，教师结合本班幼儿的发展特点和实际需要进行适当的调整，并追随幼儿兴趣生成适宜的班本主题课程。除了要把握主题活动的基本共性外，更要凸显探究式特点，让幼儿在自主体验的氛围中积累相关经验、掌握探究技巧、培养探究品质。没有自主体验探究的活动是枯燥无味的，教师要始终聚焦于幼儿，激发其积极思考、主动表述、乐于操作的主动性。始终相信幼儿具有探索能力，尽可能为他们提供更多自主思考、自信操作、自由探索的机会，鼓励幼儿尝试操作，与同伴相互交流，学会解决问题，并体验成功的快乐。在活动实施的过程中，幼儿总会提出各种各样的问题，这一连串的"小问号"正是探究活动的组成元素。

2. 为幼儿提供丰富的物质材料

丰富的材料准备能够引发幼儿投入活动的内驱力。材料是游戏的物质基础和保障。提供大量的游戏道具和材料，是成人鼓励高质量游戏的重要方式。创设丰富的情境，提供具有多样性、层次性、操作性、互动性的材料，能最大限度地调动幼儿自主探究的欲望，让幼儿在一日活动中能够随时随地开展探究活动。

我园"成长域"重视为幼儿提供"感受与亲近自然的生态环境"。因为幼儿的生命天然地具有自然性，大自然是幼儿生命成长最好的课堂，幼儿园应该使园内的绿植、沙土和水源等都成为幼儿嬉戏的乐园。给予幼儿自由探索的空间，让幼儿自己去发现问题，活动才会生动起来。在研究的过程中，幼儿不断地会有新的发现，产生新的问题，这些新发现和新问题将成为推动幼儿活动不断延续、深入的力量和源泉。

3. 营造宽松的氛围，释放幼儿无限的探索力

儿童是积极主动的学习者，他们对周围的一切充满强烈的好奇心和求知欲望，并能通过直接感知、实际操作和亲身体验等多种方式获取经验，认知外部世界。幼儿的探究活动总是在一定的环境中发生的，积极、愉悦的心理氛围更有助于激发幼儿的探究欲望，活跃他们的思维，促进其想象力和创造力的发生。教师需要为幼儿的探究活动营造良好的心理氛围，如鼓励同伴之间的交往合作，引导他们将自己的观察和发现与同伴交流，实现经验的轮转。对于幼儿积极的探究行为应给予及时鼓励和肯定，不以对错作为价值评判的唯一标准。总之，教师应该营造这样一种心理氛围：每名幼儿

都能用自己的方式进行探索和发现,能够大胆地发表自己的想法与观点,经由思维碰撞激荡起灵感的火花,推动探究活动一步一步走向更高层次。

4. 为幼儿搭建课程-社会的探究桥梁

人是社会的动物,人的本质属性是社会性。幼儿只有在丰富的社会实践中发展出丰富的思想,习得各种社会规则,培养各种社会技能,才能更好地表达和实现人之为人的现实价值。我园"成长域"中尤其强调"链接生活与社会的实践基地"这一重要维度,充分挖掘幼儿园周边的各种社会资源,积极与高新区消防大队、青岛日报社(集团)、青岛海水稻研究发展中心、韩家民俗村等结成社会实践共建单位,并将其纳入"成长教育"课程参访基地,使主题活动融合家、园、社三方资源,尽可能将幼儿的学习场域从封闭的幼儿园内转移至真实的社区情境当中,以拓宽幼儿的思维和视野,增长幼儿的社会经验,满足幼儿体验式、参与式的学习特点和发展需要,有效拓展幼儿的活动空间。此外,幼儿园还应密切关注社会时事,将幼儿感兴趣的部分引入主题活动中,强化幼儿的社会意识。关注社会,以社会的文化性涵养幼儿生命的成色。

5. 重视户外融合、文化传承和生活养成活动

户外融合、文化传承和生活养成活动是"成长教育"探究式主题活动的重要补充。户外融合活动是指幼儿园要结合课程建设需要和园所实际,在户外活动的组织中打破空间和观念的制约,促进不同领域、元素的汇聚,使幼儿积极投身于有挑战的户外活动中,实现身体以及其他领域的融合发展。文化传承活动以传统节日和二十四节气为主要载体,体现优秀传统文化对幼儿生命成长的滋养。其内容可以是二十四节气的来历、特点以及相关的民俗活动、经典诗文等。生活养成活动则可以包含情绪管理、自我服务与为他人服务、安全教育等部分,目的是解决幼儿生活中的各种自我满足、自我防护和社会交往问题。

(四)加强对幼儿启发和引导的深度支持

探究式主题活动与单元主题活动有很大的不同,它以探究式学习为主要学习方式,让幼儿在自主发现、探究和解决问题的过程中获得发展。它既不同于以记忆为基础的接受式学习,也不同于基于模仿而进行的学习。探究式学习是一种以问题为基点的学习,它注重幼儿在活动中的观察、提问、操作、假设、实验、讨论、合作、交流

及表达，同时要求教师具有在活动中对幼儿进行启发和引导的深度支持能力。

1. 密切关注探究过程，重视引导和互动

探究作为主题活动的核心，要求教师时刻关注幼儿的学习进程，引导幼儿经历探究的全过程，即发现问题、提出猜想、进行实验或观察记录、表达与交流以及分享探究成果。教师会关注幼儿在探究中的各种不同表现，尽可能满足幼儿的需求，适时延伸和生成各种各样的集体活动。教师还会通过观察分析幼儿的探究行为，将幼儿在日常生活和游戏中遇到的有价值的问题转化为生成新的教育活动的契机。与此同时，注重优化师幼互动，启发幼儿深入思考。例如，在引导幼儿观察某一动物时，幼儿可以凭借感官和以往经验获得对事物外形特征的理解，但对外形特征与生存习性之间的关系还缺乏一定的了解，这时教师就可以通过语言、视频、实际操作等方法做幼儿进一步探究学习的支持者。

2. 搭建探究学习支架，助力深度学习的发生

幼儿的学习是在不断感知、体验和探究的过程中进行的。但由于幼儿身心发展水平的局限性，他们的感知、探究往往是单纯的感官体验，停留在浅层次水平，不能获得对于事物的深入理解。这就要求教师做好幼儿学习与发展的"脚手架"，适当地介入，为幼儿提供相应的帮助和支持。读懂幼儿是为其提供支持的前提条件，观察为教师了解幼儿提供了有利的方法。幼儿在宽松、自由的氛围中探究和交流的同时，作为观察者的教师可以利用拍照、录像、撰写观察记录等方式记录幼儿的探究过程，并根据相关政策文件、科研论文结合事件发生的背景对幼儿的行为、语言等进行解读和分析。了解幼儿的发展水平和遇到的困难，可以为下一步提供支持奠定基础。教师的支持和引导是帮助幼儿梳理经验、推动探究水平向更高层次发展的动力。

3. 预设学习过程，加强指导的有效性

为了使教师在探究式主题活动开展时更清楚幼儿在探究过程中可能遇到的问题，我园教师会在主题实施前的教研中进行层级研讨和预操作教研，一起讨论怎样使活动开展得更好，发现活动潜在的困难，提前制定解决方案以有效地指导幼儿高质量地达成活动目标。在此过程中，教师可预先计划好活动步骤，把密切关注幼儿的探究和发现作为贯穿活动组织和实施的全过程。在整个活动中，从提出问题、鼓励猜想、亲身操作到实验验证和表达交流的每个环节，教师都要始终注意以促进幼儿学习为根本，及时根据现实情况调整活动目标和步骤，以应变和生成新的适合当前情景的教学策

略，尽可能地实现探究式主题活动的目标。

4. 制订弹性计划，捕捉潜在的"生长点"

主题实施环节是整个探究式活动的核心部分，也是关乎活动质量和幼儿发展的关键环节。班级主题活动的科学设计需要一定的预设以保证活动组织的科学性，也要保持一定的开放性和动态性，适当"留白"，在实践中根据幼儿的兴趣和需要捕捉到可能存在的"生长点"。因此，在活动中教师需随时关注幼儿的需求并给予相应的支持，根据其学习状态相应地调整教学活动，使得探究式主题活动成为师幼之间共同探索和生成的动态的教育过程。例如，以"秋天的泥学院"探究式主题活动为例，从泥学院中收获的农作物有玉米、花生、南瓜、葫芦等，不同班级、不同幼儿会有不同的兴趣点。在这种情况下，教师需要以幼儿的兴趣和需要为主线，梳理出有价值的经验，形成可供幼儿探究的新内容。

5. 关注幼儿的情绪情感状态，促进主动学习

一方面，教师要时刻关注幼儿的学习状态，注意幼儿是否处于活跃的状态、幼儿的行为动作是否符合当前的教学活动情境等；另一方面，教师不仅要关注幼儿的学习和探究结果，更要关注幼儿发展过程中的情感状态，使参与活动的幼儿的认知发展需求、能力发展需求和情感发展需求等得到满足。由此，帮助幼儿不断积累生活经验，培养幼儿终身学习的态度和能力，使幼儿从主动学习和自主探究中受益。

（五）注重对活动过程及成果的研讨、交流和反思

在教育 4.0[①] 时代，随着人工智能的发展，创新型人才成为国家和社会的中流砥柱。创新不仅是灵光一现，更多的是在对生活和工作的反思与总结中不断发展出新的思路、生成新的想法。培养创新精神和能力要从教师自身做起，只有教师具备创新型思维，才可能培养出更多勇于探索、敢于创新的孩子。因此，我园在教师培训和教研中，尤其注重教师终身学习和反思能力的养成，让他们在注重幼儿成长的同时，关注自身的成长历程，对自身的专业发展有明确的规划。教师的反思和学习贯穿在探究式主题活动的全过程之中。

---

① 教育 4.0 是以互联网为信息载体及传递管道，以智能终端与移动智能终端为人机交互界面，以满足学习者心智体验及促进其心智发展为目标，以他组织（专业组织）结合自组织（学习社群）为组织形式的教育形态。

1. 活动实施过程中的实时反思

探究式主题活动的实施过程给予教师更大的挑战。活动的走向是否有意义、教师在活动过程中的介入时机与方式是否恰当……需要教师在活动中不断反思自身行为,并且做出调整。在我园探究式主题活动的开展中,每天区角游戏结束后,教师都会带领幼儿进行分享、交流和讨论,一起说说:我们做了什么?是怎么做的?遇到了哪些困难?应该如何解决?教师及时梳理幼儿发展的关键经验和学习价值,以促进幼儿的深度学习为目标共同提出解决问题的方法,为接下来活动的开展做好准备。以小班"护蛋大行动"为例,第一次"护蛋行动"活动结束后,针对这一环节存在的问题"蛋宝宝总是容易摔碎,怎么办?",教师组织幼儿展开讨论并确定了最终方案——"给蛋宝宝做一个家"。教师通过呈现幼儿操作、学习的相关照片帮助其回顾探究过程,梳理相关经验。只有善于反思、调整的教师,才能在活动中、在问题发生时即时捕捉,并且适时地通过提问、建议的方式帮助幼儿找到活动的"生长点",推动活动向前发展。

2. 活动结束后的及时评价和总结

在探究式主题活动的最后阶段,教师需要进行教育评价和总结。《纲要》明确指出:"教育评价是幼儿园教育工作的重要组成部分,是了解教育的适宜性、有效性,调整和改进工作,促进每一个幼儿发展,提高教育质量的必要手段。"我园在每个主题活动的结尾阶段都会进行主题活动总结教研。一方面,有助于在总结和交流的过程中通过重温主题探究实施过程,将在活动中的收获和体验进行梳理与凝练,获得实施主题的优化经验及能力;另一方面,有助于集体反思活动还存在的问题,如:主题的选择是否基于幼儿的真实需要和兴趣、是否链接到幼儿的已有经验?教师的支持策略是否恰当,能否促进幼儿高阶思维的发展?是否体现了同伴互助式学习,激发了幼儿的学习情感?教师在一次次的反思中发现问题,寻求改进策略,不断地提高自己的专业能力。当然,除了以教师为主参与的总结教研外,我们还组织了可供幼儿参与的主题总结活动:主题博览会、亲子活动、戏剧表演等。一般来说,开展一个主题活动往往要历时几周,到了结束阶段,对于如何结束或以什么方式结束,我们都会认真地加以对待。

总之,探究式主题活动的组织与实施要求教师树立终身成长的理念,注重培养成长型思维,学会思考,在不断学习和反思的过程中汲取智慧和经验。在探究式主题活动进行的每一个阶段，及时进行反思与交流，总结活动目标、内容是否存在与幼儿发展不相适应的地方，及时调整活动的方向，有助于生成新的活动，丰富主题活动的内容，使之更加切合幼儿的需要和兴趣。

（六）完善探究式主题活动的支持策略和制度保障

"成长教育"探究式主题课程的有效建构和实施，离不开科学的课程规划和管理。为不断优化和完善幼儿园"成长教育"主题课程内容体系，提升课程的教育价值，幼儿园要从课程管理制度建设、教师专业发展和课程评价体系建构等方面予以最大限度的保障。

1. 加强课程管理制度建设，形成完善的主题课程管理制度

课程实践需要完善的制度保驾护航。要科学建构和实施"成长教育"主题课程，幼儿园就要从制度上确立园本课程在幼儿园课程体系中的地位，从课程目标与课程内容的确立、课程实施、课程评价、课程激励等方面确保"成长教育"主题课程能够顺利实施。例如，幼儿园可以将《指南》等文件汇编成册，以便教师能够随时查阅幼儿学习与课程建设等方面的制度性文件；也可以建立集体备课制度，通过集体研讨来探究"成长教育"主题课程建构中的一些重大问题。

2. 不断提升教师的专业素养，提升主题课程的实施质量

良好的教师专业能力是课程研发和实践的基础。为提升"成长教育"主题课程的实施质量，幼儿园可以通过园本教研活动提升教师的专业素养，引导教师深入观察课程实施过程中幼儿的学习表现，深度分析幼儿的学习需要，讨论并剖析课程意义的发生与发展过程，不断提升教师的思考和学习能力，优化教师的课程理念。

3. 建立科学的课程评价体系，科学诊断主题课程的建构与实施过程

课程实践与课程评价密不可分，"成长教育"主题课程的实施需要建立科学的课程评价体系，要从多元课程评价主体、多样化课程评价方式、把握课程评价的递进性等方面予以系统考虑，不断提高课程评价的适切性和适宜性，使课程评价真正服务于课程的改进和幼儿生命的全面可持续发展。

课程源于生活，幼儿园的教育理念与幼儿的成长是互相促进的。只有促进幼儿真实的全面成长的活动，才能构建出优秀的园本课程，真正实现从传统机械的、单一的课程向现代有情景、有品质、有意义、有互动的课程模式的转变。课程理念来源于幼

儿园的课程实践，又高于课程实践，这样才能在教育中用理论指导实践，在实践中完善理论，加强理论的指引，发挥出实践的效果。在探究式主题课程开发的过程中，我园始终秉承"因爱携手、成长同行"的园本文化理念，教师和幼儿一起践行"主动成长""终身成长""生命成长"的根本遵循，始终坚持以幼儿为本、幼儿在前、承载幼儿生命成长的诉求，实现幼儿、教师、家长的同步发展，这是我园探究式主题活动研究与实践的意义所在。

小班

案例一
我和秋天有约

一、设计意图

秋天是个丰富多彩的季节、是个喜庆丰收的季节,还是个处处蕴含着教育契机的季节。生活在城市的幼儿与大自然的接触越来越少,但是青岛高新区地广人稀、景色优美,有着得天独厚的优势,学区周边的植被葱郁、种类繁多,幼儿园、海边、校园、公园和草坪都是幼儿可以探索和发现的空间。

在"我和秋天有约"主题活动中,教师首先借助秋天里的小树叶、美味的海棠果,持续带领幼儿开展远足活动。师幼共同走出幼儿园,走进大自然,观察秋天给我们周围环境带来的变化,并尝试感知同一植物在不同季节的变化,以此激发幼儿感知、探究秋天和进行表达的兴趣,体验季节变化与自身生活的关系。

在此基础上,幼儿园充分利用家庭和社区资源为幼儿创设探究海棠果的条件,让他们通过多样有趣的活动,了解、发现海棠果树的变化以及海棠果的外形特征、采摘方法、食用方法及营养价值等,激发幼儿对大自然的探究兴趣,提升他们发现问题、解决问题的能力。

最后,在持续的观察中,随着气温的降低,幼儿在探究过程中发现大树"穿棉衣"的有趣现象,由此开展保护树妈妈的相关活动,树立保护大自然、热爱环境的初步意识,萌发对大自然的热爱之情。

二、主题总目标

健康领域

- 能双脚灵活地爬梯子,采摘海棠果。
- 在教师的引导下,喜欢吃瓜果等新鲜食物,食用前注意清洗,讲究饮食卫生。
- 能根据信号在指定范围内四散奔跑,动作灵活且协调地钻爬、走跑交替;具有一定的耐力,能行走1公里左右(途中可适当停歇)。

语言领域

- 喜欢跟读、吟诵描写秋季、落叶等的诗歌、童谣，感受其语言精练、富有节奏的特点。
- 能依据场合，控制自己的音量，并在成人的提醒下使用"你好""请""谢谢""再见"等礼貌用语。
- 愿意听教师讲图画书，会根据教师的提问，大胆观察、讲述画面中的主要故事情节。
- 能够用完整的话语讲述自己在采摘海棠果时的经历和发现，向他人清晰地介绍自己的树叶拓印画、创意拼贴画等作品。
- 喜欢用涂涂画画的方式表达对树妈妈的喜爱。

社会领域

- 能够大胆、自信地在他人面前展示自己的调查成果和绘画作品。
- 能够自信地向他人宣传环保知识。
- 在他人的提醒下能遵守"你一次、我一次"的轮流游戏规则。

科学领域

- 感知秋天里周围自然环境的变化，知道季节的变化对人们生活的影响。
- 对各种树叶感兴趣，能仔细观察，喜欢提问，探究发现其特征，并能进行简单分类。
- 知道海棠果树的特点，能正确辨别海棠果树，分辨哪些海棠果适合采摘。
- 知道保护大树的方法，能在成人的帮助下开展护树行动。

艺术领域

- 能用动作、姿态模拟树叶飘落的情景，有节奏地玩动作游戏。
- 感知秋天色彩的美，能利用树叶等自然材料，运用泥工、拓印、制作等多种方式进行创意表现。
- 在观察秋天树叶不同变化的过程中，关注色彩的冷暖变化。
- 喜欢看大自然中花、草、树木等美好的事物。

三、活动网络图

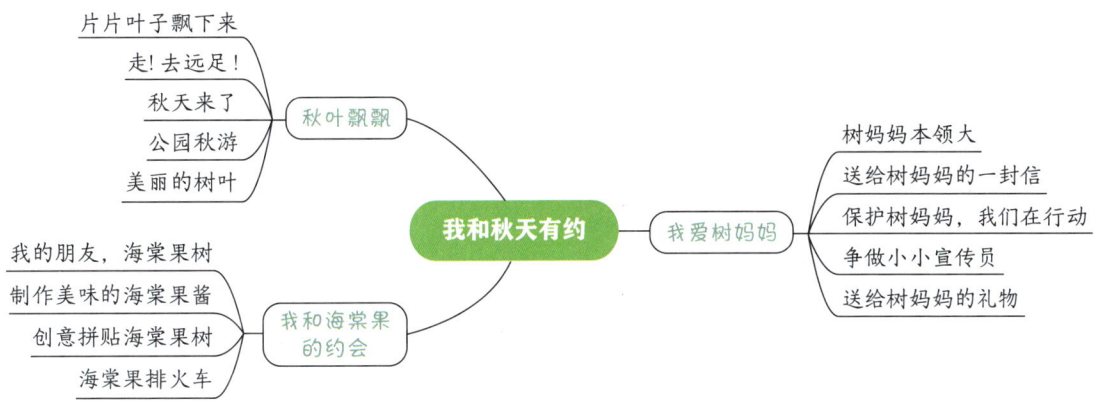

四、活动设计与实施

核心活动一：秋叶飘飘

大自然带给幼儿天然的学习和成长环境。夏去秋来，季节变化总会引起幼儿的小小兴趣。本核心活动起于秋天落叶飘落之时。秋天在哪里呢？在片片飘落的树叶上，在渐渐变凉的气温中，在孩童稚嫩的眼睛里……教师和幼儿在自然课堂中，一起捡拾落叶、下一场美丽的"树叶雨"、一起秋游、享受秋日的暖阳……秋天来了，我们共赴秋日之约。

1.片片叶子飘下来（集体活动）

关键经验

（1）了解幼儿园里树叶的名称及其外形特征，知道秋天时落叶是正常现象；

（2）感知树叶的大小、形状、色彩的多样，可以进行简单的树叶分类，能用简单的语言介绍树叶；

（3）喜欢探究树叶，积极开展"树叶唱歌""树叶变变变""下一场树叶雨"等树叶游戏，大胆地与同伴分享游戏的喜悦。

活动准备

（1）各种树叶若干；

（2）宽阔的草场；

（3）透明收集袋。

探究过程

（1）教师引导幼儿谈话，讨论秋天的季节特点。请幼儿根据对周边事物、场景、人物等的观察，与同伴讨论分享。教师根据幼儿的回答进行梳理，邀请幼儿走出教室寻找树叶、寻找秋天。

（2）师幼交流收集到的树叶，教师有针对性地提问："请你说一说，你都收集到了什么树叶？它们是什么树的叶子？长什么样子？"引导幼儿讲述树叶的名称与外形特征，并结合PPT①课件引导幼儿细致观察树叶的相同（都有叶脉、叶片、叶柄）与不同（颜色、形状、大小、边缘）之处。

（3）师幼利用找到的各种树叶开展多样的树叶游戏，如：请幼儿拿着树叶作为耳朵，摆出不同动作变成各种小动物玩拍照游戏；请幼儿自主收集树叶，合作铺设树叶小路，和同伴在树叶上踩踩跳跳的过程中，感受树叶"咯吱咯吱"唱歌的游戏乐趣；师幼一起把收集到的树叶聚拢到一起，齐喊"三、二、一"，同时向上把树叶抛出，下一场"树叶雨"，感受游戏的快乐（见图1-1）。

图1-1 好玩的树叶

2. 走！去远足！（远足活动）

关键经验

（1）走出幼儿园，了解幼儿园外的树和树叶类型，知道幼儿园周边秋天的景色

---

① 英文全称为PowerPoint，即演示文稿软件。

特点；

（2）能够发现秋色之美，正确匹配树和对应的树叶，愿意大胆表达远足过程中的所见所闻。

活动准备

（1）幼儿已有对秋天、落叶等初步的了解；

（2）水壶、太阳帽；

（3）户外小游戏、儿歌；

（4）透明收集袋。

探究过程

（1）教师在幼儿已有幼儿园秋景探究经验的基础上，带领幼儿走出幼儿园，去大自然中寻找秋天。远足前与幼儿讨论远足的目的，梳理幼儿在路途中或许会感兴趣的事物，引导幼儿有目的地远足，可提问："和春天相比，现在的树变得怎么样了？为什么？"

（2）在远足过程中，教师可引导幼儿充分观察远足路上的植物变化，感受树叶凋零离开树妈妈的情景，引发幼儿对于秋天树叶变黄、飘落的拟人化思考（见图1-2）。

（3）鼓励幼儿在远足过程中发现新事物，提问："孩子们，你们在这棵树上有什么新发现？"引导幼儿关注沿途的海棠果树，并引发对其外形、树叶以及果实等的探究过程。

图1-2 远足路上

（4）回到幼儿园，教师运用图片、视频等形式进行回顾，充分感知季节的变化。

3.秋天来了（集体活动+家园合作）

关键经验

（1）调查秋天来了大自然的变化，知道秋天时气温转凉、落叶树的树叶凋零、瓜果蔬菜成熟等；

（2）能够在爸爸妈妈的帮助下对调查到的信息进行初步分类，可以用流畅、完整的语言介绍《秋天信息调查表》；

（3）喜爱秋天，喜爱大自然，愿意进一步探究秋天与我们生活的关系。

活动准备

（1）《秋天信息调查表》；

（2）关于秋天的图片、秋天调查信息报和PPT课件；

（3）幼儿周末找来的有关秋天的照片和视频；

（4）幼儿已掌握主要植被类型的相关知识。

探究过程

（1）在活动开始之前，教师鼓励幼儿用秋天调查信息报分享自己调查到的有关秋天的信息，可提问："你在哪里发现了秋天？秋天是什么样子的？"一方面，引导幼儿大胆表达；另一方面，关注幼儿的倾听质量，引导幼儿积极思考。

（2）通过寻找、观察、交流感受到的秋天到来时大自然和人们的变化，如树叶变黄、凋零，小草枯萎，果实成熟，人们穿的衣服增多等，教师对幼儿的表达予以梳理和小结，帮助幼儿对秋天有更清晰的认识。

（3）结合幼儿发现海棠果树、认识海棠果的远足经验，教师可重点讲解秋天果实成熟的原理和机制，帮助幼儿深入了解果实在秋天是怎么成熟的、对其成熟的标志性特点如何识别等，进一步服务幼儿的生活。

4. 公园秋游（远足活动＋家园合作）

关键经验

（1）能发现秋天植物的典型变化，认识并了解几种常见落叶树的名称及特征，知道秋天不仅仅出现在幼儿园及其周边，秋天的变化在大自然中是方方面面的；

（2）能积极参与采集树叶的秋游活动，多感官感知树叶的特征，在对比、观察中发现树叶的显著差异，大胆表达自己的发现；

（3）亲近大自然，体会秋天植物变化的美。

活动准备

（1）小蜜蜂扩音器；

（2）幼儿的安全背心；

（3）水壶。

探究过程

（1）在幼儿对幼儿园及其周边探索秋天的基础上，进一步拓宽其视野，教师与家委会成员、家长志愿者召开预备会，进一步细致解读活动方案、明确分工与责任及活动组织注意事项，同时引发幼儿开展讨论："高新区地大物博，我们还可以去哪里找找秋天？"发布活动计划、通知，通过家长会、微信等途径向家长详细介绍出游计划、准备活动内容及安全事项，建议家长在家中鼓励并支持幼儿尝试独立完成出游准备，家长自主报名。

（2）秋游一开始，教师提问"你看到了什么？小草、大树都有什么变化？为什么会这样？"等问题，引导幼儿细致观察，欣赏美景，并鼓励幼儿大胆表达自己的发现与感受（见图1-3）。

图1-3　秋游路上

（3）幼儿分组，家长志愿者带领幼儿有目的地捡拾树叶，引导幼儿用多感官（看一看、摸一摸、闻一闻、比一比）感知树叶的典型特征，及时回应幼儿的提问。教师逐组观察、拍摄或录制、记录幼儿的活动状态，专注倾听幼儿谈论的话题或发现的问题。幼儿手持宝贝袋，在固定区域内捡拾自己喜欢的树叶。

（4）结合原有经验开展"我和树叶一起玩游戏"的活动，搓一搓、听一听树叶的声音，踩一踩感受树叶像地毯一样，闻一闻树叶独特的香味，摸一摸树叶上叶脉的纹路等，激发幼儿对树叶产生浓厚的探究兴趣。

> 补充说明：在秋游过程中，在找找秋天、看看秋景、说说发现的基础上，教师要依据小班幼儿的年龄特点，开展趣味小游戏，以此维持幼儿对树叶的探究兴趣。例如：设计"树叶龙"以比较长短、练习唱数的游戏，开展公园下"树叶雨"的游戏等。同时，幼儿可自由分组，由家长志愿者带领幼儿开展树叶DIY[①]游戏，根据实际情况交换进行一两次游戏内容，如串树叶项链、做树叶尾巴、树叶拼贴

---

① 英文全称为"do-it-yourself"，即"自己动手做"。

画、做树叶披风和裙子等,并鼓励幼儿展示、分享作品。本次活动可以在"快乐野餐"的基础上适当休息、放松,家长志愿者引导幼儿找到适宜的位置,帮助幼儿摆放餐垫和食物,幼儿自主就餐。

5. 美丽的树叶(集体活动)

关键经验

(1)学习在树叶上较均匀地涂色并印画的技能;

(2)在拓印树叶的基础上进行大胆想象,将简单的图案进行组合,丰富画面内容;

(3)体验版画活动的快乐。

活动准备

(1)小刷子若干;

(2)各色颜料;

(3)不同种类的树叶若干。

图1-4 树叶拓印画

探究过程

(1)教师出示树叶拓印图片,通过提问"请你看看它们像什么?这几张图片和我们以前的图画一样吗?哪里不一样?"来引发幼儿的绘画兴趣。

(2)教师鼓励幼儿尝试拓印并交流不同树叶、同一树叶的不同面拓印出的效果有何不同,分享能够清晰拓印的好方法,如:涂色时用手握住叶柄;从上到下均匀地涂;涂好放在纸上用手掌按压,不要移动树叶等(见图1-4)。

(3)鼓励幼儿创作后互相交流,分享经验。

核心活动二:我和海棠果的约会

秋风吹落了树叶,也吹红了海棠果的"小脸"。幼儿园周围的海棠果树经历了春生、夏长,终于在金色的秋天迎来了收获。幼儿与海棠果的亲密"约会"就此展开。本核心活动中,我们的课堂移到海棠果园,幼儿在看一看、摸一摸、尝一尝中充分了解海棠果的外形特征和味道。怎样采摘?怎样处理收获的果实?可爱的海棠果能陪伴我们进行什么游戏？……一个个问题源自幼儿的探究兴趣，也指引着幼儿积极主动地探究。幼儿与海棠果将成为最亲密的伙伴。

1. 我的朋友，海棠果树（远足活动）

关键经验

（1）通过远足进一步了解海棠果树的特点，能正确辨别海棠果树，尝试借助工具采摘海棠果；

（2）能分辨哪些海棠果适合采摘，哪些海棠果不适合采摘，在成人的提醒下，采摘海棠果时能注意安全；

（3）喜欢大自然，愿意亲近大自然。

活动准备

（1）对海棠果有初步的了解；

（2）太阳帽、水壶；

（3）具有一定的采摘经验；

（4）采摘工具，如梯子、梯凳、棍子、透明收集袋等。

探究过程

（1）教师带领幼儿持续开展远足活动，不断感知秋天的变化。远足过程中，重点引导幼儿观察海棠果树以及海棠果，并说说自己的发现。教师启发性地提问："你们看绿绿的、红红的是什么？海棠果树的叶子是什么样子的？"幼儿一边观察一边回应（见图1-5）。

图1-5 海棠果树

（2）幼儿在教师的引导下能明显区分海棠果树和其他树的不同，知道像小灯泡一样的是海棠果树的果实，并且能在观察的过程中发现绿色果实和红色果实的不同。

（3）在了解海棠果的过程中，红彤彤的海棠果真诱人，孩子们忍不住想采摘。教师可以问："如果够不到，我们可以借助什么工具？""红红的海棠果和黄绿的海棠果哪种更适合采摘？"孩子们在教师的提问中找到答案，并想借助幼儿园的梯子进行采摘。

（4）在寻找幼儿园中适合用来采摘的梯子时，孩子们发现了大班的哥哥姐姐们用到的户外梯凳，这可太合适了，他们可以平稳地站在梯凳上采摘。在寻求门卫叔叔的帮助后，孩子们一起用小车将梯子运到了海棠果树下，开启又一波采摘活动（见图 1-6）。

（5）采摘过程中，孩子们互帮互助，时不时还提醒同伴要注意安全。采摘现场十分热闹，教师们也用照相机记录了采摘的整个过程。

（6）回到教室后，教师和幼儿共同分享自己的收获，并清洗和品尝果实（见图 1-7）。

图 1-6　运梯子

图 1-7　收获满满

补充说明： 采摘后，孩子们急切地品尝红红的海棠果，当吃到第一口时每个孩子都表现出了独特的表情，发现海棠果又酸又涩，并不适合直接食用。于是，教师引导孩子们回家和爸爸妈妈交流海棠果的吃法，第二天和大家分享。

2. 制作美味的海棠果酱（集体活动＋家园合作）

关键经验

（1）了解海棠果酱的制作方法；

（2）愿意动手和教师一同制作，协助完成海棠果的筛选、清洗、去核等工作，并在成人的提醒下，在制作时注意安全；

（3）体验自己动手制作美食的乐趣。

活动准备

（1）海棠果若干；

（2）不粘锅、菜板、塑料小刀、清洗盆；

（3）白砂糖、纯净水。

探究过程

（1）教师邀请家长介绍制作海棠果酱的过程，同幼儿一起进行准备工作（见图1-8）。

（2）在制作过程中关注幼儿使用工具的正确方式，避免发生危险。

（3）关注家长制作海棠果酱的步骤，如蒸煮、粉碎、熬制（见图1-9）等。

（4）引导幼儿主动和他人分享美味的海棠果酱，回家后尝试制作。

图1-8　清洗海棠果

图1-9　煮一煮海棠果

3. 创意拼贴海棠果树（集体活动）

关键经验

（1）了解剪影画的特点，通过观察、比较，发现海棠果树的外形特征，知道海棠果树的组成部分；

（2）能够从颜色、形状、大小等方面尝试进行创意拼贴；

（3）喜欢参加艺术活动，并能大胆地表现自己的情感和体验。

活动准备

（1）实地观察海棠果树的外形特征，积累相关经验；

（2）不同形状、大小的黑色图形；

（3）桌面垃圾桶，胶水，红、橙、黄、绿、棕色的淡彩颜料，棉花球、棉签等。

探究过程

（1）在远足观察过程中，教师鼓励幼儿及时交流和分享自己的发现，引导幼儿从不同方位、不同角度进行观察，如在远处观察海棠果树的整体外形特征并走近观察其树枝、树叶、树干、果实等不同部位的细节，做到内化经验的丰富性、科学性和完整性。

（2）教师出示许多大树剪影拼贴作品，引导幼儿仔细观察作品的特点，提问："这些剪影拼贴作品有什么特点？你看到了哪些内容？"引导幼儿发现剪影的创意形式，并通过外形判断树的不同部分，自主拼贴海棠果树（见图1-10）。

图 1-10　创意拼贴海棠果树

（3）引导幼儿用棉花球或者棉签蘸取颜料后，在纸上画出任意的形状，把纸张涂满颜色，鼓励幼儿混合颜色，创造出不同的风格。

4. 海棠果排火车（区角活动）

关键经验

（1）了解用海棠果排火车的玩法，初步感知"你一次、我一次"的轮流游戏规则；

（2）能够在轮流玩的过程中较为准确地对比海棠果的大小、颜色等；

（3）感受益智游戏的趣味，愿意和同伴、教师以及家长开展游戏。

活动准备

（1）海棠果排火车游戏底板；

（2）不同大小、颜色、生长状态的海棠果操作卡片若干（成对投放）。

探究过程

（1）教师根据幼儿的已有经验，准备两组不同大小、颜色、生长状态的海棠果操作卡片，将卡片打乱，画面朝下排列整齐。

（2）教师示范玩法，交代游戏规则：两人轮流随意翻出两张卡片，画面若相同就收掉归自己所有，画面若不同就留在操作板上，直到所有的卡片都被翻出。最后，谁手中成对的卡片多，谁就获胜。

（3）教师注意引导小班幼儿对于益智游戏规则的遵守，关注轮流玩的情况，及时通过示范、表扬、鼓励等方式持续激发幼儿的游戏兴趣。

核心活动三：我爱树妈妈

树能给我们遮阴，树送给我们甜美的果实，树能伴我们游戏。天冷了，光秃秃的树妈妈能生存下去吗？我们能做点什么回馈大树、帮助大树呢？本核心活动中，幼儿向园林叔叔、环卫伯伯等人调查和了解保护树妈妈的好方法，共同准备材料、用具，为树妈妈刷石灰粉、捆绑草绳，帮助树妈妈过冬，并给树妈妈写信、送礼物以表达爱意……大自然是一本厚厚的书，是一本需要走进去才能读懂的书。从身边的自然现象出发，一路追随幼儿的兴趣，爱上自然，敬畏生命，这也是本主题实施的意义。

1. 树妈妈本领大（集体活动）

关键经验

（1）通过调查，了解树妈妈的本领及其与人们日常生活的关系；

（2）能结合自己的调查结果大胆地和同伴分享；

（3）通过宣传画、手工制作等方式表达对树妈妈的喜爱，产生保护树妈妈的美好情感。

活动准备

（1）《树妈妈本领大调查表》、信息报等；

（2）绘本、PPT 课件。

探究过程

（1）教师利用绘本导入，激发幼儿的交流兴趣。结合绘本《爱心树》《大树上的朋友》等内容引导幼儿了解"大树和人们生活以及动物之间的关系，知道树的本领有很多"。

（2）鼓励幼儿结合《树妈妈本领大调查表》，分享自己的调查结果。教师结合 PPT 课件小结与提升——"原来树妈妈的本领有很多，例如：可以进行光合作用，净化空气，吸收二氧化碳并释放氧气；能减少噪声污染；还能防风固沙、涵养水土，吸收各种粉尘等"。

（3）在了解大树对人们的生活有这么多好处后，教师引导幼儿产生要保护树妈妈的美好情感，让幼儿在区角活动中运用宣传画、手工制作等形式表现自己对树妈妈的喜爱和感谢。

图1-11 给树妈妈写信

2.送给树妈妈的一封信（区角活动）

关键经验

（1）能运用自己喜欢的方式表达对树妈妈的喜爱，展现出简单的护树行为；

（2）尝试运用符号表征、绘画制作等方式给树妈妈写信，表达自己的情感（见图1-11）；

（3）形成保护大树、爱护大自然的意识。

活动准备

（1）美工材料：画纸、画笔等；

（2）自然材料：树叶、麻绳等。

探究过程

（1）教师鼓励幼儿分享自己想要保护大树的方法，并及时给予肯定，可以有目的地提问："你们喜欢树妈妈吗？可以用哪些方法表达你们对树妈妈的喜爱呢？"

（2）教师尊重幼儿的想法，鼓励幼儿用自己喜欢的方式表达对树妈妈的感谢及喜爱之情。

（3）幼儿进行创作，教师巡回指导，重点关注幼儿对符号的使用，鼓励幼儿大胆讲述信中的内容。

（4）教师协助幼儿完成给树妈妈送礼物的过程，及时运用照相机拍照记录过程。

补充说明：幼儿由于缺乏生活经验，因此在交流过程中更多的是把爸爸妈妈对自己的照顾迁移到对树妈妈的喜欢上。有的孩子说要给树妈妈做一条围巾，冬天它就不怕冷了；有的孩子说给树妈妈唱一首歌，树妈妈会更加开心；还有的孩子说给树妈妈写一封信，表达自己对树妈妈的喜爱。

3.保护树妈妈，我们在行动（集体活动+家园合作）

关键经验

（1）了解生活中保护大树的方法，开启护树行动；

（2）在爸爸妈妈的帮助下能尝试给大树刷石灰粉、捆绑草绳等，亲身感受保护大

树的过程;

(3)愿意用实际行动爱护大自然。

活动准备

(1)家长志愿者提供的石灰、盆、刷子、草绳等;

(2)幼儿了解石灰水以及草绳的使用方法。

探究过程

(1)邀请家长结合幼儿园当下实际,挑选适合幼儿操作的一两种保护大树的方法,向幼儿讲解。

(2)协助家长做好护树的准备。

(3)引导幼儿穿好防护服、戴好手套,开展保护大树的行动,真切体验护树的过程(见图1-12)。

(4)回到家中,引导家长询问幼儿保护大树的活动过程,鼓励幼儿大胆自信地分享、讲述。

图1-12 给小树穿新衣

补充说明:在开展活动前,教师通知并指导家长在上学路上、小区里引导幼儿观察保护大树的一些方法,让幼儿有初步的认知,便于在集体活动中反向交流。

4.争做小小宣传员(集体活动)

关键经验

(1)尝试运用宣传画的形式展现"保护环境,从我做起"的宣传内容;

(2)能结合画面内容语言完整、自信地向他人进行介绍;

(3)体验争做小小宣传员的自豪感。

活动准备

(1)有关保护环境的宣传示范画;

(2)幼儿了解一定的保护环境的方法;

(3)画纸、笔等。

探究过程

（1）师幼共同交流保护环境的方法。教师启发性地提问："树妈妈是我们的朋友，许许多多的大树汇集成美丽的大自然，生活中我们应该如何保护它们？"

图 1-13　画"我爱树妈妈"的宣传画

（2）结合幼儿的回答，教师小结与提升。保护大自然、爱护我们美好家园的方法有很多，如不随手乱扔垃圾、不用一次性餐具、生活中节约用水用电等。

（3）幼儿欣赏示范画，了解宣传画的绘画方式，自由创作（见图 1-13）。

（4）教师结合幼儿的绘画内容进行评价，问："你画的是什么？你想怎样宣传？"

（5）教师支持幼儿在幼儿园中、家中、小区里进行有关保护环境的宣传。

5. 送给树妈妈的礼物（集体活动）

关键经验

（1）初步了解不同色彩之间的冷暖关系；

（2）能够用不同的颜色、形状在树干上添画树叶；

（3）感受美术活动中色彩带来的不同感受，愿意大胆表现各种美的形式。

活动准备

（1）幼儿有关树叶的经验；

（2）故事《秋娃娃的礼物》的 PPT 课件；

（3）画纸、不同种类的树叶。

探究过程

（1）教师用故事《秋娃娃的礼物》进行导入，边讲故事，边引导幼儿观察画面中不同的树叶，帮助幼儿感受不同树叶的色彩变化。教师可提问："秋娃娃给树妈妈的礼物是什么？你愿意帮助秋娃娃给树妈妈穿上彩色的衣服吗？"请幼儿根据故事情景回答内容。

（2）绘画前，引导幼儿了解通过添画彩色树叶的方式给树妈妈穿衣裳，可提问："树妈妈怎么了？我们怎样给树妈妈穿上新衣？"启发幼儿给树妈妈画上各种形状和颜色的树叶时要注意，先画好树叶轮廓再均匀涂色，小心涂色，不要涂到线外，涂好一片叶子再涂下一片（见图1-14）。

（3）在幼儿的绘画过程中，教师重点指导幼儿画出叶子的基本形状，同时鼓励能力强的幼儿创作不同形状、颜色的树叶，并根据情况及时提醒，如："看看谁给树妈妈穿的衣服最特别，最漂亮。""树叶娃娃是树妈妈最好的礼物，可一定要紧紧靠着妈妈，不然就被风吹散了。"

图1-14　给树妈妈做礼物

五、总结与思考

（一）主题活动来源于生活，服务于生活

"我和秋天有约"主题活动，让孩子们通过多种感官，零距离接触、了解秋季的特点，体验采摘、清洗、分割、蒸煮、熬制和品尝海棠果的全过程，知道保护树妈妈的方法等，获取生活中的常识，实现了从生活中来、到生活中去。

（二）关注自然，关注社会

陈鹤琴指出："大自然、大社会就是活教材，要重视室外活动，着重于生活体验。"教师在活动中抓住季节变化的特点，从幼儿能直接感知到的环境特点出发，经常带领幼儿走出去，在直接感知、亲身体验、实际操作中寻找秋天的变化。所以，大自然是一本教科书，给幼儿提供了天然学习和成长的环境。适时地回归大自然，带孩子们去听、去看、去感受、去触摸，让他们在探究大自然的奥妙的同时，感受到生命的希望、生活的美好，同时得到全面的成长。

（三）家园共育，共促幼儿发展

家园共育始终是幼儿园教育工作中至关重要的组成部分，且家长是幼儿园社会资源的重要来源，能为幼儿提供更多的学习机会。该主题活动中，教师及时调动家长参与课程的积极性,鼓励家长带幼儿走进社区、走入公园,协助幼儿收集了很多关于秋天的信息、材料,还积极参与亲子课堂、亲子阅读等活动,有助于增进亲子关系,提高家长的育儿能力。

(四)充分挖掘图书的价值

在开展主题活动之前,教师认真阅读并分析了每一本相关图书的价值和用途,旨在在不同的核心活动中支持幼儿的活动和探究。

案例二
我真了不起

一、设计意图

幼儿期是自我意识培养的重要时期，促进幼儿自我意识的发展对幼儿的心理活动和行为能够起到调节作用，也是促进幼儿人格发展的重要因素。小班幼儿具有较强的依赖性，自理能力有待提高。他们常常以自我为中心，加上缺乏集体生活的经验，不会处理与他人的关系，因此帮助幼儿形成初步的自我认识、自我态度和自我调节能力，发展正确的自我意识非常重要。促进小班幼儿自我认识的发展，是从他们能意识到自己的身体、身体特征和主客体开始的。

在主题活动中，利用游戏让他们认识自己的身体并辨认自身的各个外部器官与部位。幼儿通过分享绘本、交流信息报、做身体小游戏等方法，从对自己的初步认识过渡到较深入地了解；通过照镜子了解自己的外貌特征，区别自己与他人长得不同的地方，从而更正确地认识自己；在有趣的情境游戏中，逐步学习自我服务的技能，如自己整理玩具、收拾书包、穿衣穿鞋、刷牙洗脸等，养成自己的事情自己做的好习惯，并且愿意为同伴和家人做力所能及的事情，从而体验"我真了不起"的成就感和劳动带来的自信心和快乐；同时，学习在生活中如何保护自己，初步建立自我保护和安全意识。

自理能力是生活中的必备能力，但小班幼儿大多缺乏自理能力，因此可以通过多元化的游戏教学活动帮助幼儿形成独立意识，提高自理能力，从而更好地适应社会生活，健康成长。

二、主题总目标

健康领域

- 学会通过表情正确辨别情绪，能够运用自己的五官做出各种表情，并且通过不同的表情表达不同的情绪。

- 知道自己有两只手,每只手有五根手指。
- 知道五官的作用和重要性,知道保护五官的方法,形成保护五官的意识,爱护自己的五官。

语言领域

- 愿意与同伴分享自己五官的特点及自己的本领。
- 会用形容词描述自己和同伴的五官。
- 能够在教师的帮助下理解儿歌的内容。
- 能口齿清晰地表达自己能做的事情以及可以帮助家人做的家务,喜欢和同伴交流自己的生活。

社会领域

- 喜欢承担一些小任务,并能在完成任务后体验到成就感。
- 知道自己和同伴的本领各不相同,能够在集体面前大胆展示自己的本领。
- 在绘画和展示作品的过程中增强自信心,增强自我认同感。
- 自己的事情自己做,形成初步的自理意识,并且愿意为同伴和家人做力所能及的事情,为自己能够独立完成自己的事情或帮助他人而感到高兴。

科学领域

- 在教师的引导下,能够带着兴趣仔细观察自己与同伴的脸、手、五官等方面的不同特征。
- 能感知物品的大小等量方面的特点,并根据这些特点对物品进行分类。

艺术领域

- 愿意运用绘画、泥工等自己喜欢的方式再现自己的五官特点。
- 体验手掌印画、手指印画的乐趣,大胆发挥自己的想象,创造性地将不同的手印添画成各种各样的画。

三、活动网络图

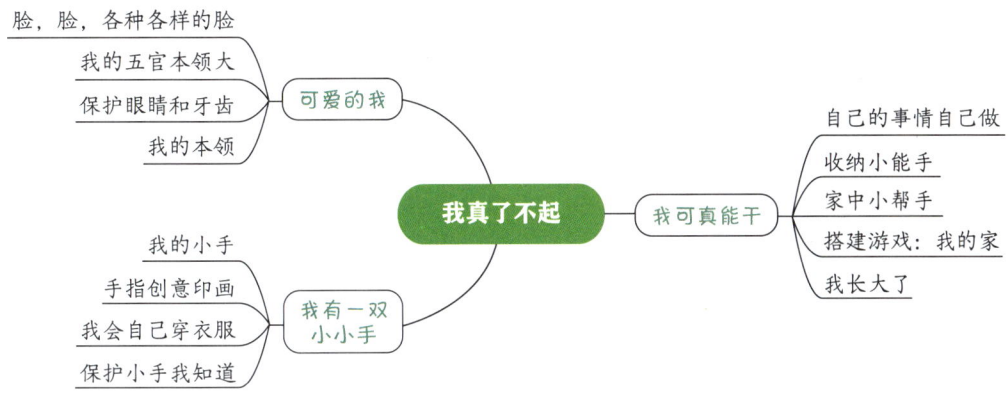

四、活动设计与实施

核心活动一：可爱的我

三四岁是幼儿自我认知、自我意识初步形成的时期，他们对自己的身体和身边的事物越来越感兴趣，经常摸摸这儿、碰碰那儿，对周围的一切都充满好奇。本核心活动便是从小班幼儿的自身需求出发，通过绘本故事阅读、"我的五官本领大"科学探索、保健医生进课堂以及参观牙科诊所等活动，帮助幼儿认识五官，感知其本领，激发幼儿探究自我、保护自我的意识。

1. 脸，脸，各种各样的脸（集体活动+小组活动+区角活动）

关键经验

（1）通过照镜子和直接观察的方式，能初步运用形容词描述自己和同伴的五官，如"大大的眼睛""高高的鼻梁""小小的嘴巴"等；

（2）愿意通过小组讨论的方式了解五官的作用；

（3）能够在分享与交流中更好地认识和了解自己，初步形成自我意识，喜欢自己。

图 2-1　照镜子进行五官对比

图 2-2　幼儿间开始小组讨论

图 2-3　幼儿的自画像与为同伴画的画像

活动准备

（1）绘本《脸，脸，各种各样的脸》；
（2）PPT 课件与背景音乐；
（3）用于绘画的笔、纸。

探究过程

（1）请幼儿倾听绘本故事《脸，脸，各种各样的脸》，就其内容与幼儿进行初步探讨，创设语言环境，鼓励幼儿大胆介绍绘本故事内容，通过倾听、阅读，分享自己对绘本故事内容的理解。

（2）教师创设情景，与幼儿一起通过镜子更加直观地观察自己的五官，进行照镜子的小组活动，幼儿分享自己的观察和发现（见图 2-1）。教师引导幼儿运用形容词描述自己和同伴的五官。

（3）引导幼儿进行小组自由讨论活动，一边交流，一边用手指来指一指眼、鼻、口、耳等器官的具体位置，并提出自己的疑问，通过小组讨论的方式解答这些器官各自的不同作用（见图 2-2）。

（4）小组交流之后，请各个小组的幼儿集中分享、介绍自己的经验。幼儿能够运用完整的语句进行自我介绍，如"我的五官有……""我的五官有……作用""我的样子……"等。

（5）请各个小组的幼儿与同伴进行交流，说一说对方的五官是什么样子的，分辨对方与自己五官的区别，并通过绘画的方式进行区分，对照图画（见图 2-3）表征每个人的五官的相同点及不同点。

2. 我的五官本领大（区角活动）

关键经验

（1）能够根据信息角中的游戏"我的五官本领大"，进一步了解五官的作用和重要性；

（2）认识到生活中对待五官不正确的行为。

活动准备

（1）区角材料：镜子、万花筒、彩色卡片，各种味道的水，各种乐器等基础材料；

（2）自主探究区中五官游戏所需要的材料。

探究过程

（1）支持幼儿的区角游戏活动，在各个区角投放适宜的材料，满足幼儿的感官体验。在角色区开展语言游戏：教师展示图片，幼儿根据图片上的五官迅速在自己的脸上指出位置，比一比谁的速度快。

（2）在信息角推进感官体验：幼儿用眼睛观察万花筒里图像的变化，体验眼睛的观察带来的色彩与变化；幼儿用鼻子闻一闻信息角中的各种水，有带香味的香水、带苦味的苦瓜汁、各种水果汁等。开展耳朵的体验游戏，两名幼儿一起游戏，一名幼儿敲打乐器发出声音，另一名幼儿蒙上眼睛，依据同伴的敲打声说出乐器的名称（见图2-4、图2-5）。

（3）让幼儿根据教师播放的不爱惜自己五官的视频或者图片进行小组讨论。

图2-4　我来闻闻、尝尝不同的味道

图2-5　听音辨乐器

补充说明：在讨论一些日常行为时，教师发现幼儿不能正确地识别哪些行为有可能伤害五官，也不知道怎样保护五官。考虑到幼儿这方面的经验缺乏，教师决定通过展示一些生活中对五官不友好的行为图片来帮助幼儿认识到不正确的行为，同时提供正确的改进经验。与家长进行沟通，让他们在日常家庭生活中关注幼儿的行为，及时给予指导，实现家园共育，共同丰富幼儿的生活经验。

3. 保护眼睛和牙齿（集体活动＋小组活动＋家园合作＋实地参访）

关键经验

（1）初步形成保护眼睛和牙齿的意识，对其产生爱护之情，在活动中形成使用科学方法进行保护的意识；

（2）通过保健医生的讲解，认识到保护眼睛和牙齿的重要性，学会保护方法；

（3）在日常生活中养成良好的用眼习惯和每天刷牙的好习惯。

活动准备

（1）保健医生进班级讲解需要的工具：眼球模型、视力测视表等；

（2）幼儿走进牙科诊所需要准备的物品：自己平时用的小牙刷、小水杯等；

（3）彩色画笔、白纸。

探究过程

（1）保健医生进课堂，引发幼儿关注和讨论："保护眼睛的方法有哪些？"保健医生为幼儿展示眼保健操，教幼儿做眼保健操，幼儿初步意识到和掌握保护眼睛的基本方法（见图2-6）。

图 2-6　保健医生进课堂

（2）结合眼球模型，引发幼儿思考和讨论："为什么眼睛会近视？什么情况下会引起近视？近视以后要怎么办？为什么呢？"保健医生对幼儿进行眼睛检查，测试幼儿的眼睛是否有假性近视，并为幼儿讲解预防近视的方法，让幼儿了解更多在日常生活中保护眼睛的方法。

（3）开展参观牙科诊所的活动，引导幼儿观察和思考："牙医给小患者们检查牙齿时用到了哪些工具？""牙医是怎样消灭牙齿里的蛀虫的？"幼儿全程观看牙医检查牙齿的过程，思考并解答疑惑。

（4）通过牙齿模型，引导幼儿观察和思考："龋齿是怎么形成的？""为什么有龋齿的时候，大人会说孩子有虫牙了？"结合牙医对幼儿牙齿检查的结果和模型，用生动、形象的方式和语言让幼儿了解到细菌就像小虫子一样在一点一点地吃着牙齿缝里的食物残渣，慢慢地，细菌会将牙齿"吃掉"，小朋友们的牙齿就会变黑，最后出现一个大洞，从而引发幼儿的重视。牙医为幼儿演示正确的刷牙方式，通过牙医的演示和教师有目的的指导，幼儿认识到保护牙齿的重要性，学会用牙刷按照科学、正确的方式刷牙。

（5）幼儿将用符号表征或绘画的方式再现自己在牙科诊所的发现（见图2-7）。

图2-7　表征发现

补充说明：在活动的过程中，教师通过观察发现，有的幼儿对于正确的刷牙方式掌握得不熟练、不规范。由于幼儿的年龄小，考虑到幼儿良好习惯的形成是一个长期的过程，因此我们后期开展了家园共育活动，请家长与幼儿每天打卡，用正确的方式早晚按时刷牙，家长要对幼儿进行督促和指导，帮助幼儿养成良好的习惯。同时，幼儿平时在生活中有看电视、手机或者故事书的时间，家长要鼓励和督促幼儿在用眼一段时间后做眼保健操，提醒幼儿保护自己的眼睛，让眼睛明亮又美丽。

4. 我的本领（集体活动+小组活动）

关键经验

（1）知道自己和同伴的本领各不相同，能够在集体面前大胆展示自己的本领；

（2）学会通过表情正确辨别情绪；

（3）能够运用自己的五官做出各种表情，并且通过不同的表情表达不同的情绪。

活动准备

（1）表现各种情绪与表情的卡片；

（2）彩色油画棒、白纸；

（3）表演音乐、舞台。

图 2-8 我的本领有很多

图 2-9 通过演示表征五官与情绪的关系变化

探究过程

（1）教师创设语言环境，幼儿进行小组讨论，说一说自己会的本领有哪些？

（2）幼儿进行小组讨论，分享同伴会的事情有哪些。

（3）开展集体活动，幼儿通过唱歌、绘画等活动进一步认识到自己的本领，并通过活动发现每个人都有不同的本领（见图2-8）。

（4）提供表情卡片，鼓励幼儿自由讨论，说一说卡片上的表情分别表达了什么样的情绪。做出与卡片相对应的表情，调动自己的五官灵活演绎各种不同的表情，互相观察做不同的表情时五官所发生的变化，如伤心时嘴角是向下的、生气时眼睛是瞪大的、害怕时眉头是皱起来的等。

（5）引导幼儿思考："什么情况下你会露出开心的表情？""因为什么事情你会露出生气或者难过的表情？""又是什么事情会让你害怕？"通过小组讨论，集中分享，幼儿学会通过表情来正确辨别情绪，更好地与人沟通交流。通过演示，表现五官与情绪的关系变化（见图2-9）。

核心活动二：我有一双小小手

"一双小小手"是幼儿生活中的好朋友，幼儿需要用它们吃饭、做游戏。有时，也会因为种种"不小心"而忽视甚至伤害它们。本核心活动便是结合小班幼儿的年龄特点和实际情况而设计的"小小手探索之旅"。幼儿通过观察、对比，直观感受小手的基本特点，并积极选择合适的材料用小手进行艺术表现。教师将设计贴近幼儿生活需要的小比拼活动，鼓励幼儿在穿衣服、做清洁、搭积木等方面体验小手的重要性。引导幼儿从自身做起，从当下行为做起，关注小手、保护小手、锻炼小手。

1. 我的小手（集体活动+区角活动）

关键经验

（1）理解儿歌内容，知道自己的小手能做许多事情；

（2）能够准确说出每根手指的名称；

（3）在日常生活中能用自己的小手做一些力所能及的事情，形成独立意识。

活动准备

（1）儿歌《我有一双小小手》；

（2）带有手指名称的图片。

探究过程

（1）用儿歌《我有一双小小手》进行导入，激发幼儿探究小手的兴趣，让他们和同伴讨论儿歌的内容，并大胆借助自己的双手进行表述（见图2-10）。

（2）阅读儿歌之后，请幼儿伸出自己的小手，通过直观的观察、比较，幼儿分享并交流各自小手之间的相同点和不同点。

（3）请各个小组的幼儿集中讨论、分享自己的发现（见图2-11）。

（4）结合教师展示的关于小手的图片，幼儿说出手指的名称：大拇指、食指、中指、无名指、小指。教师与幼儿一起开展指令游戏活动，引导幼儿将游戏经验转化为生活认知。

图2-10 向幼儿介绍儿歌的内容

图2-11 幼儿讨论自己的小手

（5）幼儿进行讨论，说一说自己的小手能够做什么、做过哪些事情。

2. 手指创意印画（小组活动+区角活动）

关键经验

（1）能够与同伴交流小手的本领，愿意让小手发挥更重要的作用；

（2）知道如何利用手指进行印画，体会手指的灵活；

（3）愿意进行艺术创作，并能大胆地展示自己的作品。

活动准备

（1）幼儿对小手的已有认知经验；

（2）区角材料：空白纸若干、罩服、颜料等。

探究过程

（1）教师和幼儿以"我们可以用小手做什么？"为话题进行交流、讨论，引发幼儿思考，结合生活经验，认识到小手可以做很多事情。

（2）支持幼儿进行美术创作，用各种颜料完成手指印画，引导幼儿充分利用自己的手指功能，思考如何利用手指肚、整根手指和手掌等进行绘画创作，它们画出的图案有什么不同，感受手指的本领，体验手指创作艺术带来的愉悦感（见图2-12）。

图 2-12　幼儿的手指画作品

3. 我会自己穿衣服（集体活动+小组活动+家园合作）

关键经验

（1）知道衣服有系扣子、拉拉链的不同穿法；

（2）通过教师的讲解，学会衣服和裤子的正确穿法；

（3）在日常生活中，逐步养成自己穿衣服的好习惯。

活动准备

（1）幼儿已有的认知经验；

（2）带拉链或扣子的衣服及裤子。

探究过程

（1）创设情景，教师和幼儿以"我们怎么穿衣服？"为话题进行交流、讨论，引发幼儿思考，结合生活经验，认识到上衣有带拉链的、有带纽扣的，学会穿不同款式的衣服的方法。

（2）教师讲解衣服、裤子的结构，通过顺口溜教幼儿穿衣服和裤子的正确方法。

衣服：小手抓住小领子，衣背贴着小肚子，大风刮身上，左边钻一钻，右边钻一钻，拉链进入小跑道，往上拉，衣服穿好了。

裤子：左边一列火车钻山洞，右边一列火车钻山洞。呜——两列火车顺利过山洞，裤子穿好了！

（3）通过儿歌《我会穿衣服》，幼儿进行小组活动，讨论和分享自己的穿衣经验。教师组织幼儿进行穿衣比赛，在欢乐的游戏中丰富幼儿的穿衣经验，让他们学习如何利用小手完成穿衣。

（4）开展自理能力打卡活动，请家长记录幼儿的自理行为，以观察、发现幼儿的行为表现。

（5）通过活动的开展，幼儿逐步形成独立的自主意识，提升自理能力。

4. 保护小手我知道（集体活动）

关键经验

（1）知道在冬天保护小手的重要性；

（2）学会洗手和护手的正确方法，保持小手的清洁、健康；

（3）形成保护小手的意识。

活动准备

（1）"七步洗手法"演示图；

（2）绘本《手，手，手》；

（3）毛巾与儿童护手霜。

探究过程

（1）通过绘本《手，手，手》，创设问题情境，教师以"你是怎么保护自己的小手的？"为主题展开交流活动，幼儿通过小组讨论和集体分享活动了解更多保护小手的方法。

（2）教师为幼儿演示"七步洗手法"的基本动作，幼儿通过教师的演示以及自己的练习,学习"七步洗手法"。引导幼儿思考:洗过小手后该做什么?引导幼儿逐步理解要擦干净小手,养成干净卫生的好习惯。

(3)创设问题情境,教师以"寒冷的冬天,小手被冻了会怎么样?应该怎么做?"为主题展开交流活动,幼儿分小组进行讨论、交流,了解在冬天保护小手的方法,如使用护手霜;教师与幼儿一起练习擦护手霜的正确方法。

核心活动三:我可真能干

探究了五官和小手,幼儿对自身的认可程度大大提升,感受到小小的自己蕴含大大的能量,自尊和自信油然而生。本核心活动以"自己的事情自己做"为主线任务,从幼儿生活中力所能及的事情出发,通过设置"收纳小能手""家中小帮手""我长大了"等生活操作体验活动,在家园合力的作用下帮助幼儿不断提升自我服务能力,让幼儿潜移默化地感受、肯定自己的点滴进步,不断推进自身成长。

1. 自己的事情自己做(集体活动+区角活动+家园合作)

关键经验

(1)知道自己能做很多事情;

(2)在没有他人帮助的情况下,完成自己的事情;

(3)在生活中养成自己的事情自己做的好习惯。

活动准备

(1)儿歌、图片和教师制作的劳动打卡表格;

(2)幼儿参与劳动活动的视频与照片;

(3)衣服、被子、水杯、玩具及收纳盒等。

探究过程

(1)创设问题情境,教师以问题"小朋友们,你们知道在幼儿园里有哪些事情需要自己完成吗?"展开讨论活动,幼儿进行小组交流,通过回顾自己的幼儿园日常生活来解答教师的提问;教师再次以问题"这些事情你们都会自己做吗?"引发幼儿的思考和讨论,让幼儿通过回顾发现自己会做的事情有很多,进而思考在家中可以独自完成哪些事情,激发幼儿独立做事的热情。

(2)运用情景故事,引导幼儿尝试独立完成自己的事情,如自己吃饭、自己收拾碗筷等，提高自理能力。

（3）开展打卡活动，幼儿完成相应的任务时可以利用微信的打卡小程序进行记录。在"打卡小明星"的活动中，幼儿将受到激励，逐步养成良好的自我服务意识，形成自己的事情自己做的良好习惯。

（4）教师与幼儿一起完成表格的制作，幼儿通过对自己的自理行为的记录，体验到完成自理任务后的喜悦，从中获得成就感（见图2-13）。

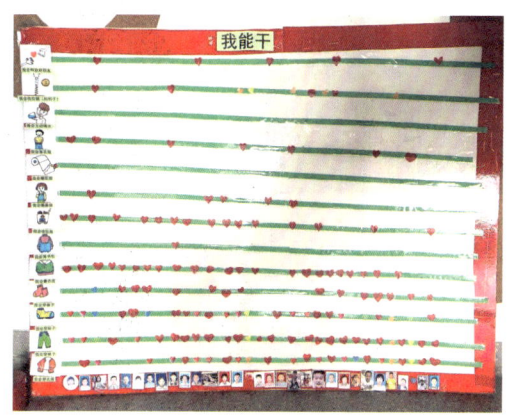

图 2-13　劳动打卡表格

（5）家园共育，家长与幼儿共同参与家务劳动，并整理观察到的幼儿在实践活动中的情况（视频与照片），在微信群里分享，激发幼儿参与活动的积极性和主动性。

（6）以"自己的事情自己做"为主题展开劳动技能大赛，幼儿通过参与"穿衣比赛""洗手比赛""自己吃饭和喝水比赛""自己叠被子比赛""整理玩具比赛"等活动，提高自理能力，增强热爱劳动的情感（见图2-14）。

图 2-14　劳动技能大赛

2. 收纳小能手（小组活动＋区角活动＋家园合作）

关键经验

（1）初步了解玩具、书本、书包等物品的收纳方法；

（2）能够根据物品的外部特征进行分类；

（3）在生活中养成良好的收纳习惯。

活动准备

（1）绘本《我能自己做》；

（2）PPT课件与背景音乐；

（3）图书、玩具等区角材料。

探究过程

（1）支持幼儿的区角活动，让幼儿结合自己已有的生活经验，对区角中的玩具、

图 2-15　我会整理

书本、书包等物品进行收纳。

（2）通过观察和对比，将书本按照大小规格进行分类（见图 2-15），再将玩具进行分类并收纳整理。

（3）通过活动，幼儿的生活经验得以丰富，鼓励幼儿在家中自主完成收纳活动，主动整理自己的物品，养成良好的生活习惯。

3. 家中小帮手（集体活动+家园合作）

关键经验

（1）认识到自己能够通过洗菜、收拾房间等方式帮助父母；

（2）能主动参与家务劳动，增强自信心；

（3）感受父母劳动的辛苦，加深和父母之间的感情。

活动准备

（1）用于家务劳动的工具和材料；

（2）展示自己如何当父母小帮手的各种材料；

（3）彩色油画棒、记录单。

探究过程

（1）创设情景，以"你可以帮助爸爸妈妈做什么？"为主题请家长与幼儿一起讨论，引发幼儿思考自己能够完成的家务劳动，并通过洗菜、端菜、给父母倒水等实践活动明白自己能够帮助父母做一些力所能及的事情。

（2）幼儿积极主动帮助爸爸妈妈完成收纳整理活动，并在游戏后分类整理玩具，将其放在玩具橱柜上。

（3）情景记录表。借助画笔和纸张，利用记录表记录自己可以完成的家务活动（见图 2-16），将其展示在主题墙上，以增强幼儿的自信心和参与活动的积极性。

图 2-16　记录自己可以完成的家务活动

4. 搭建游戏：我的家（区角活动）

关键经验

（1）知道搭建房间的步骤和方法，与同伴合作运用交错摞高、平铺间隔的方式表现家里不同房间的构造，如客厅、卧室、卫生间等；

（2）能够在观察室内空间分布特点的基础上，更加细致地表现每个房间里的独有物品；

（3）能够在游戏的过程中发现问题，并愿意与同伴协商，共同解决问题。

活动准备

（1）客厅、卧室、卫生间等不同房间里物品的陈列图；

（2）搭建积木、华德福建构积木、颗粒积木、自然材料若干。

探究过程

（1）在开始搭建之前，教师引导幼儿一起讨论和选择搭建时需要使用的材料与搭建方法。在不断尝试的过程中，幼儿找到自己认为最合适的方法——四柱四板摞高与平铺间隔相结合。

（2）引导幼儿观察自己家的房间照片，根据观察获得的经验确定搭建内容，伙伴间相互交流，分工协作，分别搭建客厅、厕所和卧室，"我的家"初具雏形。

（3）指导幼儿观察每个房间的特点，丰富搭建的细节部分，如在客厅里摆放沙发和电视、在卫生间里摆放马桶和浴缸以及在卧室里摆放床头柜和床等。

（4）"我的家"搭建好了，我们的小主人邀请娃娃家的小朋友来做客，开展融合游戏。

5. 我长大了（区角活动）

关键经验

（1）认识到自己不仅可以做自己的事情，也能帮助别人做一些自己力所能及的事情；

（2）能够独立完成自己的事情，并能主动帮助他人；

（3）感受到独立完成自己的事情并帮助他人的成就感，为自己长大了感到欣喜。

活动准备

（1）幼儿有关自己的事情自己做、帮助家人干活的视频和照片；

（2）表示爸爸、妈妈、宝宝的头饰；

（3）扫帚、抹布、水盆等家中使用的物品。

探究过程

（1）通过视频和照片分享真实的生活场景，鼓励幼儿充分表达自己在家里如何做到自己的事情自己做，又帮助爸爸妈妈做了哪些力所能及的事。

（2）在游戏活动中，教师及时发现问题并适时给予指导。例如，"宝宝"总是将"食物"胡乱放在桌子上和柜子里，"妈妈"没有提醒且自顾自地玩耍。这时，教师就要及时介入，提醒"妈妈"和"宝宝"在家中角色的分工和职责，以及如何有序地进行游戏。

图 2-17 我帮"妈妈"扫扫地

（3）引导幼儿模仿爸爸妈妈在家中做的事情，如洗碗、扫地（见图 2-17）、洗衣服、做饭、照顾宝宝等，体会爸爸妈妈的辛苦及其对自己的爱。

（4）在不同的场景中引导幼儿自己的事情自己做、为家人做力所能及的事情，如自己穿衣服、自己吃饭、自己洗脸、帮忙洗菜以及带弟弟妹妹等，感知自己长大了可以帮助家人的成就感。

五、总结与思考

（一）基于幼儿的兴趣，生成核心活动

活动要源于幼儿的兴趣。教师要善于观察和发现幼儿的兴趣，尊重并支持幼儿的探索行为，开展主题活动。《纲要》指出："幼儿的科学教育是科学启蒙教育，重在激发幼儿的认识兴趣和探究欲望。"生活即教育，是指遵循幼儿的身心发展特点和年龄特征以及幼儿的兴趣和需要，从生活中提炼教育内容，在轻松愉快的环境中由浅入深、循序渐进地使幼儿认识、学习、理解、接受教育，明白道理。同时，幼儿也会在兴趣的驱动下，对自己进行深入的探究。"我是什么样的"讨论活动、照镜子以及观察照片活动的开展，都要以幼儿的兴趣为基础。

（二）结合幼儿的经验，丰富活动内容

在活动过程中，结合幼儿的已有生活经验，开展丰富、有趣的探索活动，会极大地激发幼儿的兴趣、参与热情和自信心，也会让幼儿更乐于完成具有难度和挑战性的任务。

（三）围绕幼儿的发展，拓展活动场域

在活动过程中，要根据幼儿的年龄特点和发展需求，设计符合幼儿特点的活动，为幼儿创设良好的环境，在区域中投放符合幼儿发展需求的材料，从而支持幼儿的探索行为。同时，在更多真实的生活场景中，让幼儿了解自己的能力与力量，并结合外部的条件支持与内部的力量发展，帮助他们形成更完整的认知，在表象化的劳动课程中进一步促成其内在的道德品质的发展。

案例三

与甜蜜为伴

一、设计意图

美味的糕点、甜美的糖果对幼儿来说是无法抗拒的诱惑。它们精美的包装、形态各异的外形、鲜艳美丽的色彩、奇特丰富的口味,都对幼儿有巨大的吸引力,对小班幼儿来说更是如此。

在主题活动中,教师将尊重幼儿的兴趣和喜好,与幼儿共同确定他们需要的蛋糕房、点心铺、糖果店等区角设置,引导幼儿通过参访周围的甜品店以及与同伴协商共同创设属于自己的甜蜜小屋;通过同伴间的售卖活动提升幼儿的语言表达、社会认知以及交往的能力;在家长的帮助下鼓励幼儿动手、动脑,利用多种材料设计、制作自己喜欢的甜品,并与身边的人分享,感受分享的快乐。甜蜜不仅是味蕾上的满足,也是幼儿对甜蜜情感的体会和表达,幼儿通过为同伴庆祝生日、关爱生病的同伴来感受幼儿园温暖大家庭里的甜蜜。

实施主题活动的同时,充分利用幼儿在生活和大自然中收集的各种材料开展包装、宣传和售卖等角色互动游戏,激发幼儿的艺术创作和动手能力;收集各种各样的甜品开展游戏活动,引导幼儿通过分类、排序、点数等活动充分了解甜品的不同特征,支持幼儿多感官参与活动,丰富幼儿的认知。

真实的情境能够为幼儿提供学习支持。为了满足幼儿对糕点制作的真实体验,教师在主题活动中开辟真正的甜品制作角,通过邀请家长进课堂的方式,让家长和幼儿共同制作美味的点心。其间,幼儿参与称量、混合、造型、烘烤等环节,感受食材"混合—成型—烘烤—成品"的变化过程,体验动手操作、品尝美食的乐趣。通过参观社区周围的糕点铺、蛋糕房,幼儿观察和了解糕点店的摆放、呈现及买卖过程,从而开设自己的模拟蛋糕房,开展角色互动游戏。

幼儿对"甜美"的追求势必要与"自我保护"结合在一起。教师将通过绘本、视频动画等渗透式教育途径开展爱护牙齿、健康饮食等方面的活动,在感受甜蜜的同时，帮助幼儿养成良好的生活习惯。

二、主题总目标

健康领域

- 知道刷牙的重要性，能够养成早晚刷牙的好习惯。
- 知道健康饮食的重要性，积极向家人、同伴宣传健康饮食的小知识，并尝试简单的食物搭配；养成健康饮食的好习惯。
- 知道甜食（饮）好吃（喝）但不贪食，懂得爱牙、护牙的好方法。

语言领域

- 喜欢与同伴交流和分享自己喜欢的甜品，并大胆地描述甜品的名称、口味和外观等。
- 角色扮演售卖甜品时，在教师的提醒下使用礼貌用语，如"你好，欢迎光临""喜欢什么甜品？""欢迎下次再来"。
- 能在成人的提醒下，用清楚的语言表达参访甜品店时的所见所闻。
- 会通过说"甜甜话"的方式表达对别人的关爱与感恩。

社会领域

- 愿意与同伴、家人、教师等分享喜欢的食品，会礼貌地表示感谢。
- 喜欢参与购买、制作甜品等实践活动，并将甜蜜分享给他人，体验自己动手操作的乐趣。
- 结合参观甜品店等参访经验，开展角色游戏活动。
- 知道家人和同伴的生日，并通过制作礼物、说甜甜的祝福话、庆祝生日、为家人做力所能及的事情等方式表达对身边人的爱。

科学领域

- 了解不同甜品的名称、种类、用途及味道等特点。
- 能运用多种感官感知糖果、糕点的特征，并按名称、颜色、形状等进行分类。
- 通过糖的溶解等小实验，理解溶解和温度之间的关系。

- 观察不同甜品的图片，能根据其不同的特征进行一一对应。
- 在装饰蛋糕的过程中，能够运用按规律排序、对称等方法进行装饰。

艺术领域

- 能用多种材料创作自己喜欢的甜品，并能在教师的引导下欣赏同伴的作品。
- 欣赏糖纸和糕点盒的色彩、线条及图案的美观、有趣，愿意利用材料进行艺术创作。
- 愿意和同伴一起利用各种丰富的材料装饰甜品店。

三、活动网络图

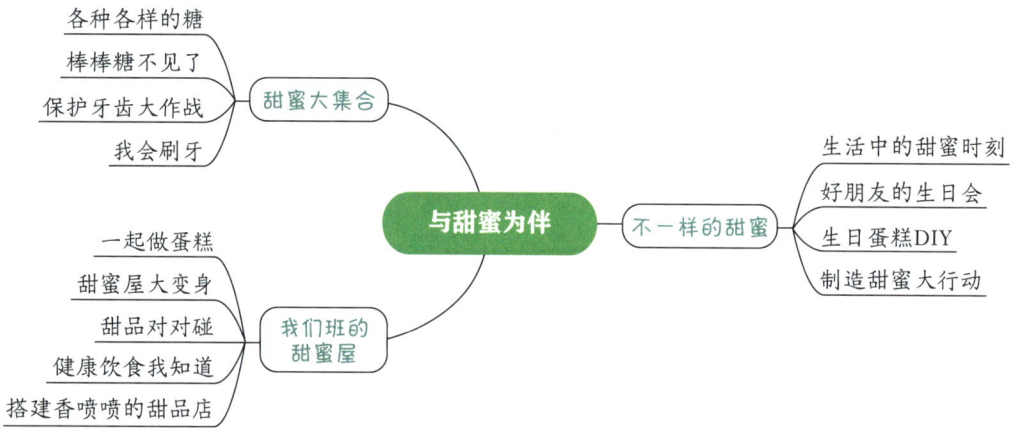

四、活动设计与实施

核心活动一：甜蜜大集合

美味的甜品是幼儿的最爱，其精美的包装、多样的造型更能吸引幼儿的关注。春节假期结束，幼儿带来各种各样的甜品与同伴分享。本核心活动就是幼儿真正的"甜蜜大集合"。幼儿乐此不疲地分享着与"甜蜜"有关的糖果、糕点等食品，在多感官体验中发现它们的特征，调查它们的来源，产生对甜蜜食物进行深入了解的兴趣。

1. 各种各样的糖（集体活动 + 区角活动 + 家园合作）

关键经验

（1）通过调查知道甘蔗、甜菜、麦芽糖浆是制作糖的主要原料，通过观察了解糖溶化、冷却和凝固的过程；

（2）能通过看一看、尝一尝、摸一摸等方法了解不同种类糖的特点，并根据糖果的口味、软硬、颜色和形状等特点进行分类；

（3）喜欢与同伴分享自己带来的糖果，并愿意通过多种途径尝试制作美味的糖果。

活动准备

（1）各种口味的糖果；

（2）布袋若干、眼罩、手口湿巾；

（3）盛物品的器皿，如小框、盘子和杯子等；

（4）蔗糖、甜菜、麦芽糖浆等常见的糖类原材料；

（5）不粘锅、电磁炉等制糖工具；

（6）幼儿已经初步认识糖类调味品，并制作了亲子信息报。

探究过程

（1）开展"猜糖果"的游戏，将收集的各种糖果放到布袋中，引导幼儿戴上眼罩，通过摸一摸、捏一捏的方式猜出糖果的名称，初步了解不同糖果的主要特征。

（2）引导幼儿通过多种感官了解糖果，根据糖果的名称、口味、软硬、颜色及形状等特点进行分类。

（3）引导幼儿与同伴分享自己分类的依据，如按照名称分类有棒棒糖、棉花糖、巧克力等，按照形状分类有圆形、正方形、椭圆形等，按照软硬分类有硬糖和软糖等（见图3-1）。

（4）通过分享亲子信息报，了解糖的主要来源是甘蔗、甜菜和麦芽糖浆。

图3-1 幼儿为糖果分类

（5）邀请家长进课堂与幼儿一起用不粘锅和电磁炉等工具熬制红糖、蔗糖、麦芽糖，直观感受糖溶化、冷却、凝固的过程和温度的变化，让幼儿进行分享。

（6）支持幼儿通过拼摆、绘画、制作等方式再现"我喜欢的糖果"。

2. 棒棒糖不见了（小组活动＋区角活动）

关键经验

（1）用搅拌的方式观察两根棒棒糖在体积相同、水温不同和水温相同的两种情况下溶解的速度和颜色的变化，通过品尝了解棒棒糖在水中溶解后味道的变化；

（2）能够观察并对比谷物和棒棒糖在水温相同、容量相同情况下的变化，初步理解棒棒糖可溶于水的特性；

（3）乐意与同伴分享自己在溶解棒棒糖的过程中发现的变化，享受探索的乐趣。

活动准备

（1）水果味、牛奶味、巧克力味等不同口味和颜色的棒棒糖；

（2）容量相同的透明玻璃杯；

（3）55℃温水饮用水、冷水饮用水；

（4）红豆、大米、小米等不能溶解的谷物。

探究过程

（1）引导幼儿将两根相同的棒棒糖分别放到水量相同但水温（55℃温水和冷水）不同的两个玻璃杯中搅拌，对比发现哪个杯子里的棒棒糖溶解的速度快。

小结：55℃温水中的棒棒糖溶解的速度更快。在水量相同的情况下，温度越高，糖的溶解速度越快。

图 3-2　幼儿开展棒棒糖溶解实验

（2）引导幼儿将两根相同的棒棒糖分别放到水温、水量相同的两个透明玻璃杯中，一个快速搅拌，一个慢速搅拌，对比发现哪个杯子里的棒棒糖溶解的速度快（见图 3-2）。

小结：快速搅拌的棒棒糖溶解的速度更快。水量相同、温度相同时，搅拌速度越快，棒棒糖的溶解速度越快。

（3）引导幼儿将不同口味、不同颜色

的棒棒糖分别放在水温、水量相同的玻璃杯中搅拌，观察棒棒糖溶解在水杯中的液体的颜色，并品尝其味道。

小结：棒棒糖溶解在水里后，颜色不会发生变化，且水会变甜。

（4）引导幼儿将谷物和棒棒糖分别放到水温、水量相同的两个玻璃杯中搅拌，观察谷物和棒棒糖溶解的情况，了解棒棒糖可溶于水的特性。

小结：棒棒糖这种固体到了水里慢慢地和水融为一体，不见了，这就是溶解。日常生活中的物质，有的可以溶解，有的不可以溶解。

（5）教师组织分享活动，让幼儿拿着自己完成实验后的两个玻璃杯，与同伴分享自己的发现。

3. 保护牙齿大作战（集体活动+区角活动+家园合作）

关键经验

（1）知道食用甜品后不注重口腔护理就会有长出蛀牙的危害；

（2）能够通过调查、参访、阅读绘本等途径学习保护牙齿的方法，并及时和同伴交流自己学到的方法；

（3）在日常生活中养成良好的爱牙习惯。

活动准备

（1）绘本《没有牙齿的大老虎》《牙齿大街的新鲜事》；

（2）幼儿通过调查制作的关于爱护牙齿的亲子信息报；

（3）牙刷、牙膏等刷牙工具。

探究过程

（1）结合绘本《没有牙齿的大老虎》《牙齿大街的新鲜事》，引导幼儿了解吃完甜食不注重口腔护理会引发蛀牙等危害。

（2）讨论"怎样爱护我们的牙齿"，制作爱护牙齿亲子信息报，并和同伴分享爱护牙齿的方法，养成爱护牙齿的好习惯。

（3）邀请牙医、保健医生进课堂，和孩子们一起分享保护牙齿的小知识。

（4）引导幼儿利用休息的时间和爸爸妈妈一起参观牙科诊所，了解护理牙齿的工具、流程和方法。

（5）在娃娃家中开展爱护牙齿的活动，引导幼儿掌握正确的刷牙方法。

（6）在日常生活中，请家长积极在家长群中分享幼儿爱护牙齿的照片，激发幼儿爱护牙齿的情感和积极性，养成爱牙的好习惯。

4. 我会刷牙（小组活动+家园合作）

关键经验

（1）简单了解牙齿的基本结构和名称；

（2）通过观看刷牙视频、图片以及邀请保健医生进课堂等方式学习刷牙的正确方法；

（3）知道刷牙的重要性，能够养成早晚刷牙的好习惯。

活动准备

（1）牙齿模型、牙齿结构的图片；

（2）刷牙示意图、刷牙儿歌和视频；

（3）牙刷、牙缸、牙膏等刷牙工具，以及小镜子；

（4）绘本故事《小熊不刷牙》《出发，刷牙小火车》。

探究过程

（1）鼓励幼儿用小镜子开展牙齿照镜子活动，认识自己的牙齿，简单了解牙齿的形状、数量和名称等。

（2）结合相关图片、视频和儿歌等，学习刷牙的正确方法。

（3）运用牙齿模型、小牙刷开展刷牙练习活动，练习上下刷牙、从里往外刷牙等，并结合自己在家刷牙的经验，分享刷牙的过程。

（4）通过邀请保健医生进课堂、开展绘本阅读等方法，引导幼儿感受正确刷牙的重要性。

（5）通过家园合作，帮助幼儿养成早晚刷牙的好习惯。

核心活动二：我们班的甜蜜屋

"糖果屋"常常在童话故事中出现，在糖果屋里品尝糖果更是不少幼儿的梦想。本核心活动中，教师邀请家长进课堂，协助幼儿通过称量、混合、造型、烘烤等程序制作各种甜品，共同感受亲手制作"甜蜜"的快乐。教师还请家长带领幼儿参观社区中的甜品店，观察甜品店的布局、甜品种类，家园合作将平常的活动室打造成班级的"甜蜜屋"。

当然，过多食用甜品会对幼儿的健康造成不利影响。教师通过邀请保健医生进课堂、绘本阅读等方式，结合幼儿的真实生活体验，引导幼儿养成爱护牙齿的好习惯。

1. 一起做蛋糕（集体活动+家园合作+区角活动）

关键经验

（1）在家长的帮助下制作和装饰蛋糕，观察食材经历"混合—成型—烘烤—成品"的变化过程；

（2）知道制作美味蛋糕需要的材料，观察奶油打发成型的过程，体验动手制作和品尝美食的乐趣；

（3）与同伴一起将自制蛋糕分享给周围的人，体验分享的快乐，并在分享的过程中能够大胆、自信地表达自己的心情。

活动准备

（1）用于烘焙的基本工具和材料：烤箱、电子秤、量杯、不锈钢面盆、饮用水、面粉、黄油、糖粉、奶油和鸡蛋等；

（2）糖豆、水果等装饰蛋糕的材料；

（3）绘本《小海狸烤蛋糕》；

（4）画笔、画纸、橡皮泥和蛋糕拼图卡片。

探究过程

（1）交流讨论，投票推选出我喜欢的甜品——蛋糕。

（2）结合绘本故事《小海狸烤蛋糕》，了解烘焙蛋糕的材料和制作流程。

（3）向家长介绍此项活动的目标及意义，请有能力的家长提供食谱，参与活动，支持幼儿自主动手制作并体验烘焙糕点的乐趣（见图3-3、图3-4）。

图3-3 家长进课堂做蛋糕

图3-4 烘焙蛋糕

（4）幼儿在家长的帮助下，共同制作、品尝美味的甜品。介绍制作蛋糕需要用到的材料，通过烘焙的方式让幼儿观察面粉经过加热变得膨胀、松软的过程。

①将蛋清和蛋黄分离，分别放到两个打蛋盆中。

②将蛋黄、糖粉、黄油和低筋面粉搅拌均匀，加入打发好的蛋白，搅拌均匀，调成蛋糕糊。

③将蛋糕糊放入预热好的烤箱里，上下火、160度烤60分钟。

④待蛋糕冷却，涂抹打发好的奶油后，可以用糖豆、水果装饰蛋糕。

⑤引导幼儿和同伴大方地展示自制的成品蛋糕，一起品尝、分享美味，并大胆表达自己的愉悦心情。

（5）活动后，引导幼儿用绘画、拼贴、泥工等不同的形式制作蛋糕，并与"甜蜜甜品店"的同伴合作，将做好的蛋糕送到甜品店售卖。

2. 甜蜜屋大变身（区角活动＋家园合作）

关键经验

（1）喜欢角色扮演，体验角色买卖的乐趣；

（2）有参访甜品店的经验，知道真实的甜品店里的布局、商品的分类等；

（3）了解甜品店的买卖过程，知道并能简单描述几种甜品的价格、名称和口味。

活动准备

（1）幼儿自制的甜品菜单、幼儿参观甜品店的图片；

（2）甜品展台（所售甜品来源于其他区域中幼儿自制的甜品）、收银台、游戏货币、服务员围裙、帽子等；

（3）废旧纸盒、卫生纸筒、纸杯等生活材料，太空泥、纽扣、毛球等装饰性材料，塑料小刀、胶水等手工工具。

探究过程

（1）引导幼儿回顾甜品店的样子，了解甜品店商品的陈列方式，共同收集甜品店里的材料，根据甜品的名称、口味和形状等特点将其进行分类摆放，创设自己班里的甜品店（见图3-5）。

图3-5 孩子制作的信息报

（2）重点引导幼儿明确角色的职责，能用简单的对话，有礼貌地相互交流。教师参与其中的角色，扮演顾客或售货员，引导幼儿用"你好，欢迎光临""喜欢什么甜品？""欢迎下次再来"等语言与同伴进行交流、售卖（见图3-6）。

（3）与家长合作，及时反馈角色游戏过程中出现的问题。家长协助幼儿参观真正的甜品店，帮助幼儿丰富生活经验，进一步了解甜品店的布局、售卖的甜品、人员分工以及买卖的对话等。

图 3-6　幼儿正在推销

（4）提供甜品店海报的图片，引导幼儿观察海报的内容，了解海报的作用，并和小伙伴协商绘制本季新品海报，吸引顾客。

（5）结合幼儿的活动需求不断丰富甜品店的游戏内容，与制作区的幼儿一起使用生活材料、装饰材料和手工工具为顾客定制专属甜品。

3. 甜品对对碰（区角活动）

关键经验

（1）观察不同带有甜品的卡片，能按照甜品不同的特征进行一一对应；

（2）通过翻卡片，快速记忆每张卡片上的图案，提升反应能力和记忆力；

（3）感知物体的多样性，练习思维的敏捷性。

活动准备

（1）带有糖果、巧克力、饼干和蛋糕等不同甜品样式的卡片各两套；

（2）放置卡片的方格游戏板。

探究过程

（1）引导幼儿观察游戏卡片，说一说都有哪些甜品，认识游戏材料。

（2）结合游戏规则开展"甜品对对碰"游戏。

玩法一

两名幼儿每人一套游戏材料，分别将自己的甜品卡片打乱顺序，引导幼儿将两张同样的卡片收走，最先收完的获胜。

玩法二

①在游戏板的方格里把甜品卡片扣着摆满；

②幼儿两人面对面轮流翻甜品卡片，翻到一样的卡片就归自己所有；

③直到游戏板上没有卡片为止，请幼儿点数自己手上的卡片，最后卡片多者胜利。

4. 健康饮食我知道（集体活动+区角活动+家园合作）

关键经验

（1）知道健康饮食的重要性，了解暴饮暴食、挑食对自己身体造成的危害；

（2）能够在自己身体力行的同时，积极向家人、同伴宣传健康饮食的小知识，并尝试简单地搭配食物；

（3）养成健康饮食的好习惯。

活动准备

（1）绘本《肚子里有个火车站》《很好吃的》；

（2）画笔、画纸；

（3）营养膳食宝塔图片、各种食物卡片；

（4）幼儿园食谱。

探究过程

（1）引导幼儿利用图书了解各种食物所具有的不同营养，尝试理解膳食宝塔，并运用食物卡片进行分类及营养配餐，说清楚搭配的原因并与同伴互相评价配餐结果。

（2）结合绘本故事《肚子里有个火车站》，知道健康饮食的重要性，再好吃、再健康的食物也要适量食用，吃多了会对我们的身体造成危害。

（3）邀请保健医生进课堂，结合幼儿园食谱和孩子们一同交流食物的营养搭配，激发幼儿均衡饮食的愿望。一同分享健康饮食的方法，如多吃青菜促进肠道消化吸收，补充维生素C，不能吃太多的甜食、油炸食品，否则容易造成肥胖等疾病。

（4）引导幼儿绘制"健康小卫士"宣传海报，并向同伴和家人宣传营养均衡、健康饮食的小知识，养成健康的生活方式。

（5）引导幼儿参与制定"我家的健康食谱"，利用休息日和家人一起参与家庭营养餐的制作，感受制作和品尝健康美食的快乐。

（6）在娃娃家中开展制定美味营养餐的活动，引导幼儿在游戏中体验健康饮食的乐趣。

5. 搭建香喷喷的甜品店（区角活动）

关键经验

（1）了解甜品店的外形特征、结构布局以及甜品陈列的特点；

（2）能够与同伴合作运用积木垒高的方式搭建甜品店；

（3）愿意邀请娃娃家的同伴到搭建好的甜品店中进行逛甜品店的游戏。

活动准备

（1）幼儿参访甜品店的照片、甜品店的照片；

（2）空心的、实心的木质搭建积木；

（3）雪花片，华德福玩具，松果、树枝等自然材料。

探究过程

（1）提供甜品店的照片，引导幼儿观察甜品店的外形特征、结构布局，支持幼儿分工合作搭建甜品店（见图3-7）。

（2）与拼插区、制作区的同伴合作，不断丰富甜品店里的摆设以及装饰，并运用雪花片、小型积木、华德福玩具以及松果、树枝等自然物为甜品店进行装饰。

（3）开展逛逛甜品店的活动，邀请娃娃家的同伴到搭建好的甜品店中进行逛甜品店的游戏。

图 3-7　**搭建甜品店**

核心活动三：不一样的甜蜜

甜蜜的味道让人心情愉悦，甜蜜有爱的行为会增进人与人之间的情感。在本核心活动中，教师将引导幼儿拓展"味觉"甜蜜的经验，转移升华为帮助他人、分享好物和彼此关爱的"情感"的甜蜜。结合小班幼儿的年龄特点，引导幼儿通过将制作的甜品分享给身边关爱、帮助自己的人，为他人庆祝生日等活动来感受"一家人"在一起的甜蜜时光，产生对班级大家庭的归属感。

1. 生活中的甜蜜时刻（集体活动+区角活动）

关键经验

（1）寻找幼儿园生活中的甜蜜时刻，通过照片的方式记录下来，并和同伴分享；

（2）制订"甜蜜计划"，将自己制作的甜品、工艺品与幼儿园的工作人员分享，感受予人甜蜜的快乐；

（3）乐意与他人分享，感受在班级的大家庭里亲亲热热、甜甜蜜蜜的快乐。

活动准备

（1）各种幼儿自制糖果、蛋糕、点心、面包、工艺品；

（2）用于制订分享计划的笔、纸；

（3）爱心卡片。

探究过程

（1）和幼儿一起交流，讨论要把甜蜜送给谁、送什么以及怎样送，为幼儿提供爱心卡片、画笔等工具，引导幼儿制订"甜蜜计划"。

（2）根据"甜蜜计划"，将甜蜜赠送给园长妈妈、保健医生、幼儿园老师、门卫叔叔、厨房阿姨等。幼儿通过照片的方式记录甜蜜时刻，回到班级和同伴分享自己的感受（见图3-8）。

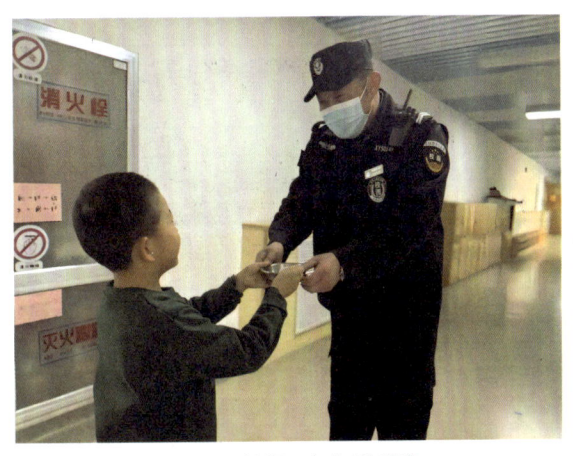

图3-8　给门卫叔叔送甜蜜

（3）回顾送甜蜜的过程，分享送甜蜜的感受与体验，进一步促进幼儿园大家庭中浓浓的爱的传递。

2. 好朋友的生日会（集体活动+区角活动）

关键经验

（1）关注同伴的生日，了解同伴的喜好，为同伴制作生日礼物；

（2）知道庆祝生日的具体环节，能够与其他小伙伴通过制作生日礼物、送祝福等方式为"小寿星"庆祝生日；

（3）喜欢与同伴一起过生日，感受一起过生日的愉悦心情以及在爱意浓浓的环境中成长的幸福。

活动准备

（1）《生日统计表》；

（2）用于制作生日礼物的材料：树枝、纸盒、纸筒、瓶罐等生活材料；颜料、画纸、橡皮泥、卡纸、剪刀、小花、爱心等装饰材料；

（3）为同伴庆祝生日的照片、同伴生日心愿单。

探究过程

（1）收集幼儿的生日时间，共同制作《生日统计表》，引导幼儿关注同伴的生日，激发幼儿为同伴庆祝生日的愿望（见图3-9）。

（2）交流、讨论，制订为同伴庆祝生日的计划，如为同伴准备礼物、询问同伴"喜欢什么？"。

图3-9　生日统计表

（3）了解过生日有唱生日歌、吹蜡烛、许愿、拍照和吃生日蛋糕等环节。

（4）通过调查询问，了解近期快要过生日的同伴的爱好和心愿，在活动区通过制作、绘画、拼插、泥工的方式为同伴准备生日卡片、生日蛋糕等礼物（见图3-10、图3-11）。

（5）举办生日派对，通过唱生日歌、许愿、吹蜡烛、送同伴礼物和说祝福的话等方式为同伴庆祝生日，共同感受班级相亲相爱的温暖。

图3-10　为好朋友庆祝生日

图3-11　给好朋友送生日礼物

3. 生日蛋糕 DIY（小组活动 + 家园合作）

关键经验

（1）关注同伴和家人的生日，愿意为同伴和家人制作蛋糕作为生日礼物；

（2）能够运用旧纸盒、卫生纸筒、芦苇秆、贝壳等生活材料制作生日蛋糕；

（3）在装饰蛋糕的过程中，能够运用按规律排序、对称等方法装饰生日蛋糕；

（4）能够亲自将自己制作的"蛋糕"送给同伴和家人，并通过说甜甜话的方式表达对同伴和家人的祝福。

活动准备

（1）各种废旧纸盒、卫生纸筒、贝壳等生活材料，橡皮泥、水粉颜料、画纸、胶水、彩纸等操作材料；

（2）不同种类、造型的蛋糕图片、模型；

（3）同伴和家人的生日蛋糕愿望清单。

探究过程

（1）引导幼儿关注同伴和家人的生日，提前收集同伴和家人的"我喜欢的生日蛋糕"，激发幼儿为同伴和家人制作蛋糕的愿望。

（2）引导幼儿观察蛋糕的造型设计、颜色搭配、装饰点缀等，知道蛋糕的基本结构和特点。

（3）提供不同种类的包装盒、贝壳等自然材料和生活材料，引导幼儿根据自己的设计图和蛋糕的图片，运用拼接、撕贴、绘画等方法制作蛋糕，在装饰过程中可运用按规律排序、对称等方式。

（4）引导幼儿在赠送生日蛋糕的时候，通过说甜甜话的方式表达对同伴和家人的生日祝福，比如："这是我为你设计的蛋糕，祝你生日快乐！""送给你生日蛋糕，希望你会喜欢！"

4. 制造甜蜜大行动（小组活动 + 家园合作）

关键经验

（1）了解自己的家人及其对自己的关爱；

（2）感受生活中一家人相亲相爱、相互关心、相互尊重的美好情感；

（3）懂得关心家人，通过说甜甜话、做甜甜的事等形式表达对他人的关爱，萌发爱家人的情感。

活动准备

（1）一家人相亲相爱的照片和视频；

（2）绘本"博恩熊系列"；

（3）幼儿自制爱心卡片；

（4）体现幼儿关心、爱护家庭成员的照片。

探究过程

（1）看照片，初步引导幼儿了解家庭成员之间的称谓和关系，请幼儿和同伴交流，介绍自己的家人。

（2）观看照片和视频，让幼儿回忆自己与家人在一起相处的幸福时光，并引导幼儿讨论："在成长的路上，你们是怎么知道家人爱自己的呢？应该怎样表达对家人的感激之情？"引导幼儿通过说甜甜话、帮助家人做力所能及的事和关心照顾家人来表达对家人的关爱和感激之情。

（3）阅读绘本"博恩熊系列"，感受一家人在一起互相关爱的幸福。

（4）教师在教学活动和一日生活中引导幼儿学会关心家人，收集幼儿关心、爱护家人的照片，如帮助爷爷奶奶做力所能及的事情、将好吃的东西先给老人、给爷爷奶奶捶捶背等，并和同伴分享，感受一家人在一起的快乐（见图3-12）。

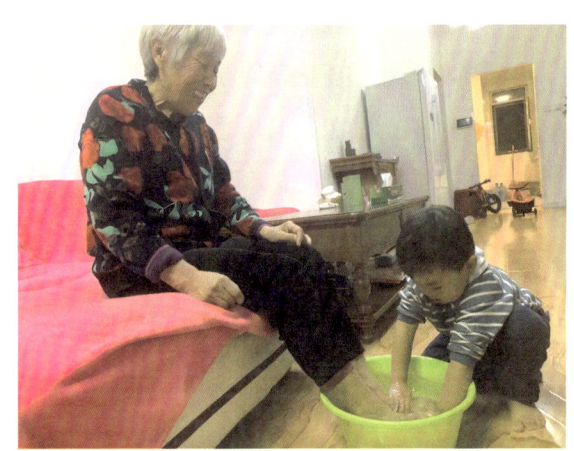

图3-12　给奶奶洗脚

五、总结与思考

（一）充分利用家长资源，丰富主题活动的实施

主题活动在实施的过程中要充分利用家长资源，调动家长参与活动的积极性。比如：制作蛋糕时，请家长提供食谱，参与制作蛋糕的活动；周末请家长带孩子参观牙科诊所，在家引导幼儿养成早晚刷牙的习惯等。整合家长的优势资源，不仅会为幼儿的发展提供宝贵的资源，还能够帮助幼儿养成良好的习惯，真正助力幼儿的发展。

（二）关注幼儿的分享意识，引导幼儿学会感恩、关爱他人

甜蜜不仅可以通过美食表达，更可以通过分享、感恩的行为传达。本次主题充分挖掘"甜蜜"深层次的内涵，聚焦于分享、感恩这两种美好的品质，让幼儿给幼儿园教职工分享自己制作的甜品和手工作品、为自己的好朋友庆祝生日、说甜甜话以表达对周围人的关爱。浓浓的爱意从幼儿园延伸至家庭，幼儿为家庭成员做力所能及的事情，虽然都是微小的事情，但是汇聚了满满的爱意，爱的种子将深埋在孩子的心底。

（三）注重幼儿的科学探究意识

《指南》指出："幼儿科学学习的核心是激发探究兴趣，体验探究过程，发展初步的探究能力。"糖果、蛋糕等甜品是幼儿喜欢的食物，幼儿通过实际动手操作，体验探究过程，教师讲解其中蕴含的科学原理，发展幼儿的探究能力。通过按照糖果的名称、形状、质地等特点进行分类，帮助幼儿掌握相应的数概念；溶解现象对小班幼儿来说较为抽象，但是通过搅拌水中的糖果直至消失，能够让幼儿直观感受这一科学现象；制作蛋糕时，水与面粉的比例、面粉如何变成面团，都需要有善于发现的眼睛和乐于探究的双手。

（四）充分利用绘本资源

本次主题活动通过绘本故事传递不同的经验。《小海狸烤蛋糕》用温馨、细腻的画面呈现做蛋糕的全部过程，小朋友们在轻松的氛围中对如何制作蛋糕有了初步了解；《肚子里有个火车站》使得幼儿初步懂得肚子里的小精灵们害怕暴风雪，因此要少吃冷饮和甜食；《牙齿大街的新鲜事》告诉幼儿龋齿形成的原因以及带来的危害。这些绘本故事，不仅丰富了"甜蜜"这一主题，也拓展了饮食习惯、龋齿的危害等内容。

（五）关注幼儿社会经验的获得

参观甜品店，丰富了幼儿的社会经验，为幼儿开展甜品店的角色扮演游戏奠定了基础。"您好，欢迎光临""请下次再来"等语言充实了表演内容，推出新品海报的方式激发顾客的购买欲，这些都是幼儿细心观察生活的体现。

(六)注重幼儿健康饮食习惯的养成

甜品虽然为人们带来了愉快体验,成为孩子们最喜欢的零食,但是也会带来患龋齿的风险,吃过量的冰激凌还会引发肠胃疾病。本次主题活动关注幼儿健康饮食习惯的养成,旨在培养幼儿早晚刷牙、吃完甜品及时漱口和不过量饮用冰饮等健康饮食习惯,以呵护他们健康、茁壮成长。

案例四

萌宠乐园

一、设计意图

幼儿和萌宠之间有着天然的联系，他们喜欢萌宠，可爱的萌宠总能引起幼儿的好奇心和探索兴趣。追随幼儿的兴趣，本主题活动为了满足幼儿亲近萌宠、与萌宠交朋友的美好愿望，设置了"萌宠大发现""嗨，兔子朋友""动物是我们的好朋友"三个次主题，引导幼儿大胆表达自己对萌宠的喜欢，进一步了解自己喜欢的萌宠的外貌特征和生活习性，激发幼儿深入探索萌宠的兴趣。同时，从幼儿喜欢又常见的小兔子、小乌龟开始，引导幼儿走进萌宠世界。在幼儿园开辟饲养角，让幼儿主动认识萌宠，关注萌宠，学习科学喂养萌宠的同时发展爱心与责任感，感受到萌宠是我们人类的朋友，萌发爱萌宠、护萌宠的情感，并尝试用自己的方式关爱萌宠。教师在组织本主题活动时，通过阅读、唱唱跳跳和手工制作等活动，激发幼儿对萌宠的探索兴趣，引导幼儿直接感知、大胆表达，还应该充分利用家长资源，开展参观萌宠乐园、宠物店等实践活动，初步了解和体会动物与人类的关系。

二、主题总目标

健康领域

- 知道要与陌生的萌宠保持一定的安全距离，会保护自己。
- 能够在碰触萌宠后及时洗手，保持个人卫生。
- 能够使用梳子、淋浴头、吹风机等简单的用具锻炼手部动作的灵活性和协调性，对萌宠玩具进行护理和美容。

语言领域

- 愿意主动与同伴交流自己逛萌宠乐园的计划，能完整、清楚地向大家介绍自己喜欢的萌宠。

- 在集体中能够注意倾听教师、家长、同伴的讲话。
- 愿意表达自己饲养萌宠的想法，能大胆提出有关萌宠的问题。
- 喜欢阅读有关动物的绘本以及百科全书，了解不同动物的特点和本领。
- 能够用图画和符号表达自己饲养萌宠的愿望、想法、计划以及有关萌宠的疑问。

社会领域

- 有乐群表现，愿意和小朋友一起参加饲养活动，感受饲养规则的意义，并能基本遵守饲养规则，活动时愿意接受同伴的意见和建议。
- 喜欢承担一些小任务，能学习饲养、照顾小动物，学习向周围的人宣传爱护萌宠。
- 知道宠物医院的角色分工及工作内容。
- 了解动物和人类的关系，知道动物对人类的帮助，萌发保护动物的意识和情感。

科学领域

- 对自己感兴趣的萌宠能够通过多种途径进行调查，了解其名称、外形特征、种类和生活习性等。
- 能够动手动脑，尝试探索适宜的工具和材料，学习照顾萌宠，并乐在其中。在观察的基础上，获得有益的饲养经验和了解宠物的生活习性，激发继续探究的兴趣。
- 喜欢探究萌宠的本领，尝试理解并表达萌宠的本领在生活中的运用。
- 能够在成人的帮助下，制定简单的《小兔子饲养手册》，并根据手册执行调查计划。
- 能够通过观察、比较和分析，发现、描述和简单记录家兔和垂耳兔的区别、兔爸爸和兔妈妈的区别以及小兔子的成长变化。

艺术领域

- 能够运用绘画、泥工、折纸、撕拉、粘贴等多种方式表现自己喜欢的萌宠的外形特征，以及装饰萌宠饲养角。

- 能采用多种材料装饰萌宠饲养角以及设计和搭建萌宠的"爱心屋舍"。
- 尝试用团一团、搓一搓、捏一捏、撕一撕、贴一贴等方法制作胡萝卜。

三、活动网络图

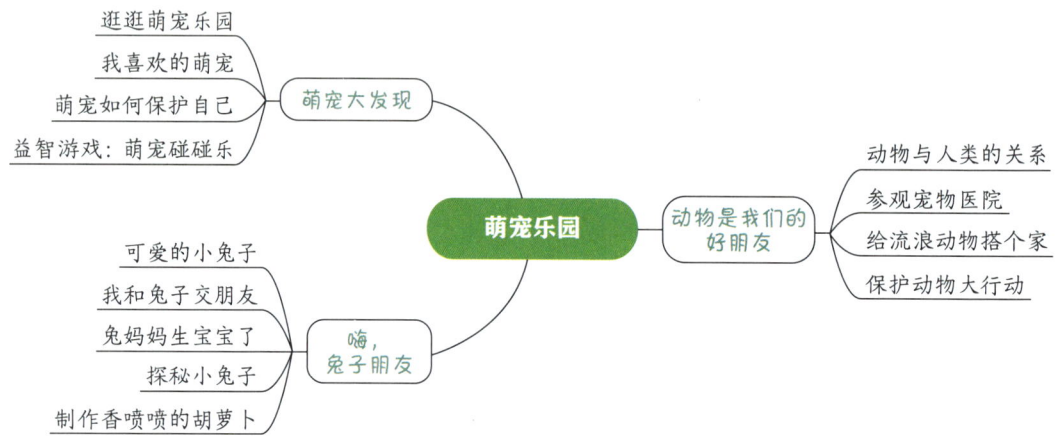

四、活动设计与实施

核心活动一：萌宠大发现

有萌宠陪伴的成长，对幼儿来说，可能更具乐趣。可爱的萌宠总能引起幼儿的好奇心和探索兴趣。越来越多的家庭饲养小仓鼠、小猫咪、小乌龟等萌宠，幼儿喜欢观察、喂养小宠物，喜欢与小宠物一起游戏，喜欢聆听有关小宠物的故事，喜欢翻看有关各种小宠物的卡片与图书，会把小萌宠当作自己亲密的朋友来倾诉心声。本核心活动将通过集体活动、小组活动、区角活动等方式，让幼儿进一步感知自己喜欢的萌宠的外形特征和生活习性，激发幼儿深入探索萌宠的兴趣，走进萌宠的世界。

1. 逛逛萌宠乐园（集体活动＋实地参访＋区角活动＋家园合作）

关键经验

（1）愿意和同伴交流自己逛萌宠乐园的想法和计划；

（2）喜欢观察萌宠，知道萌宠乐园的游园规则，喜欢用简单的符号记录萌宠的外形特征和生活习性等；

（3）体验和萌宠亲密接触的乐趣，激发幼儿爱动物、爱自然的情感；

（4）了解围合的形状，并能够学习初步搭建萌宠乐园。

活动准备

（1）实地参访萌宠乐园的经验准备：能有序参与活动，了解游园规则；

（2）手机、照相机，以及画笔、画纸等绘画用具；

（3）随身用品：书包、水壶、纸巾等。

探究过程

（1）对于家中不饲养宠物的幼儿，教师可引导其思考：可以去哪些地方找一找萌宠？怎样进行观察？萌宠乐园有哪些游园规则？尝试表征"我的参访计划"（见图4-1）。

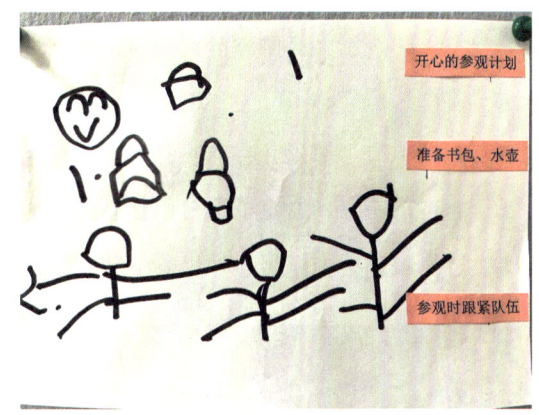

图4-1　我的参访计划

（2）在参访过程中和萌宠亲密接触，抚摸、喂食、合影，通过多种方式收集自己感兴趣的萌宠的资料，了解它们的外形特征和生活习性。可以用照片和图画的形式记录自己的活动过程，表达自己的活动体会（见图4-2）。

（3）结合逛萌宠乐园的照片或信息报进行回顾，教师引导幼儿与同伴交流自己逛萌宠乐园的收获，说一说不同萌宠的生活环境，分享自己的活动感受。

（4）初步尝试搭建萌宠乐园，活动前可引导幼儿观察栅栏的图片，了解几种围合的形状，如圆形、方形，激发幼儿的兴趣并学习搭建栅栏，练习转向连接、围合的技能。

图4-2　参访萌宠乐园

2. 我喜欢的萌宠（集体活动＋区角活动＋家园合作）

关键经验

（1）能用完整的语言向大家介绍自己喜欢的萌宠和喜欢的原因，说出萌宠的名称和外形特征等；

（2）能找出不同萌宠的特点，并对萌宠进行分类统计，愿意和同伴交流与萌宠有关的话题，在成人的引导下能用多种感官探究发现萌宠的典型特征和生活习性；

（3）愿意通过多种途径调查、了解生活中的萌宠，能用多种形式表达自己在观察中的发现和想法。

活动准备

（1）有关自己喜欢的萌宠的简报、图片、图书；

（2）用于记录的纸、笔、电光纸、彩色折纸；

（3）各种萌宠的实物玩具。

探究过程

（1）请幼儿在家长的协助下通过看、听、摸等多种感官观察、探究、发现各种各样的萌宠，着重了解自己喜欢的萌宠的名称、外形特征和生活习性，并能用多种形式进行表现（见图4-3）。

图4-3 幼儿分享自己喜欢的萌宠

（2）引导幼儿和同伴一边观察一边交流，了解生活中不同种类的萌宠的名称及其生活环境。

（3）引导幼儿根据提供的信息报或者萌宠玩具进行交流，找出不同萌宠的特点，并对喜欢的萌宠进行分类、统计。

（4）在观察的基础上引导幼儿运用多种方式表现自己喜欢的萌宠，如用电光纸等材料进行撕贴、折叠、绘画等，以表现萌宠的外形特征。

3. 萌宠如何保护自己（区角活动＋小组活动＋家园合作）

关键经验

（1）喜欢与同伴交流萌宠的本领，了解萌宠的外形特征、身体功能及与众不同的方面；

（2）能理解常见萌宠的一些行为是为了更好地保护自己，并用较清楚的语言进行表达；

(3)喜欢收集和分享有关萌宠的信息,能大胆提出有关萌宠的疑问。

活动准备

(1)"萌宠本领大"信息报;

(2)萌宠照片、视频。

探究过程

(1)通过对饲养角里小乌龟的观察,发现它经常把脑袋缩到壳里,引导幼儿探究萌宠自我保护的方法。

(2)教师鼓励幼儿分享"萌宠本领大"信息报,同伴之间倾听学习(见图4-4)。例如:小猫的胡须可以用来测量宽度,以更好地保护自己的身体;人或者小动物一靠近小鱼,它就会游到水底藏起来,不被发现;变色龙一遇到危险就会变成和周围环境相同的颜色,隐藏起来避免被敌人发现。

图 4-4 萌宠本领大

(3)通过调查、分享,了解许多萌宠自我保护的本领,如变色躲藏、释放气体和蜷缩身体等。

(4)引导幼儿创设区角,利用提供的信息报、图片等鼓励幼儿将查询的资料与同伴进行交流,说说自己最喜欢的动物有什么厉害的本领,知道不同动物的本领是什么,丰富对萌宠的认知经验。

4. 益智游戏:萌宠碰碰乐(区角活动)

关键经验

(1)能够理解并遵守游戏规则,通过观察图案,在规定的游戏时间内将相同的萌宠进行配对;

(2)在看看、说说、玩玩中不断发展观察力和判断力;

(3)愿意和同伴一起游戏,体验游戏的快乐。

活动准备

(1)印有各种萌宠图案的卡片两套;

(2)棋盘底盘。

探究过程

（1）引导幼儿观察棋盘上的每张萌宠卡片，了解卡片上相同或不同的萌宠，然后将卡片一一翻过去，背面朝上。

（2）两名幼儿进行游戏，用"石头剪刀布"决出谁先翻卡片；两人轮流翻卡片，当翻到有和棋盘上一样图案的卡片时，就可以带走这两张卡片。

（3）直到棋盘上没有萌宠卡片时，游戏结束，带走的卡片数量多者获胜。随着幼儿玩游戏的熟练程度不断提高，当幼儿出现兴趣减弱的情况时，可以适当增加游戏难度，支持游戏的继续开展：不断增加卡片的数量或者当翻过一张卡片时棋盘上没有相同的萌宠图案，就需要将卡片继续背面朝上，直到翻到相同的卡片带走。

（4）引导幼儿在不断地观察与游戏的过程中提高辨别能力，增强配对意识。

核心活动二：嗨，兔子朋友

小兔子性格温驯，是适合幼儿饲养的萌宠，是童话故事中喜闻乐见的动物形象。班级向家长征集萌宠的时候，很多家长会选择带来小兔子陪伴幼儿。班级开展萌宠投票活动，最受欢迎的萌宠往往就是可爱的小兔子。本核心活动中，教师将引导幼儿和兔子朋友友好相处，通过开辟幼儿园里的饲养角，为小兔子打造适合生活的家，为它们提供可口的饭菜，帮助它们做清洁等实践活动。幼儿在直接感知、亲手操作、亲近生活中，深入了解兔子的生活习性、生存特点，探究科学喂养、照顾兔子的好办法，增强关注弱小的爱心与责任感。

1. 可爱的小兔子（集体活动 + 区角活动 + 家园合作）

关键经验

（1）通过有序的观察、直观的感知，了解小兔子的外形特征及生活习性；

（2）有好奇心，愿意亲近小兔子，发现小兔子的生长变化，了解其基本的生活条件；

（3）在愉快的氛围中了解不同种类的小兔子，增进与小兔子的亲密感，激发爱护小动物的情感。

活动准备

（1）幼儿园饲养角、小兔子；

（2）幼儿带来的各种各样的食物；

（3）画笔、画纸等记录工具。

探究过程

（1）和幼儿一起近距离有顺序地观察小兔子：头部（长耳朵、三瓣嘴）、身体（椭圆形、四条腿、前腿短、后腿长）、尾巴（短短的）。提出新问题："关于小兔子，你们还想知道哪些内容？"引导幼儿用符号或者图画的形式进行简单记录（见图4-5）。

（2）随着观察的不断深入，幼儿的疑问越来越多："小兔子为什么会长胡须？""为什么小兔子走起路来是一跳一跳的？""饲养角里的小黑球是小兔子的'臭臭'吗？"带着这些问题，我们邀请了有饲养经验的家长走进课堂。在家长的科普下，我们了解到：小兔子的胡须的作用非常大。眼睛上方的胡须基本等于身高；嘴巴边的胡须相当于小兔子身体的宽度，它就像一把尺子，当敌人来了，小兔子需要钻进缝隙或洞穴逃命时，胡须的作用在于帮助其测量是否可以通过，从而保护自己的安全。小兔子最初生活在森林里，为了躲避天敌、跑得快些，它们就用后腿用力蹬地，使身体跳跃式前进，时间久了，兔子的后腿就比较发达，前腿变得短小，所以它们现在只能蹦跳着走路了。

图4-5 关于兔子的疑问

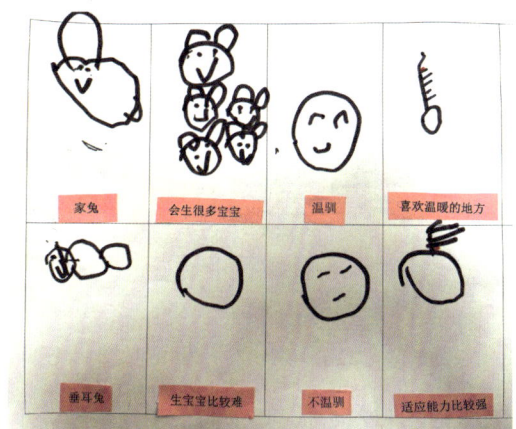

图4-6 家兔和垂耳兔的区别

（3）在观察过程中发现兔子与兔子之间也有不同（家兔和垂耳兔），仅仅是外观上的不同。于是，幼儿一边观察，一边查阅相关资料，得知它们还有很多不同之处，并用绘画的形式记录其区别（见图4-6）。

2. 我和兔子交朋友（集体活动+区角活动+家园合作）

关键经验

（1）知道小兔子的生存环境，能够找到适合小兔子居住的地方；

（2）知道小兔子喜欢的食物，能持续照顾小兔子；

（3）愿意用图画和符号表达自己的饲养愿望和想法，并用图画或其他符号记录饲养过程。

活动准备

（1）笔、画纸；

（2）调查表；

（3）各种蔬菜。

探究过程

（1）照顾小兔子，第一步是为它建一个新家。将新家建在什么位置呢，大家一起考察：要有树、草等植物，活动场地要大并且位于通风的地方。最终，孩子们决定将小兔子的家建在教室门口的草地上，方便照顾和观察，并提出新的问题："养小兔子需要准备什么？"

图 4-7　观察小兔子到底喜欢吃什么

（2）如何照顾小兔子？在这么多种类的食物中，小兔子到底喜欢吃什么？就像儿歌说的那样，它只喜欢吃胡萝卜和青菜吗？（见图4-7）小兔子喝水吗？喝什么样的水？带着这些疑问，大家一起尝试寻找小兔子最喜欢的食物。

（3）小兔子生病了。在观察过程中，幼儿发现小兔子的便便不再是黑黑的椭圆形，而且小兔子的屁股上也总是脏脏的。通过自主调查并询问有养兔子经验的保安叔叔，孩子们了解到是因为小兔子最近吃的菜叶上水分太多，导致拉肚子，从而便便不成形。在弄清楚原因后，大家一起为小兔子准备了比较干的食物：兔粮和粮食。

（4）通过观察，孩子们发现小兔子每天都拉出很多"臭臭"，吃剩的菜根、菜叶到处都是，生活环境脏脏的。周末小朋友们都回家了，谁来照顾小兔子呢？一系列问题摆在大家面前。经过一段时间的讨论，我们制定了《小兔子饲养手册》。

3. 兔妈妈生宝宝了（小组活动 + 家园合作）

关键经验

（1）了解兔子的繁殖方式，知道兔妈妈生宝宝的前后变化；

（2）愿意喂养和照顾小兔子，能够感知兔宝宝的生长变化，并进行简单记录；

（3）能够通过饲养和观察，区分兔爸爸和兔妈妈并进行简单记录。

活动准备

（1）小兔子的食物；

（2）观察记录表、笔。

探究过程

（1）在给小兔子打扫兔舍的时候，幼儿发现草地上出现了很多洞并且洞里面有很多兔毛。根据观察，幼儿提出疑问："为什么会有洞？"带着问题，我们一起利用书籍、网络寻找答案，发现这就是兔宝宝出生的地方。兔妈妈在生产之前会打洞，然后将自己身上的毛拔下来铺在洞里，这样可以保证兔宝宝出生后很温暖（见图4-8）。

（2）兔妈妈要生宝宝了吗？哪个才是兔妈妈？在一次次的对比、观察和记录中，幼儿发现两只兔子还是有很大区别的：兔爸爸身体比较大，兔妈妈小一些；兔爸爸身上的味道比较大，兔妈妈则比较爱干净；兔爸爸喜欢亲近人，兔妈妈总是躲在一边。幼儿在与同伴的对话中相互答疑，分享收集到的知识，有目的地观察、对比并区分兔妈妈和兔爸爸（见图4-9）。

（3）兔妈妈生宝宝，身体会有什么样的变化？带着这一问题，我们每天都去观察：兔子小花最近变得特别暴躁，攀爬兔笼、踢翻食盒，还会发出呜呜的叫声。对于它的这些变化，孩子们展开了激烈的讨论，最后通

图4-8 兔子挖洞

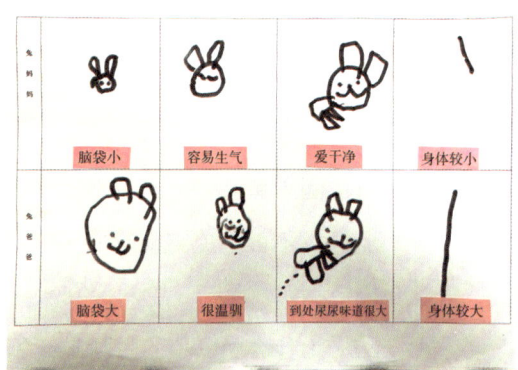

图4-9 兔妈妈和兔爸爸

图 4-10　兔宝宝出洞了

过查阅资料得知：母兔怀孕后会变得具有攻击性，腹部也会慢慢隆起，特别爱运动，食欲也会比平时旺盛。怀孕末期，母兔会拔掉自己的胸腹毛，给即将出生的兔宝宝做窝，验证了前面观察到的小兔子挖洞的发现。

（4）创设问题情境，师幼交流：兔宝宝会一直在洞里面吗？它们吃什么？它们一生下来就长了兔毛吗？为了一探究竟，我们邀请家长进课堂进行详细解答。幼儿得知：等到小兔子长到 15 天左右，它们身上的毛就差不多长全了，这时候兔妈妈会带着小兔子钻出洞到外面寻找食物（见图 4-10）。

4. 探秘小兔子（小组活动 + 区角活动）

关键经验

（1）对小兔子有好奇心，能对小兔子进行观察和比较，发现小兔子的眼睛和皮毛的关系；

（2）喜欢看关于小兔子的图书，了解小兔子的种类、生活习性；

（3）从生活环境、饮食、疾病预防等方面学习科学饲养小兔子的方法，运用符号做饲养记录。

活动准备

（1）记录单、笔、调查表；

（2）图书《动物百科全书》；

（3）各种尺、秤等材料；

（4）兔子的相关视频和照片。

探究过程

（1）随着兔宝宝一天天长大，幼儿观察到兔宝宝每次想喝奶时，兔妈妈都会跑开，兔妈妈不再给兔宝宝吃奶了。对于这一现象，幼儿展开讨论："兔妈妈为什么不让兔宝宝喝奶？"新一轮的探究从疑问开始。

（2）为什么小白兔的眼睛是红色的，其他兔子就不是？通过观察视频和照片，幼儿发现原来兔子眼睛的颜色与它们的皮毛颜色有关：黑兔子的眼睛是黑色的；灰兔子的眼睛是灰色的；小白兔的眼睛是透明的，眼睛里的毛细血管反射了外界的光线，透明的眼睛就显出红色。

（3）师幼交流："怎样才能更好地照顾兔宝宝，并丰富《小兔子饲养手册》的内容？"要注意在兔妈妈喂奶时进行照料；为兔宝宝进行健康监测，定期测量体重、长度（见图4-11）等；关注兔宝宝的食物注意事项。

图 4-11　为兔宝宝测量身体的长度

（4）在观察中记录，不断发现小兔子的特点，调查、探究、总结小兔子的更多秘密。

5. 制作香喷喷的胡萝卜（区角活动）

关键经验

（1）了解胡萝卜的外形特征、颜色；

（2）尝试用团一团、搓一搓、捏一捏、撕一撕、贴一贴等方法制作胡萝卜；

（3）在制作过程中，能主动观察、有耐心。

活动准备

（1）胡萝卜；

（2）橡皮泥、不同颜色的纸；

（3）小刀。

探究过程

（1）创设游戏情境：今天我是兔妈妈，要给兔宝宝准备香喷喷的午餐，需要小朋友们帮助我一起准备。

（2）引导幼儿观察胡萝卜，了解它的外形特征：上粗下细，颜色是橙色的，叶子是绿绿的。

（3）出示不同的美工材料，请幼儿探索、尝试、交流各自的制作方法和表现形式等。教师巡回指导，重点关注幼儿搓泥、撕贴的方法。

（4）引导幼儿互相欣赏各自的作品，重点从胡萝卜的大小、头尾粗细、颜色搭配等方面进行点评，体验动手制作的乐趣。

核心活动三：动物是我们的好朋友

动物是人类亲密的朋友，人类是动物依赖的伙伴。本核心活动中，教师将通过集体活动、区角活动、家园合作等方式引导幼儿体会萌宠带来乐趣的同时，感受萌宠给人类的陪伴、动物在日常生活中对人们的帮助，体会人与动物、人与自然的关系。通过开展参观宠物医院、为流浪小动物捐款等实践活动，幼儿可以尝试用自己的方式关爱动物，进而萌发爱动物、护动物的积极情感。

1. 动物与人类的关系（集体活动 + 区角活动 + 家园合作）

关键经验

（1）能大胆讲述自己所了解的动物与人类的关系、动物对人类的作用以及动物与人类之间的故事；

（2）喜欢调查、比较不同动物的本领和特点，初步了解动物仿生学在人们生活中的运用；

（3）懂得要爱护动物，萌发保护动物的意识和情感。

活动准备

（1）信息报、图书《动物大百科全书》；

（2）展现动物与人类关系的图片和视频。

探究过程

（1）在集体活动中出示动物图片、视频，引发幼儿思考，说一说，看一看，初步感受动物对人类生活的启发、贡献。

（2）通过阅读《动物大百科全书》，了解人们根据蝙蝠超声定位的原理发明了雷达、根据鱼鳔致使鱼上下浮动的原理发明了潜水艇、根据小鸟飞行的特点发明了飞机等，发现动物朋友不仅为人类提供了帮助，而且是地球上不可缺少的一员。

（3）调查身边的动物在生活中的作用：警犬辅助警察工作、导盲犬帮助盲人生活、小猫陪伴孤独老人等。

（4）通过在小区周围观察和浏览流浪动物的相关图片、视频，了解生活中存在很多流浪的动物，了解流浪动物产生的原因以及遭受的迫害等。

2. 参观宠物医院（区角活动 + 小组活动）

关键经验

（1）知道宠物医院里的角色分工及工作内容；

（2）愿意和同伴交流自己关于参观宠物医院的想法；

（3）知道在生活中照顾宠物的简单方法，并尝试独立照顾宠物。

活动准备

（1）梳子、梳妆台、淋浴头、吹风机、干毛巾等物品；

（2）宠物玩具；

（3）具备一定的给宠物洗澡、美容的经验，能够有序、整齐地摆放物品。

探究过程

（1）引导幼儿制订参观宠物医院的计划，提出自己的疑问，如："宠物们都会生病吗？它们也要吃药吗？宠物医生都做什么？"（见图 4-12）

图 4-12　我的参观疑问

（2）引导幼儿了解店内的角色分工，知道有哪些角色，如宠物医生、美容师、顾客、服务员、收银员等。

（3）引导幼儿根据参访经验，开展"班级宠物医院"区角游戏以再现活动，交流不同动物的皮毛特点，并根据皮毛的花色运用不同的饰品装扮宠物，为宠物看病（见图 4-13），等等。

（4）探究宠物美容的步骤和方法，用梳子、吹风机、干毛巾等用具对宠物玩具进行护理和美容。在游戏过程中能够迁移自身被照顾的经验，表现得耐心且仔细。

图 4-13　我给小狗检查身体

3. 给流浪动物搭个家（区角活动）

关键经验

（1）了解不同动物的生活环境特征，并能使用适宜的材料为流浪动物搭建屋舍；

（2）尝试学习用垒高、叠放等方法进行搭建，练习转向连接、围合的技能，尝试运用绘画、粘贴、泥工等方式装扮小动物的家；

（3）鼓励幼儿大胆介绍自己的搭建作品以及搭建过程和方法。

活动准备

（1）搭建积木；

（2）不同动物的生活环境照片；

（3）纸箱、奶粉桶等废旧材料；

（4）皱纹纸、太空泥等装扮材料和工具；

（5）树枝、棉花等自然材料。

探究过程

（1）引导幼儿根据动物的大小、高矮、生活环境等特点自选材料，运用拼插、围合、垒高等不同的方法为流浪动物搭建屋舍。

图 4-14　爱心屋舍

（2）引导幼儿观察不同动物的生活环境照片，在"爱心屋舍"的游戏情境中启发幼儿进行有针对性的屋舍搭建。

（3）鼓励幼儿不断丰富搭建作品，如流浪小动物的游戏场地、"爱心屋舍"的周边环境等，并与拼插区、美工区的幼儿联动，运用多种材料丰富搭建区（见图 4-14）。

4. 保护动物大行动（集体活动 + 区角活动 + 家园合作）

关键经验

（1）通过现实观察和看视频，了解流浪动物流离失所的原因；

（2）了解动物与人类之间的故事，积极与同伴讨论并掌握保护动物朋友的方法；

（3）能初步绘制保护动物的宣传画，乐于向周围的人宣传爱护动物的主张。

活动准备

（1）信息报、调查表、宣传画；

（2）流浪动物的视频；

（3）义卖经验。

探究过程

（1）通过现实观察和观看视频，了解到城市的角落中存在着很多流浪猫、流浪狗，这些动物或是被弃养或是因为走失而流离失所。那么，要如何帮助身边的流浪动物呢？对此大家展开讨论。

（2）通过家长资源，我们联系到动物救助站的志愿者，请他们走进课堂，讲述流浪动物的故事，发起爱心义捐活动。

（3）帮助流浪动物的方法：开展义卖活动，和爸爸妈妈一起用家中的废旧纸壳、空瓶子等为流浪动物筹款，为救助站的动物们购买食物。

（4）保护动物，只靠我们的力量是远远不够的，需要有更多的人参与。教师引导幼儿从身边的事和人开始，将保护动物的意识推广、传播出去。教师鼓励幼儿将自己的想法画出来与同伴分享，目的在于引导幼儿分享自己想法的同时，关注他人的想法，从与同伴的分享中获知更多爱护动物的途径和方法。

（5）孩子们带着自己的宣传画来到其他班级，迫不及待地向其他幼儿宣传爱护动物这一主张。他们耐心地讲解宣传画，个别幼儿还时不时地提问。孩子们能把自己了解的关于爱护动物的原因和方法讲清楚，个个都是爱护小动物的"小天使"（见图4-15）。

图4-15 宣传保护动物的主张

五、总结与思考

（一）追随幼儿的兴趣，不断丰富主题内容

《指南》明确指出："支持幼儿在接触自然、生活事物和现象中积累有益的直接经验和感性认识。"于是，我们追随孩子们的脚步，一起走进了小兔子们的世界，以角色游戏、个别化活动为载体，鼓励孩子们将前期、中期获得的经验投射到活动中，将实践感受以多样化的形式进行表达和表现。幼儿通过"自主猜测—投喂验证"的过程，总结小兔子爱吃和不爱吃的食物，体现了幼儿能够有目的地制订计划并根据计划

进行实践，发展了幼儿的社会性。幼儿参与活动的积极性较高且能够在教师的支持和引导下持续喂养和观察小兔子，了解小兔子的食性，并乐于与教师及其他幼儿交流自己在活动中的发现。

（二）多元感知，在不断地体验中收获

丰富多样的材料在为幼儿的活动提供支持的同时，还能激发幼儿浓厚的探究兴趣。而实地参访（参访萌宠乐园、宠物医院）可以进一步激发幼儿持续探究的兴趣，使幼儿不断产生新的更为深入的疑问，支持幼儿对萌宠由表及里的深入探究兴趣，培养他们的高阶思维和自我学习能力。在实践活动中，鼓励幼儿将过程中的感受用语言、绘画等多种方式进行表征、记录，使其表达体验的过程。由此，幼儿既亲近了动物，了解了动物的外形特征和生活习性，体验到了和动物亲密接触的乐趣，又产生了爱动物、爱自然的情感。此外，多彩的社会实践活动不仅拓宽了幼儿的知识面，还可以让幼儿有更多机会接触社会，从而增强幼儿的交往能力和协作能力，促进幼儿的全面发展。"积小善，成大爱"，此次爱心义捐活动，既让幼儿献爱心，又让幼儿在参与义卖的过程中锻炼了语言表达、人际交往、与人合作、综合实践等能力，亲身体会助人的快乐，从而在心中种下爱的种子，成就一生的好品德。

中班

案例五
秋天的泥学院

一、设计意图

幼儿从出生开始经历从自然人到社会人的成长，离不开顺应幼儿天性的自然环境及发展其社会性的社会生活。我园地理条件得天独厚，地处郊区，靠近农村，地广人稀，因此我们因地制宜利用幼儿园东边的空地创设了泥学院。水、泥、沙、土、动植物等自然资源及周围的自然风光，都为我们提供了带领幼儿感受自然、亲近自然、回归生态、朴实生活的便利条件。因此，我们结合季节和主题引导幼儿在泥学院中进行观察和体验。

秋天是丰收的季节，古有俗语"民以食为天"，吃穿住行就是我们生活中最关心的事，孩子们对于自己种植、照顾的蔬菜和水果更有着独特的情感体验。因此，秋季开学之后我们结合时令和幼儿的生活，带领幼儿在泥学院中寻找、发现小宝贝和小秘密，提出疑惑，积极探究。幼儿在直接感知、亲身体验、实际操作的过程中了解秋季丰收的食物，体验收获劳动成果的快乐，在讨论食物吃法和各部分的用途、做食物、分享食物以及用果实进行艺术表现（如用玉米粒做玉米饼、磨成粉、做爆米花，用玉米皮和玉米棒进行创作等）的过程中，了解各种科学知识和生活常识，提高生活技能，培养分享、合作等良好的品质。

二、主题总目标

健康领域

- 了解粮食的不同营养价值，知道每日饮食营养要均衡搭配。
- 学习正确使用筷子的方法，学会用手灵活使用筷子夹取玉米粒。
- 能够尝试负重完成平衡、钻爬及奔跑的动作。
- 在绘画创作中能保持正确的坐姿和握笔姿势。
- 愿意吃粗粮，在生活中养成不偏食、不挑食的好习惯。

语言领域

- 喜欢阅读并与同伴、教师谈论植物类、种植类图书（话题），能大致完整地讲述故事情节。
- 尝试用符号表征的形式记录自己在阅读、观察、操作等活动中的发现和体会。
- 理解古诗中"辛苦"一词，能够用自己的话讲述古诗所表述的含义；能够声情并茂地朗诵古诗。

社会领域

- 懂得每一粒粮食都来之不易，能够在生活中身体力行地节粮爱粮、践行光盘行动。
- 能运用多种形式大胆、自信地向他人宣传节粮爱粮的传统美德。
- 初步了解我国各地域间饮食习惯的不同，知道南北饮食差异及代表性美食，知道中华美食文化博大精深。
- 体会农民伯伯劳作的不易，懂得珍惜粮食，不挑食。

科学领域

- 感知秋季的特点，在动手操作中了解不同农作物的特点及加工食用方法。
- 学习用多种方法比较、测量和排序收获的果实，能利用收获的农作物开展各种数学游戏。
- 能通过查阅资料、询问他人等简单的调查方式收集信息，并运用符号表征来记录答案。
- 能通过眼看、手摸、分辨气味和对比大小，感知和区分农作物的粗细、厚薄、轻重等方面的特点，对农作物的外形特征有初步的了解并能用相应的词语描述。
- 了解"肥宝宝"的制作方法，尝试利用生活中的果皮、饭渣等开展堆肥实验；能持续观察"肥宝宝"发酵的过程，并能运用符号记录。

艺术领域

- 能够用花生、黄豆、玉米粒等各种粮食进行手工、绘画创作。

- 能够专心观看自己喜欢的烹饪视频和艺术作品，有模仿和参与的愿望。
- 能运用绘画、手工制作等方式表现自己观察到或想象的事物。
- 能够结合采摘经验，尝试运用绘画、拼摆、撕贴等多种形式再现采摘经历。

三、活动网络图

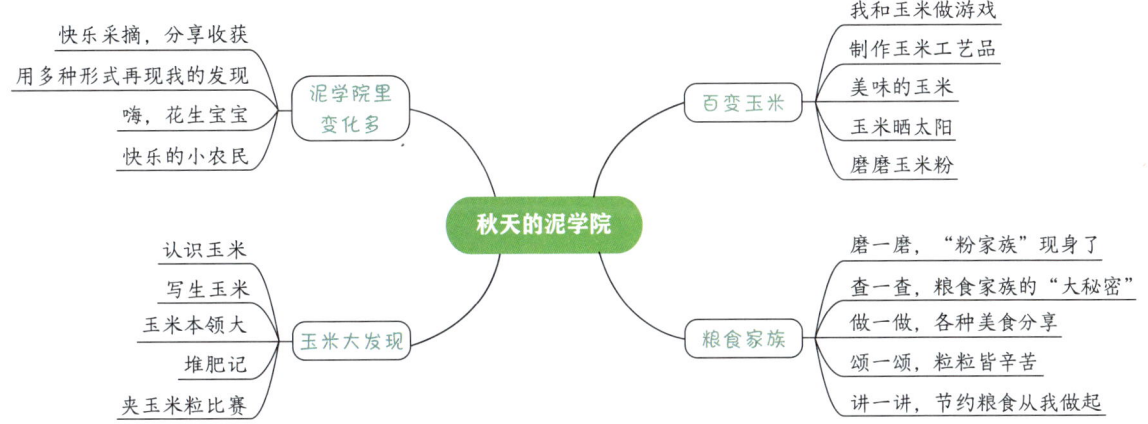

四、活动设计与实施

核心活动一：泥学院里变化多

大自然是幼儿的活课堂。秋季开学后，幼儿发现泥学院里种植的农作物有了很多变化。本核心活动中，幼儿探究的课堂将从室内转至室外，教师和幼儿在泥学院中逛一逛、看一看、探一探，在真实的环境中观察并发现玉米、花生、南瓜等农作物的生长变化，点数、测量果实的数量和质量。教师将引导幼儿将成熟的果实采摘起来，或清洗蒸煮，品尝美味；或晾晒整理，继续探究。教师将在活动中追随幼儿的兴趣，选择果实进行更加深入的探究活动。

1. 快乐采摘，分享收获（实地参访+区角活动）

关键经验

（1）观察、感知泥学院中种植区的变化，初步了解农作物的生长规律；

（2）认识种植区中常见的农作物，并能准确地说出其名称，知道采摘方式及用到的工具，能够与同伴互帮互助合作进行采摘；

（3）尝试采摘、整理各种农作物，能够运用各种测量工具发现收集到的农作物的外形特征，并尝试用符号进行记录；

（4）愿意参与劳动，整理、清洁泥学院。

活动准备

（1）具有采摘经验，了解采摘不同农作物的方式；

（2）工具：小铲子、锄头、剪刀、盒子、袋子等；

（3）测量工具：皮尺、电子秤、天平等；

（4）采摘安全小提示。

探究过程

（1）引导幼儿走进泥学院，运用多种感官感知和了解泥学院中各种农作物的名称及生长变化，对成熟的果实做出准确判断，为自主采摘做好准备。

图 5-1 瞧！我们发现一个大南瓜

（2）幼儿自主采摘，教师巡回指导并运用视频和照片的形式记录幼儿的采摘过程（见图 5-1）。

（3）在采摘过程中指导幼儿正确使用工具的方法，避免受伤。重点关注同伴合作的社会品质，引导幼儿互帮互助（见图 5-2）。

图 5-2 大家一起来搬运

（4）结合采摘情况，重点引导幼儿在泥学院中将采摘的各种农作物共享，进一步进行观察、分类整理。

（5）让幼儿在教室中收集测量工具，如皮尺、电子秤、天平等，通过量一量、称一称、比一比的方式进一步发现和观察南瓜、玉米、花生、豆角等农作物的外形特征，并尝试用符号进行记录。

> **补充说明**：在整理的过程中，幼儿通过眼看、手摸、分辨气味以及对比大小，对农作物的外形特征有了初步的了解；整理完毕，将各种农作物带回教室投放到活动区中分组开展活动。

2. 用多种形式再现我的发现（集体活动＋区角活动）

关键经验

（1）结合采摘经验，尝试运用绘画、拼摆、撕贴等多种形式再现采摘经历；

（2）能用完整的语言介绍自己创作的表现农作物丰收过程的作品；

（3）在劳动的过程中感受丰收的喜悦之情。

活动准备

（1）逛逛泥学院、采摘农作物的照片、图片若干；

（2）各种农作物若干；

（3）画笔、纸，以及橡皮泥、福禄贝尔拼摆玩具、搭建积木等结构材料。

探究过程

（1）鼓励幼儿运用多种艺术表现形式进行经验再现，教师问："在种植区里，你都发现了什么？它长什么样子？你是如何采摘的？"幼儿自由表现，教师巡回指导。

（2）幼儿的经验来源于生活。指导幼儿以照片、图片资源等为信息支持，在观察、回顾的过程中不断丰富作品内容。

（3）让幼儿分享自己的作品，教师从构图、画面内容表现等多个角度进行小结与提升，如"原来南瓜分很多种，有黄色的，也有绿色的""葫芦是长在藤蔓上的""泥学院里有三大块种植区""小朋友们能很明显地将不同区域的农作物表现在画纸上"，以进一步激发幼儿的创作欲望。

> **补充说明**：各领域间是相互融合的，区角游戏的内容贯穿整个主题活动，伴随新经验的更新。同时，区角游戏的内容也逐渐丰富，形式更加多样，因此幼儿可以通过线描画、积木拼插、大型建构等形式进行表现（见图5-3、图5-4）。

图 5-3　画一画逛泥学院的发现

图 5-4　拼摆采摘玉米的场景

3. 嗨，花生宝宝（区角活动＋家园合作）

关键经验

（1）了解花生的特点、食用方法和储存方式等，并运用符号表征记录自己的调查结果；

（2）知道花生露的制作步骤，尝试制作有关花生的美食；

（3）体验自己动手制作美食的乐趣。

活动准备

（1）完成关于花生的特点、食用方法和储存方式的调查表；

（2）用于制作美味花生露的工具：花生、牛奶、破壁机、糖等。

探究过程

（1）幼儿的经验需要是系统的，活动从一张调查表开始，教师设计《花生的秘密调查表》，分别从"花生长在哪里？长什么样子？""花生的储存方式？"以及"花生可以怎样食用？"三个方面引导幼儿与爸爸妈妈一起查阅资料，运用符号表征记录自己找到的答案。

（2）鼓励幼儿分享自己的调查结果，教师小结与提升，并结合花生的日常储存方式对班级收获的花生、玉米等农作物进行晾晒、保存（见图 5-5）。

图 5-5　一起晾晒花生

（3）制作美味的花生露。有了前期调查的经验，经过商量后，孩子们决定先做难度比较低的花生露。餐前时间，幼儿三两人围一桌，开始剥花生比赛，剥皮、清洗、称重，将花生搭配香香的牛奶和白糖倒入破壁机，不一会儿，一杯香甜的花生露就做好了！该活动再一次激发了孩子们对花生制品的浓厚兴趣。

（4）经验不能仅停留在幼儿园，家园合作是推进课程最有效的方式之一。"我是家中小厨师"这一活动给幼儿和爸爸妈妈们创造了良好的亲子活动机会，鼓励幼儿和爸爸妈妈在家中一起制作各种美味的花生制品，如花生拌凉菜、花生粘、椒盐花生、花生桃酥、花生酱等，真正来一次厨艺上的较量，同时也可以改善部分孩子偏食的现象。

4. 快乐的小农民（集体活动＋户外游戏）

关键经验

（1）了解负重运输的游戏方式，并能将收获的蔬菜作物调整到合适的位置进行游戏；

（2）能尝试负重完成平衡、钻爬及奔跑的动作；

（3）喜欢和同伴做游戏，体会到和朋友一起玩有关丰收主题游戏的快乐。

活动准备

（1）预先布置好游戏场地；

（2）每人一个布袋，沙包、垫子若干，平衡木，皮筋2根，拱形门4个。

探究过程

（1）教师带领幼儿走到布置好的场地，创设游戏情境，如："农民伯伯种的粮食已经丰收了，好开心呀！我们准备先活动活动身体然后去收割粮食，一起动起来吧！"以此激发幼儿参与活动的兴趣，并开展头部、肩部、腕部等热身活动。

（2）在游戏开始前，讲解玩法和要求："先将粮食（沙包）放到自己的布袋里，将布袋口扎好，把布袋背在肩上，走田埂（平衡木）后钻山洞（拱形门），然后跨小河（皮筋），爬过草地（垫子），再跑到粮仓（指定位置）将粮食放下。注意不要让粮食洒落到地上哦。"

（3）在游戏进行的过程中，鼓励幼儿交流负重走平衡木、钻、爬、跑的方法，教师可引导"小农民们再试一次，看看哪种方法运得最快、最省力"，同时开展小组竞赛等游戏活动。

核心活动二：玉米大发现

捷克教育家夸美纽斯（Comenius）曾说过："兴趣是创造一个欢乐和光明的教学环境的主要途径之一。"泥学院里种植的玉米、花生、南瓜等农作物都是秋季收获的果实，各有探究价值。幼儿最感兴趣的，当属玉米了。本核心活动中，教师追随幼儿对玉米的兴趣，引导幼儿通过参访、调查等多种途径了解玉米的基本结构、储存方式、营养价值和食用方法等，并在区角游戏中开展剥玉米粒、晾晒玉米、磨制玉米粉等活动。幼儿亲身体验玉米从种植、采摘、加工到美食制作的全过程。还可以利用玉米皮、玉米秆、玉米棒和其他自然材料进行各种艺术创作。

1. 认识玉米（集体活动＋区角活动）

关键经验

（1）多感官感知不同品种玉米的基本特征，知道玉米的营养价值及作用；

（2）学习观察、比较的方法，能绘制简单的玉米结构图；

（3）尝试剥玉米，感受劳动的乐趣，萌生热爱劳动的情感。

活动准备

（1）有收获玉米的经验，简单了解玉米的特征和样子；

（2）不同品种的带叶玉米、各类玉米食品；

（3）绘本《玉米》。

探究过程

（1）创设猜谜情境，激发幼儿的学习兴趣，如"小朋友们，今天老师带来了一个谜语，请小朋友们猜一猜：'有个老头子，头顶长胡子，脱下绿袍子，满身是珠子。'"。

（2）结合中班幼儿的学习特点，教师投放大量的玉米实物，搭建自由探索的支架，鼓励幼儿通过看一看、摸一摸、闻一闻等多种感官感知玉米的特点等（见图5-6）。

图5-6　观察玉米

（3）教师在引导、观察的过程中有目的地

提问:"玉米是什么样子的?最上面的是什么?像什么?你在玉米身上发现了什么秘密?"

(4)教师运用结构图的形式梳理、统计幼儿找到的关于玉米身上的秘密,边提问边引导幼儿绘画玉米结构图。

(5)了解玉米的种类。教师启发性地提问:"有的小朋友发现玉米粒的颜色不同,品尝起来口感也不同,你们知道玉米都有哪些品种吗?"

(6)教师结合绘本《玉米》进行小结与提升,利用这种直观、有趣的图书内容和幼儿一起充分回顾和梳理经验,更具体地了解玉米的生长过程和特点。

(7)将各种玉米投放到区角游戏中,鼓励幼儿在操作过程中继续观察和感知玉米的特点,发现更多的秘密并将其记录在表格中。

补充说明:探究、观察玉米的过程不仅仅局限在表面。首先,教师要为幼儿提供丰富的资源去观察、比较;其次,在看、摸、闻、尝等多种感官的支持下,幼儿更进一步感受玉米的特点,总结出玉米有很多种类,有的颜色不同、有的口感不同,白玉米通常比较黏,水果玉米一般是黄色的、比较脆,还有紫玉米、五彩玉米等。整个过程一定是回归幼儿的真实经验的。

2. 写生玉米(集体活动+区角活动)

关键经验

(1)观察和了解玉米各个组成部分的特征,尝试运用写生画的方式进行表现;

(2)能够线条流畅地表现玉米的特点,并在创作中保持正确的坐姿和握笔姿势;

(3)愿意通过写生、撕贴画、立体制作、自然物制作等艺术形式进行有关玉米的创作活动。

活动准备

(1)幼儿具备有关玉米的结构特征的已有经验;

(2)玉米若干;

(3)画笔、画纸、范画。

探究过程

(1)教师出示玉米写生画的范例,引导幼儿充分了解和欣赏其绘画特点。教师启发性地提问:"小朋友们,你们看这幅作品画的是什么?是用什么形式表现的?有什么特点?"

图 5-7 玉米写生画

（2）师幼共同观察玉米，简单回顾玉米的结构特点，激发幼儿的绘画欲望。

（3）幼儿自由创作，教师巡回指导，此时教师重点关注幼儿的坐姿、握笔等学习习惯的养成，同时对画面布局、丰富性等进行有针对性的指导。

（4）幼儿分享自己的作品（见图5-7），教师结合绘画内容和写生画的技能进行引导，必要时进行示范。

（5）在区域活动中，教师可继续引导幼儿探索有关玉米的创作活动，如撕贴画、立体制作、自然物制作等。

补充说明：写生画是直接以实物或风景为对象所作的画。所以，该活动中我们将以实物玉米为绘画对象，引导幼儿边观察边写生。开展写生画活动，可以引导幼儿换一种形式来观察、了解玉米的特点，而且写生画更有趣味性。

3. 玉米本领大（集体活动+家园合作）

关键经验

（1）结合生活经验进一步了解玉米的本领（使用价值）给人们生活带来的好处；

（2）能够运用符号记录玉米的本领，并与同伴进行交流；

（3）生活中养成爱吃粗粮的好习惯。

活动准备

（1）《"玉米本领大"调查表》（见图5-8）；

（2）有向他人求助解决问题的经验。

探究过程

（1）随着幼儿对玉米的探究由浅入深，藏在幼儿心中的疑问也一一涌现出来，如："玉米为什么有白色的，还有黄色的？""都说玉米好，那么玉米有什么营养？"

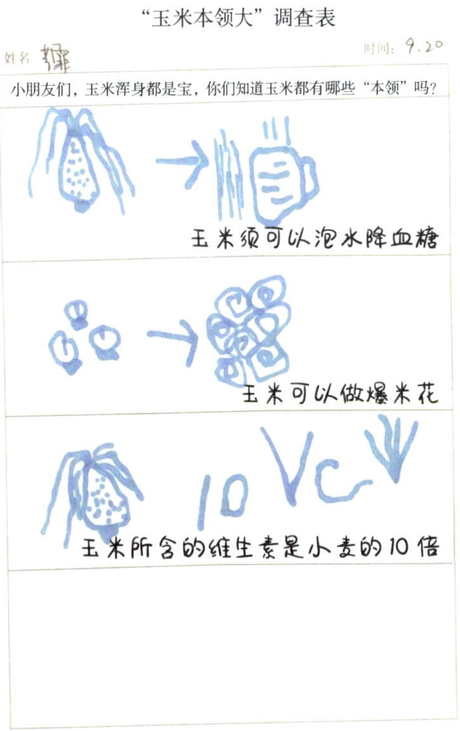

（2）教师提供《"玉米本领大"调查表》，请

图 5-8 "玉米本领大"调查表

幼儿带回家，利用傍晚时间和爸爸妈妈一起展开调查，并用符号或图画的形式进行记录。

（3）通过交流，幼儿很快找到了答案，还有许多新的发现，如："原来玉米是重要的粮食作物，世界各地都有玉米种植。""玉米与水稻、小麦等粮食作物相比，一点儿也不娇气。""它不怕口渴，也不怕冷，爸爸告诉我，就算土地不是很有营养，它也一样长得又高又壮，能为我们结出很多很多玉米。""玉米可以分成粮用的、菜用的、加工用的和爆粒用的。""玉米营养价值可高了，妈妈说它里面的维生素是小麦的 10 倍那么多，它是所有主食中的营养冠军！""玉米须也可以降血糖，可以煮水喝。""一根玉米须，堪称二两金。""玉米还可以美容，让皮肤变好，不长胖，妈妈和老师都可以多吃玉米。""玉米除了可以吃，它的全身都是宝贝，它还能做成药呢。""玉米皮可以制作成好多手工艺品。"幼儿从多方面了解了玉米的特点和价值。

补充说明：基于之前的课程实施经验，幼儿已经习得搜集和获取信息的方法，如查阅图书、找爸爸妈妈帮忙去网上查一查、用调查表以及寻求门卫叔叔的帮助等，都是解决问题的好途径。

4. 堆肥记（集体活动 + 家园合作）

关键经验

（1）了解"肥宝宝"的制作方法，尝试利用生活中的果皮、饭渣等开展堆肥实验；

（2）能持续观察"肥宝宝"发酵的过程，并能用符号进行记录；

（3）喜欢科学实验，体会制作"肥宝宝"的乐趣。

活动准备

（1）对什么是堆肥有初步的了解；

（2）用于堆肥的材料、各种器皿；

（3）观察记录表。

探究过程

幼儿在观察玉米时，发现玉米有大、有小，玉米粒长得也不均匀。经过讨论，他们制定了调查表，并将其带回家和爸爸妈妈调查一番，最终发现玉米的大小和光照、养料有很大的关系，定期施肥、浇水有助于玉米的生长。那么，其他的农作物是不是也有类似的问题？于是，孩子们展开了一次堆肥活动。

（1）引导幼儿了解"肥宝宝"的制作原理，教师的启发性提问"肥宝宝在哪里？土壤到底喜欢吃什么？"为幼儿进行堆肥实验做好准备。

图5-9 果皮堆肥

（2）教师指导家长配合幼儿在家中自主开展堆肥活动，利用果皮、蛋皮、饭渣、茶叶、木粉、黄豆等材料尝试制作（见图5-9），可参考以下方法。

①三明治堆肥法：找一个塑料桶，在底部放一层市售营养土，然后放一层厨余垃圾，再放一层市售营养土，像做三明治一样如此类推放满，盖上桶盖发酵三个月即可变成沃土。若怕小虫子出现，只要在其中放几片夹竹桃叶子即可。

②高温堆肥：前期发酵温度较高，对促进农作物茎秆、人和动物的便便、杂草、垃圾污泥等堆积物的腐熟以及杀灭病菌、虫卵等具有一定作用。

③酵素堆肥法：将切好的烂水果或果皮、白糖和水以1∶1∶5的比例放入容器中，密封发酵一个月后，就可以当作花肥使用。使用时加水稀释10倍灌根或者喷施，纯天然，全无植物激素的困扰。

④沼气肥：用秸秆、青草和人类便便等在沼气池中经微生物发酵，制取沼气后的残留物富含很多营养元素。沼气发酵慢，沼气肥出池后应堆放数日再用。

（3）指导幼儿观察肥料发酵的过程，并尝试用符号记录（见图5-10、图5-11）。

图5-10 收获肥宝宝

图5-11 记录肥宝宝充气了

补充说明：在观察"肥宝宝"变化的过程中，教师和幼儿总结出以下结论：如果"肥宝宝"开始变绿，说明发霉了；如果"肥宝宝"变白，说明发酵了；不论是哪一种，它们都可以让土壤变得更有营养；培育"肥宝宝"要在密封的环境中，这样它才能发酵，变得更有营养。

5. 夹玉米粒比赛（区角活动）

关键经验

（1）知道中国是筷子的发源地，学习正确使用筷子的方法；

（2）学会用手灵活地使用筷子夹取玉米粒；

（3）积极参与夹玉米粒比赛，体验与同伴游戏的乐趣。

活动准备

（1）筷子、盘子、玉米粒；

（2）"谁赢了"游戏记录单、计时器。

探究过程

（1）教师向幼儿讲解游戏玩法及规则：两名幼儿面前各有一组玉米粒，其中一名幼儿夹玉米粒，另一名幼儿倒计时一分钟，时间一到幼儿便停止夹玉米粒，换另一名幼儿夹玉米粒，最终数一数两人谁夹的数量多，谁就获胜，并填写"谁赢了"游戏记录单。

（2）过程中，教师总结正确使用筷子的要领：右手五指自然弯曲，大拇指、食指和中指夹住一根筷子，大拇指底部、中指和无名指夹住另一根筷子，小指自然弯曲；夹玉米粒时先张开筷子，夹住后要夹紧（见图5-12）。

图5-12 夹玉米粒真好玩

（3）教师可将此经验拓展到幼儿日常生活中筷子的使用上，鼓励幼儿主动尝试用筷子吃饭，并向他人介绍使用筷子的正确方式及好处。

核心活动三：百变玉米

提出问题和解决问题是源自幼儿内驱力的学习方式。本核心活动中，教师将搭建多种探究途径，实现幼儿和玉米之间零距离、多维度的互动——幼儿尝试使用尺、秤等测量工具进行测量，感知玉米秆的高度、玉米果实的大小和重量。幼儿可以使用中小型石磨、筛子等制作工具，将晾晒好的玉米粒磨成玉米粉；再通过邀请家长进课堂，开展各种玉米美食大制作活动，在看一看、做一做、闻一闻、尝一尝等多感官体验中，让幼儿充分感受玉米的"多变"，也进一步引发幼儿对其他农作物尤其是粮食作物的探究兴趣。

1. 我和玉米做游戏（区角活动）

关键经验

（1）尝试用玉米粒、玉米皮、玉米棒进行称重和测量，并记录数据；

（2）能够用玉米粒、玉米皮、玉米棒等自然材料拼摆以表现自己喜欢的情景内容，并进行点数；

（3）体验同伴合作游戏的乐趣。

图 5-13　测量玉米的长度

图 5-14　记录表

活动准备

（1）玉米、玉米粒、玉米皮、玉米棒若干；

（2）筷子、不同口径的瓶子、沙漏；

（3）电子秤、卷尺、观察记录本、笔等。

探究过程

（1）在区角活动中，教师引导幼儿通过看一看、摸一摸、闻一闻、比一比、摆一摆、量一量、称一称等多种方式探究和发现玉米的特点，重点引导幼儿正确使用测量工具，并将测量的结果记录到表格中（见图 5-13、图 5-14）。

（2）投放不同口径的瓶子，鼓励幼儿用筷子和沙漏开展夹玉米粒比赛，锻炼其手部肌肉。

（3）引导幼儿用玉米、玉米粒、玉米皮、玉米棒等自然材料拼摆以表现自己喜欢的情景内容，并尝试点数其数量。

（4）在游戏过程中，教师重点关注幼儿

之间的交流和合作。

2. 制作玉米工艺品（集体活动＋区角活动）

关键经验

（1）尝试结合使用玉米身上的各个部分和辅助材料制作工艺品；

（2）能正确使用胶枪、剪刀等工具，发挥想象力进行创作，在使用过程中注意安全；

（3）体会用自然材料进行创作的乐趣。

活动准备

（1）玉米、玉米粒、玉米皮、玉米棒、芦苇草、树皮等自然材料若干；

（2）辅助材料：扣子、珠子、彩带等；

（3）工具：胶枪、剪刀；

（4）美工用品：太空泥、彩色卡纸、双面胶等。

探究过程

（1）教师引导幼儿观察各种各样用玉米制作的工艺品，激发幼儿的创作欲望。教师有针对性地提问："你们看，这是什么？每个物品都用到了什么材料？如何做成的？"

（2）幼儿在观察、欣赏的过程中了解各种玉米工艺品的制作方法，结合材料的投放，教师鼓励幼儿自由创作。

（3）幼儿创作时，教师巡回指导，关注幼儿对美术工具的正确使用。例如：幼儿将玉米棒切成薄薄的片片，贴成漂亮的小花、蝴蝶；将玉米棒粘在一起，再加以装饰就变成可爱的立体小动物等（见图5-15）。

（4）分享交流，小结与提升。教师引导幼儿介绍自己的作品："你做的是什么？怎么做的？用到哪些材料？"从表现形式和精细部分的创作上提出有针对性的问题，如"还可以怎么表现？用哪些形式？"，以激发幼儿进一步创作的欲望。

补充说明：创作之前，幼儿需要欣赏大量用自然材料制作的工艺品来激发想象力，教师需要从多个角度搜集资料，如平

图5-15 用玉米棒做个小黄人

面制作、半平面制作、立体制作、抽象等。另外,材料的准备要充分,可以借助家长资源。

3. 美味的玉米（集体活动+家园合作）

关键经验

（1）了解玉米在生活中的多种食用方法；

（2）喜欢动手操作，品尝自己的劳动成果；

（3）懂得每一粒粮食都来之不易，愿意在生活中身体力行地节粮爱粮。

活动准备

（1）具备有关玉米的食用方法的经验；

（2）用于制作玉米沙拉、爆米花、玉米汁、玉米烙、玉米寿司、玉米蛋糕的原材料若干。

图5-16 **家长进课堂**

探究过程

（1）幼儿分成几组，由家长协助开展玉米美食制作活动（见图5-16）。

（2）教师鼓励幼儿动手参与、了解各种玉米美食的制作过程。

（3）幼儿品尝自己制作的各种玉米美食，并主动和他人分享。

（4）幼儿回到家中向爸爸妈妈分享自己的收获。教师引导家长支持幼儿继续探究玉米美食的制作，如玉米馒头、玉米糊糊、松子玉米、玉米蛋炒饭、玉米小饼和玉米排骨汤等。

4. 玉米晒太阳（区角活动）

关键经验

（1）能够通过持续观察和对比，发现晒后玉米的特点；

（2）能够制订晾晒计划并按照计划进行；

（3）愿意同伴合作开展游戏。

活动准备

（1）玉米若干；

（2）已有储存农作物的初步经验。

探究过程

（1）在游戏过程中，幼儿发现很多玉米都长出了小黑点。有了之前晒花生的经验，幼儿主动提出要把玉米也拿出去晒一晒，这样更方便储存（见图5-17）。

（2）制订晾晒计划，确定晾晒时间和负责晾晒的人，鼓励幼儿每天有计划地进行。

图5-17　玉米晒太阳

（3）在晾晒的过程中，教师引导幼儿观察"晒过的玉米有什么变化？"，鼓励幼儿持续观察并记录变化过程。

（4）幼儿在持续观察和对比的过程中发现晒后玉米的特点，如"没有水分了，玉米粒颜色变深了""玉米粒硬邦邦的""玉米上没有小黑点"。原来，晒干的玉米更加容易保存了。

5. 磨磨玉米粉（区角活动）

关键经验

（1）初步尝试磨制玉米粉；

（2）能够边过筛，边反复研磨。

活动准备

（1）玉米；

（2）石磨、小簸箕、刷子等。

探究过程

（1）幼儿自由探索石磨的用法，初步尝试磨玉米粉。

（2）同伴合作，利用区角时间，将玉米棒子上的玉米粒搓下来，便于磨粉（见图5-18）。

（3）观察玉米粉的形态，用石磨磨出的玉米粉并不像幼儿想象中的那么细腻，总是伴随一些大小不同的玉米颗粒。新的问题产

图5-18　磨磨玉米粉

生了:怎么用石磨磨出非常细腻的玉米粉呢?

（4）在访问中，门卫叔叔讲解和示范了石磨的正确使用方法：石磨磨的玉米粉是需要一遍一遍过筛的，大颗粒的玉米粒需要反复磨才行。

（5）教师引导幼儿在区角游戏中利用筛子分离大小不同的玉米粒，反复碾磨。

（6）幼儿观察经反复碾磨后的玉米粉和之前玉米粉的不同。

> 补充说明：为了进一步推进主题学习的深度以及对玉米的进一步探究，教师在核心活动"百变玉米"中鼓励幼儿探究玉米的不同形态，引导幼儿亲自动手发现其变化。同时，幼儿园为每个班级提供了石磨，以支持幼儿的活动。

核心活动四：粮食家族

在玉米活动中，幼儿发现了用玉米粉制作玉米饼等奇妙过程，进而关注到生活中各种各样的面食。它们是怎样做出来的？本核心活动中，教师将引导幼儿收集生活中常见的粮食作物，如小麦、豆类等，通过家园合作的信息调查与收集、集体活动、小组交流等途径进一步了解多种粮食作物的名称、特点、食用方法和营养价值。同时，在家长志愿者的协助下开展磨面粉、做花样面食等体验活动。幼儿将感受到粮食从播种、收获到加工制作，最后品尝的完整过程，更体会到农民伯伯的辛苦和每一粒粮食的来之不易，更加懂得节粮爱粮的道理。

1. 磨一磨，"粉家族"现身了（区角活动）

关键经验

（1）进一步探索石磨的正确使用方法；

（2）收集不同的粮食尝试研磨，观察其变化，并学习制作窝窝头；

（3）在操作的过程中感知粮食变成粉末的过程。

活动准备

（1）玉米及其他粮食作物；

（2）各种各样的面粉；

（3）石磨、小簸箕、刷子等。

探究过程

（1）有了磨玉米粉的经验，孩子们主动思考，提出自己的疑问："是不是其他粮食作物也可以被磨成粉呢?"在爸爸妈妈的支持下,幼儿从家中带来了黄豆、黑豆、麦粒、大米等粮食作物若干,继续开展磨粉实验。

(2)经过验证,果然很多粮食作物都可以被磨成面粉,比如用豆类磨出来的是豆面粉、用小麦粒磨出来的是我们经常吃的小麦粉、用大米磨出来的就是米粉,真是神奇。

(3)幼儿将磨好的面粉过筛后,兑水制作成美味的窝窝头来喂小兔子(见图5-19)。

图 5-19　制作窝窝头

> 补充说明:磨粉可真不是一件容易的事情,由于前期动作不熟练,好多玉米粉、豆面粉在碾磨的过程中撒到了地上。为了不浪费粮食,幼儿将其收起来,决定用这些面粉制作美食送给幼儿园饲养的小兔子,让它们也来饱餐一顿。于是,筛选出粗粗的玉米颗粒,用细细的面粉和水做成小窝窝头。幼儿反复尝试、不断摸索面粉和水的比例,同时交流自己的发现与经验,由此一个个小小的窝窝头终于诞生。紧接着,孩子们将做好的窝窝头送到厨房交给阿姨,蒸一蒸就可以给小兔子吃啦。看着小兔子喜欢自己的劳动成果,孩子们感到满满的成就感!

2. 查一查,粮食家族的"大秘密"(集体活动)

关键经验

(1)知道常见的粮食的外形特征、生长过程以及多样的食用方法,能联系生活实际,了解制成我们所食用的主食的原料;

(2)初步了解我国各地域间饮食习惯的不同,知道南北饮食差异及代表性美食;

(3)体会农民伯伯劳作的不易,懂得珍惜粮食、不挑食。

活动准备

(1)玉米、小麦、高粱、黄豆、水稻等粮食图片和实物;

(2)经常食用的粮食原料及其成品图片;

(3)《舌尖上的中国》视频片段。

探究过程

(1)引导幼儿结合实物、图片等积极表达自己了解到的粮食种类及其特征。教师有针对性地提问:"除了小麦,我们生活中还会吃到哪些粮食?它们都有什么特点?"

(2)结合生活实际,了解常见的粮食的外形特征和生长过程。

(3)结合《舌尖上的中国》视频片段、图片,知道我国美食文化底蕴深厚,进一步了解粮食与成品食物之间的联系。

(4)了解我国饮食文化有地域性差异。南方主要种植水稻,所以南方人经常吃米饭。但是在北方,人们种植小麦居多,所以食用面食比较多。而且,在山西,面粉还会被制作成薄薄的凉皮和香酥的肉夹馍,武汉会制作热干面等。

(5)通过儿歌引导幼儿感受农民伯伯的辛勤劳动,懂得要珍惜农民伯伯的劳动成果、爱惜粮食。

大馒头,哪里来
大大的馒头哪里来?
白白的面粉做出来,
白白的面粉哪里来?
黄黄的小麦磨出来,
黄黄的小麦哪里来?
农民伯伯种出来。
伯伯阿姨劳动忙,
大家都要爱惜粮。

3. 做一做,各种美食分享(集体活动+家园合作)

关键经验

(1)知道和面、揉面的方法;

(2)尝试用面粉制作各种各样的面食;

(3)学会使用擀面杖、小塑料刀和面板等工具,使用时注意安全。

活动准备

(1)各种面粉;

(2)擀面杖、小塑料刀和面板等工具。

探究过程

(1)邀请家长进课堂,讲解各种面食的制作方法。

（2）在家长的引导下，幼儿积极主动参与和面、揉面等过程，能自主制作各种面食，如面条、花样馒头、棋子块等。

（3）在制作过程中，教师关注幼儿正确地使用工具。

（4）分享美食，感知粮食的珍贵。

补充说明： 要理解幼儿的学习方式和特点，最大限度地满足幼儿在身心体验、实际操作、直接感知方面的学习需要，让幼儿亲自参与和体验过程中的所有活动。

4.颂一颂，粒粒皆辛苦（集体活动）

关键经验

（1）理解古诗中"辛苦"一词，能够用自己的话讲述古诗所表述的含义；

（2）能够声情并茂地朗诵古诗《悯农》，用准确的肢体动作表现插秧苗；

（3）懂得粮食是农民伯伯用汗水换来的，进一步感受食物的来之不易，愿意身体力行地节约粮食。

活动准备

（1）古诗《悯农》的 PPT 课件、挂图；

（2）背景音乐。

探究过程

（1）教师与幼儿一起观看视频，提问："小朋友们，我们一起看看这段视频，想一想我们吃的米饭都是怎么来的。"通过播放 PPT 课件，详细介绍米饭的来历，了解农民伯伯从播种到精心照料的场景，感受农民伯伯的辛苦。

（2）出示古诗挂图，引导幼儿朗诵古诗，解释诗意。教师可指导幼儿朗诵时的韵律节奏及重读音（日、午、土、餐、粒粒、辛苦等），并引导幼儿学习用身边的事情举例说明自己对"辛苦"一词的理解。

（3）师幼共玩插秧苗游戏，教师可以说："看，这是什么？我们一起来插秧苗吧！"鼓励幼儿在轻柔的音乐中边朗诵古诗，边进行插秧苗游戏。

5.讲一讲，节约粮食从我做起（集体活动+区角活动）

关键经验

（1）尝试运用简笔画和连环画的形式表现节约粮食的方法；

（2）能够大胆、自信地向他人宣传，语言完整、流利；

（3）在日常生活中养成不挑食、节约粮食的习惯。

活动准备

（1）有关节约粮食的 PPT 课件、宣传画；

（2）知道节约粮食的方法；

（3）纸、笔。

探究过程

（1）观察图片，了解大山中、干旱地区人们的生活环境，将其与自己所在的环境进行比较，教师询问幼儿："你们看了有什么感受？"

（2）教师和孩子们一同交流节粮爱粮的好办法，教师提问："我们为什么要节约粮食？生活中有哪些节粮爱粮的好办法？"幼儿分享自己认为的节约粮食的好办法。

（3）欣赏宣传画，了解宣传画的绘画方式，鼓励幼儿运用简笔画和连环画的形式表现节约粮食的方法。

（4）开展宣传活动——向弟弟妹妹、哥哥姐姐以及自己的家人宣传节约粮食、爱惜粮食的好办法（见图 5-20）。

图 5-20　宣传节粮爱粮小知识

五、总结与思考

（一）以游戏为基本活动，在游戏中获取经验

教师将主题与区角游戏结合，引导幼儿运用不同形式用玉米开展游戏，体现了在"玩中学""学中玩"的特点，让幼儿潜移默化地了解玉米的特征和结构，激发幼儿探索玉米的兴趣，为后续活动的开展进行铺垫。

（二）多元工具，激发幼儿的探究兴趣

《指南》建议，为幼儿提供一些有趣的探究工具，激励幼儿在操作的过程中寻找答案。因此，本次活动中，教师结合幼儿的兴趣和需要，及时提供天平、皮尺、放大镜等工具，支持幼儿开展探究。

(三)幼儿是课程实施的主体,回归生活、服务幼儿

在该主题活动的实施中,教师追随幼儿,以幼儿为课程主体,体现课程的班本化。"生活即教育"课程来源于生活,回归于生活,由对玉米的探究拓展到对各种粮食的探究,使幼儿初步了解了粮食的作用,知道了粮食的来之不易,从小养成节粮爱粮的好习惯。

(四)了解幼儿的学习特点,在游戏中解决问题

著名儿童心理学家皮亚杰曾经说过"知识来源于动作,而非来源于物体"。尤其是在探究活动中,让幼儿亲自动手操作非常重要。幼儿天生好动,好奇心强,总想对感兴趣的事物摸一摸、玩一玩、做一做,还会提出各种问题,表现出他们渴望认识周围世界和学习科学的需要。该活动始终引导幼儿动手参与其中,激发幼儿的好奇心,提高幼儿的自信心、主动性、独立性和创造性,从而发展幼儿在活动中发现问题和解决问题的能力。

案例六

安全大本营

一、设计意图

如何减少意外伤害的发生，保证幼儿活动的安全，已成为家庭、幼儿园乃至整个社会越来越关注的问题。中班幼儿虽具有自我保护意识，但意识相对淡薄，缺乏自我保护的安全常识，容易发生意外伤害事故。并且，生活中存在一些难以被察觉的安全隐患，很多安全事故都是由于缺乏安全意识导致的。因此，提高幼儿的自我保护能力，帮助幼儿掌握自我保护的方法，就显得尤为重要。

"安全大本营"主题将从谁在保护我们的安全切入，通过人、物、技术三方面引导幼儿了解生活中都是"谁"在保护我们的安全。在了解生活中常见的安全标志和防护物，寻找班级、幼儿园、家庭、社区等周围生活环境中的安全隐患，学习通过防护技术保护自己安全的过程中，帮助幼儿知道生活中时时处处都存在安全隐患，要提高自我保护的意识和能力，掌握危险时刻的自我保护和自救的方法。

在活动的推进过程中，教师将充分结合幼儿的生活经验，选择幼儿更为熟悉的治安、消防、医护三大安全防护体系作为切入点，将其中更具神秘感的自我防范和消防安全作为课程开展主线，通过邀请消防员叔叔进课堂、带领幼儿参观消防大队等活动，让幼儿不断深入了解消防安全知识，进而提高自我保护的意识和能力。最终，通过向家人讲解安全知识、分享宣传画等形式开展家园活动，将课程回归到幼儿的生活中，真正关注幼儿及社会的需求。

二、主题总目标

健康领域

- 知道生活中的安全隐患，能够在生活中细心观察，远离危险源头。
- 认识常见的安全标志，知道几种应急自救和求救方法。
- 知道生活中常见的疾病和意外伤害有哪些，掌握避免常见疾病和意外伤害的方法，用学到的知识保护自己和家人。
- 学习消防员叔叔整理内务，自己穿脱衣服、鞋袜、扣纽扣；能整理好自己的物品。
- 了解日常生活中的安全小常识，学习自救的方法。

语言领域

- 观看安全主题的绘本、安全标志等内容，了解绘本故事及各种安全标志所表达的含义，并能够清楚、流畅地讲述。
- 能大方、自信、语言清晰地向他人介绍宣传画的内容，或向家人、同伴分享自己知道的安全知识。
- 在辩论时能仔细倾听并理解他人的观点，完整、清楚地阐述自己的观点。

社会领域

- 认识一些常见的标志、符号和常用电话，喜欢询问并主动将自己的发现告诉周围的人。
- 自己的事情自己做，并敢于尝试有一定难度的活动和任务，用礼貌的方式请求帮助。
- 在模拟演习中，遇到危险时能够主动思考，沉着冷静应对，善于解决问题。
- 了解消防员的职责和工作内容，对消防员勇敢、自律、坚毅、不怕辛苦和困难的品质产生敬佩之情。

科学领域

- 对生活中常见的标志、符号（消防、急救、交通安全等）感兴趣，知道它们代表一定的意义。
- 能通过简单的调查收集信息（生活中的安全隐患），对事物和现象进行观察、比较，用图画或其他符号进行记录。

艺术领域

- 知道黄色、绿色、红色等安全标志的颜色所代表的含义，愿意通过多种艺术形式制作安全标志。

- 能运用各种材料，通过绘画和手工制作等方式大胆表现自己参观消防大队的发现、了解的消防安全知识和自我保护知识等。

三、活动网络图

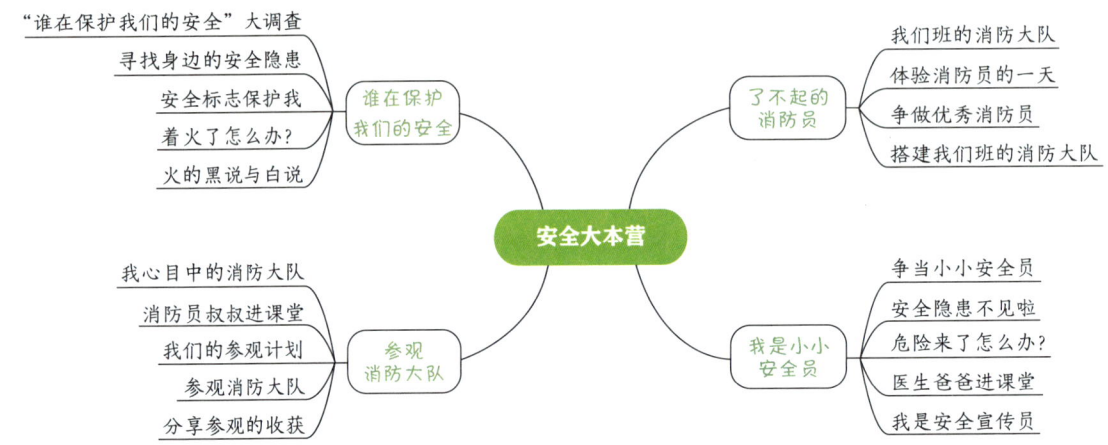

四、活动设计与实施

核心活动一：谁在保护我们的安全

在生活中，幼儿面临众多安全隐患，但有很多人在默默地守护着他们的安全。本核心活动通过家园调查"谁在保护我们的安全"、实地走访"寻找身边的安全隐患"等活动，帮助幼儿了解生活中的潜在危险，掌握简单的自我保护方法，进而激发幼儿继续学习更多安全知识的兴趣。在探究过程中，依据幼儿的兴趣开展对火的深入探究，"火的黑说与白说"辩论会更是让幼儿尝试如何一分为二地看待事物。

1. "谁在保护我们的安全"大调查（集体活动＋小组活动＋家园合作）

关键经验

（1）知道生活中谁（人物及其工作、安全标志等）在保护我们的安全，并能大胆地和同伴交流自己的调查发现；

（2）能根据自己的调查结果，按照人、物（安全标志）两个维度进行分类，并通过符号表征的形式记录自己调查的最终结果；

（3）愿意和家人、同伴继续调查生活中保护我们安全的人或物，建立初步的安全意识和自我保护意识，懂得用实际行动对身边保护我们安全的人表达感谢。

活动准备

（1）幼儿对"谁在保护我们的安全"这一问题有一定的经验储备；

（2）《"谁在保护我们的安全"调查表（人物篇）》《"谁在保护我们的安全"调查表（安全标志篇）》（见图6-1、图6-2）；

（3）笔、手工小花、贺卡等。

图6-1 "谁在保护我们的安全"调查表（人物篇）　　　　图6-2 "谁在保护我们的安全"调查表（安全标志篇）

探究过程

（1）鼓励幼儿与同伴大胆交流自己知道的生活中保护我们安全的人或安全标志。

（2）引导幼儿根据自己分享的经验，按照人、物（安全标志）两个维度自行分组，进行组内分享，互相交流经验。

（3）为幼儿发放《"谁在保护我们的安全"调查表（人物篇）》《"谁在保护我们的安全"调查表（安全标志篇）》和笔，引导幼儿边组内交流边记录自己的结果，并将有记录表征的调查表带回家，和爸爸妈妈分享后继续调查以补充完整。

（4）鼓励幼儿将最终完善的调查表带回班级，和同伴大胆、清晰、完整地分享自己的调查结果。指导中，教师可采用问题引导幼儿进行表述，如："在我们的生活中，都有谁在保护我们的安全？他们是如何保护我们的安全的？安全标志有很多，它们都有哪些相同和不同的地方呢？可以从颜色、形状等方面思考一下。"

（5）引导幼儿通过送一个拥抱、一句"感谢"、一杯热茶、一个手工小礼物等方式，向身边保护我们安全的人表达谢意，鼓励幼儿在生活中懂得感恩。

2. 寻找身边的安全隐患（区角活动+小组活动+家园合作）

关键经验

（1）知道生活中的安全隐患，并用符号进行记录；

（2）能通过讨论、绘画、共同制作安全小书的形式，加深自己对周围安全隐患的认识；

（3）养成细心发现生活中的危险、主动学习安全知识的好习惯。

活动准备

（1）幼儿知道生活中常见的危险有哪些；

（2）"我身边的安全隐患"信息报；

（3）用于记录的纸、笔。

探究过程

（1）引导幼儿以小组的形式讨论，分享自己在生活中遇到的危险、发现的安全隐患。

（2）引导幼儿在交流过程中一边讨论，一边用符号表征的形式记录自己的收获——我们身边的安全隐患。

（3）鼓励幼儿先进行组内交流，之后请各组代表介绍本组的讨论结果。分享过程中，教师引导幼儿大方、清晰、完整地表达，本组的其他成员可进行补充说明。

（4）引导幼儿将本组讨论的结果用绘画表征出来并张贴至信息角，鼓励幼儿实时更新信息角的内容，和同伴互动、讨论。或以班级安全小书的形式装订成册，投放到班级阅读区中，鼓励幼儿及时丰富、更新班级安全小书的内容，同伴间共享（见

图6-3)。

(5) 鼓励幼儿在家时和爸爸妈妈共同了解安全新闻,进行每日安全新闻播报,实时掌握最新的安全知识。

3. 安全标志保护我(区角活动＋集体活动)

关键经验

(1) 了解身边存在的安全隐患与安全标志,知道安全标志的含义;

图6-3 幼儿的班级安全小书

(2) 尝试总结常见的安全标志的异同点,并根据幼儿园的需要设计安全标志;

(3) 有一定的自我保护意识,遇到不同的安全标志时能按要求行动,并愿意将自己设计的安全标志分享给幼儿园里的弟弟妹妹们。

活动准备

(1) 幼儿认识生活中常见的安全标志;

(2) 各种安全标志(具有不同的形状、颜色等特点);

(3) 用于记录的纸、笔。

探究过程

(1) 引导幼儿寻找生活中具有不同形状、颜色等特点的安全标志,帮助幼儿在了解各种安全标志含义的同时,尝试发现各种安全标志的异同点。例如,一般而言,黄色三角形的标志表示危险提醒、绿色方形的标志表示安全提醒、红色圆形标志表示禁止等。

(2) 引导幼儿在分享生活中的危险之后,继续深入讨论——有危险了,怎么办?讨论过程中,鼓励幼儿找出避免或减少危险发生的方法——通过安全标志提醒人们注意行为规范。

(3) 鼓励幼儿根据自己对生活中常见安全标志的了解和掌握,迁移相关经验,为幼儿园里可能会发生危险的地方设计、绘制安全标志,并通过张贴安全标志进行提示(见图6-4)。

图6-4 幼儿设计并绘制的安全标志——禁止攀爬

（4）鼓励幼儿张贴安全标志后与同伴分享、互相提醒安全注意事项，并向小班的弟弟妹妹们和大班的哥哥姐姐们讲解自己设计的安全标志的含义，提醒他们一日活动中的安全问题。

4. 着火了怎么办？（区角活动+集体活动）

关键经验

（1）知道火灾在生活中的危害，生活中要小心用火，防止火灾的发生；

（2）能在活动区里与同伴模拟娃娃家着火的情景，并协商寻找最佳解决办法，扑灭火势；

（3）能在活动中积极思考、大胆表达，和同伴分享着火后的求救方法，如逃离火场、拨打火警电话119、向消防员求助等。

活动准备

（1）幼儿知道火灾的危害，知道发生火灾后要及时向消防员求救；

（2）娃娃家客厅、厨房等环境布置，娃娃家电话、毛巾等生活类玩具。

探究过程

（1）提供娃娃家厨房、客厅等环境，引导幼儿在娃娃家根据一日计划进行做饭、吃饭、打扫卫生、外出等活动。

（2）引导幼儿创设娃娃家厨房着火的情景，进一步激发幼儿对"着火了怎么办？"的讨论，帮助幼儿在活动中体验发生火灾了应该怎么办。

（3）在讲评环节，鼓励幼儿大胆分享自己的想法，教师小结火灾逃生技巧及报警注意事项，帮助幼儿提升游戏经验。

5. 火的黑说与白说（区角活动+家园合作+集体活动）

关键经验

（1）了解火的双面性，能全面看待火与人们生活的关系；

（2）能通过资料搜集、小组分享等方式，从火的危害和好处两方面进行小组间辩论，并在和同伴交流后清楚阐述自己的观点；

（3）能通过辩论会知道火不仅可以给人们带来便利，也能带来伤害，生活中要小心用火、正确用火，有一定的安全意识。

活动准备

（1）幼儿对生活中的火有所了解，知道火与人们生活的关系；

（2）《火的黑说与白说信息调查表》、辩论会场地布置。

探究过程

（1）通过谈话引发幼儿对火的探究兴趣，鼓励幼儿结合生活经验，说说自己对火的认识。

（2）引导幼儿通过调查表（图6-5展示的是该表的"火的危害篇"）搜集相关知识，丰富经验，以班级为单位从"火的好处"和"火的危害"两方面展开关于"火的黑说与白说"辩论会。辩论会中，教师引导幼儿大胆表达自己的观点，并有理有据地证明自己的观点，同小组的成员可作补充说明（见图6-6）。

（3）教师小结：火既能给人们的生活带来便利，也会带来安全隐患甚至是伤害，所以我们在生活中要辩证地看待火，看到火的两面性。安全用火，才能让火在生活中为人们带来便利，减少火的危害。

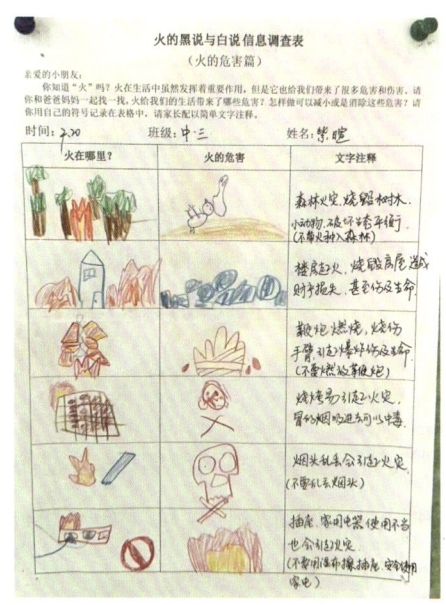

图6-5　火的黑说与白说信息调查表（火的危害篇）

图6-6　"火的黑说与白说"辩论会现场

核心活动二：参观消防大队

在对火进行探究后，幼儿感受到水火无情的严峻，同时对发生火灾后保护我们的消防员叔叔产生了极大的兴趣。本核心活动中，教师将陪伴幼儿带着心中的疑问参观消防大队，在实地参访中了解消防员叔叔的一日生活、训练、出警等情况，以及各种各样的消防车和消防用具，以丰富幼儿的消防经验。

1. 我心目中的消防大队（区角活动 + 家园合作）

关键经验

（1）对消防大队有初步的了解和认知，知道消防大队的主要职责；

（2）能够通过调查和分析，深化对消防员、消防大队的认识，既对消防员、消防大队的主要职责有一定的了解，也对一些常见的消防用具有所认识；

（3）对消防大队有持续的探究兴趣，愿意继续深入了解消防大队及消防安全知识。

活动准备

（1）幼儿通过搜集资料、阅读绘本、日常经验积累，对消防大队有一定的了解；

（2）"我心目中的消防大队"绘画表征；

（3）用于记录的纸、笔。

探究过程

（1）引导幼儿通过绘本、图片、视频等途径了解消防员及消防大队，并鼓励幼儿讨论，分享自己对消防大队的了解和认识，激发探究兴趣。

（2）鼓励幼儿在讨论的基础上，和爸爸妈妈一起调查更多关于消防大队的信息，如消防员的主要职责和常见的消防用具。

（3）引导幼儿将自己的调查结果张贴在信息角，并结合调查继续分享自己对消防大队的新认识。在有新发现时及时更新自己的信息表征，与同伴共享，丰富自己对消防大队的认识，比如消防大队不仅负责救火灭火，还承担救险、救灾、救急等任务。

（4）鼓励幼儿在调查、收集、与同伴讨论有关消防大队的知识的同时，积极思考，大胆提问，并将未能解决的问题用符号表征的形式记录下来，方便在后续活动中及时解决。

2. 消防员叔叔进课堂（集体活动 + 区角活动 + 家园合作）

关键经验

（1）能结合自己的调查与记录，大胆提出自己对消防员工作、消防大队职能等方面的疑问；

（2）在仔细倾听消防员叔叔的讲解与介绍的基础上，对消防员、消防大队有更多、更全面的了解与认识，包括消防员的工作内容与职责范围、消防器械的名称与用途等；

（3）对消防员产生敬佩之情，进一步激发幼儿对消防员一日活动了解的兴趣和愿望。

活动准备

（1）幼儿对消防大队的作用、消防员叔叔的工作及常见的消防用具有初步的了解，能结合自己的疑问准备好要提问的问题；

（2）联系消防大队，为消防员叔叔进课堂做好准备。

探究过程

（1）引导幼儿通过回顾经验、搜集资料，提前梳理已有经验，对消防大队、消防员及常见的消防用具有一定的了解。

（2）鼓励幼儿在已有经验的基础上，运用符号表征的形式记录自己关于消防安全知识的疑问。

（3）引导幼儿认真倾听消防员叔叔的讲解，结合自己的思考大胆提出自己的疑问，向消防员叔叔寻求答案（见图6-7）。

（4）鼓励幼儿在消防员叔叔进课堂活动结束后，用符号表征的形式记录自己的收获与仍存在的疑问或还想进一步了解的问题。

图6-7 消防员叔叔进课堂

3. 我们的参观计划（小组活动+集体活动）

关键经验

（1）能根据自己生活中参观博物馆或各种展览的经验，和同伴交流参观过程中的注意事项；

（2）能在和同伴交流的过程中，梳理出参观消防大队需要注意的事项及参观要点；

（3）能用符号表征的形式，制订自己参观消防大队的计划，并用完整、清晰的语言与同伴分享。

活动准备

（1）幼儿有参观博物馆、风景名胜的经验；

（2）用于记录的纸、笔。

图6-8　幼儿制订的参观计划

探究过程

（1）师幼共同回顾自己参观博物馆、风景名胜的经历，同伴间分享经验，教师根据幼儿的分享进行小结。

（2）根据已有经验，幼儿讨论自己对参观消防大队的思考，教师鼓励幼儿大胆分享自己的想法。

（3）在师幼讨论中，幼儿制订自己参观消防大队的计划，尝试用符号表征的形式记录自己的参观计划（见图6-8），并和同伴分享自己的计划。

4. 参观消防大队（集体活动+实地参访+家园合作）

关键经验

（1）能够结合已有经验和疑问，与教师、同伴共同制订参观消防大队的计划，根据计划有目的地参观；

（2）能细致观察、了解消防车的结构及各种消防用具、消防服的不同作用，了解消防员的日常工作和训练；

（3）学习安全逃生的方法，体验火场逃生，并大胆提出自己的疑问；

（4）感受消防员的英勇，对他们产生敬佩之情，增强防火意识。

活动准备

（1）幼儿对消防大队的作用已有简单的了解，结合自己的疑问提出问题并制订了参观计划；

（2）外出参访所需的物品：水壶、帽子等。

图6-9　消防员讲解消防车等消防器械

探究过程

（1）了解参观活动，制订并回顾参观计划，引发幼儿的参观兴趣。

（2）参观消防大队，在参观过程中教师有目的地引导幼儿观察、体验（见图6-9）。（可从消防大队的整体建筑结构、布局、建筑特点，各种消防设施的种类、名称、外形、作用，火场安全逃生，消防员的日常生活、接警程序等方面进行细致观察与体验。）

（3）观看消防员的训练场地及训练内容，感受消防员不怕困难、英勇无畏的精神。

5. 分享参观的收获（集体活动＋区角活动）

关键经验

（1）参观后，与同伴分享自己了解到的消防员的一日工作内容；

（2）能够结合参观的照片和视频，对消防员的一日活动进行分类表述，并通过绘画表征参访后的收获；

（3）感受消防员英勇无畏的精神，对消防员产生敬佩之情。

活动准备

（1）幼儿参观后对消防员、消防大队有了全面的了解和认识；

（2）参观消防大队的照片和视频；

（3）纸、笔。

探究过程

（1）鼓励幼儿自由分享自己参观消防大队的收获，教师可巡回观察，倾听幼儿交流的内容，有针对性地引导幼儿分类表述。

（2）教师结合参观消防大队的照片和视频，帮助幼儿快速、直观地回顾参观经历（呈现照片时注意分类和顺序，以方便幼儿观察和回忆）。

（3）引导幼儿结合照片及视频进行回顾，用绘画表征的形式记录自己参观后的收获（见图6-10）。

（4）引导幼儿成为不怕困难、能自律、能坚持的人，并在一日活动中互相提醒，与同伴共同进步。

图6-10　幼儿表征自己的参观收获

核心活动三：了不起的消防员

消防员被尊称为"最美逆行者"，哪里有火灾、哪里有危险，哪里就有他们。本核心活动中，幼儿将根据参观消防大队的经验，同伴间协商创建"我们班的消防大队",通过各活动区联动活动,争做"优秀消防员",模拟体验消防员的工作与训练,进而对消防员以及默默守护我们安全的人产生敬佩和感恩之情。

1. 我们班的消防大队(集体活动+区角活动)

关键经验

(1)产生创设班级消防大队的兴趣,体验与同伴合作协商的乐趣;

(2)能结合消防员叔叔进课堂和参观消防大队的经验,和同伴、教师讨论决定开设本班的消防大队,合理布局班级消防大队的场地,初步创设消防大队的接警室、训练室和消防用具展示区等;

(3)根据活动开展需要,与制作区的幼儿合作,定制电话、哑铃、消防水管、消防防毒面罩和灭火器等器材。

活动准备

(1)幼儿有实地参观消防大队的经验;

(2)游戏区橱柜等基础游戏设备;

(3)消防服、灭火器、消防斧、消防防毒面罩等各种消防用具。

探究过程

(1)通过回顾参观消防大队的经历,激发幼儿创设班级消防大队的兴趣。

(2)通过讨论"教室里能不能也有消防大队?""成立消防大队需要什么?""消防大队成立后可以干什么?"等问题,师幼共同商讨决定建立本班的消防大队,支持幼儿利用区角游戏时间与同伴协商,充分利用橱柜等基础设备,对班级消防大队进行合理布局,初步完成消防大队的创设。

图 6-11 幼儿制作消防用具

(3)引导幼儿通过照片回顾参观过程,留意消防大队多种多样的消防用具,并与制作区的幼儿合作,开展定制消防用具的活动(见图 6-11)。

2. 体验消防员的一天(集体活动+区角活动)

关键经验

(1)通过参访,进一步加深对消防员一日训练和工作内容的了解,并能根据参访

经验开展游戏;

(2)在班级消防大队游戏中,与同伴合理分配角色、制订训练计划,并有序开展训练;

(3)能迁移参观经验,和娃娃家、搭建区的幼儿联动,在班级消防大队里有序开展火灾报警、接警出发、现场安全灭火、营救被困人员等活动。

活动准备

(1)幼儿有实地参观消防大队的经验;

(2)班级消防大队的创设与布置、今日训练计划、今日出警记录单;

(3)用于记录的纸、笔。

探究过程

(1)在集体活动中,通过回顾参观消防大队的经历和观看消防员的出警记录,了解消防员的一日生活及工作日常,丰富幼儿的经验,引导幼儿制订消防员一日训练计划。

(2)引导幼儿与同伴友好协商角色的分配,明确消防队长、消防员、接警员等角色的职责。

(3)鼓励幼儿根据各自职责,在交流讨论中制订今日训练计划,并按照计划开展各项训练,如需出警就要做好出警记录。

(4)引导幼儿迁移参观经验,在班级消防大队里按照一日活动计划有序开展训练,和娃娃家、搭建区的幼儿联动,完成接警、出警(见图6-12)和救火等任务。游戏结束后,能和同伴合作完成出警记录,并继续按照一日训练计划进行日常训练(见图6-13)。

图6-12 在活动区开展消防员出警活动

图6-13 "消防员"按照一日训练计划开展体能训练

3. 争做优秀消防员（区角活动 + 小组活动）

关键经验

（1）知道做优秀消防员需要不断练习和比赛，在日常生活中养成坚持不懈、不怕困难的优秀品质；

（2）能在活动区游戏中，和同伴协商开展消防员大比武活动，确定比赛项目及评定标准，如同样的任务比时长、同样的时长比次数等。

活动准备

（1）幼儿有观看消防员训练、比武的经验，有在活动区扮演消防员训练的经验；

（2）班级消防大队的创设与布置、今日训练计划、笔、计时器、记分牌等。

图 6-14　消防员大比武现场

探究过程

（1）关注幼儿的活动内容，在活动区的讲评环节引导幼儿发现问题，如如何让动作变得迅速、需要做哪些训练和练习才能变成优秀的消防员。

（2）引导幼儿和同伴协商开展消防员大比武活动（见图6-14），并解决以下问题：比赛的项目或内容有哪些？评定标准是什么？（同样的任务比时长、同样的时长比次数等）

4. 搭建我们班的消防大队（区角活动 + 小组活动）

关键经验

（1）对消防大队的整体布局有清晰的认识，知道消防大队的主要建筑、场地分布及建筑的外观特征；

（2）能在参观消防大队的已有经验支持下，同伴间分工合作完成消防大队的搭建；

（3）养成发现问题、乐于思考和解决问题的习惯，愿意与同伴主动交流和协商。

活动准备

（1）幼儿有参观消防大队的经验，以及用四柱四板、围拢、交错垒高和连接等方法搭建的经验；

（2）各种实心积木、空心积木、彩窗积木、镜子积木，以及芦竹、树枝、奶粉桶、旧纸箱等辅助材料。

探究过程

（1）用参观消防大队的照片，师幼共同回顾消防大队的整体布局及主要建筑的外观特点。

（2）师幼根据消防大队的建筑特点及整体布局，分析并讨论搭建消防大队需要的材料和方法。

（3）幼儿分工合作，搭建完成班级的消防大队。教师鼓励幼儿认真思考，主动发现问题，并在和同伴的协商中不断完善搭建作品（见图6-15）。

图 6-15　搭建我们班的消防大队

核心活动四：我是小小安全员

安全教育最终还应回归到幼儿的真实生活中。本核心活动中，教师将邀请医生家长进课堂，讲解生活中的常见疾病、意外伤害及处理方法和技巧；鼓励幼儿调查生活中的安全隐患，学习安全知识和如何应对危险；在幼儿园中通过宣传画、儿歌、故事情景表演等形式，面向小班和大班的伙伴宣传安全知识，争当光荣的小小安全员！

1. 争当小小安全员（区角活动＋家园合作）

关键经验

（1）能结合已有经验，在生活中留心观察，发现幼儿园里、家中、小区里和马路上等多个场所里的安全隐患，用符号表征进行记录；

（2）能通过调查、收集资料和安全知识大比拼等方式，学习更多的安全知识。

活动准备

（1）幼儿能掌握日常生活中常见的安全知识，有竞赛意识；

（2）《我发现的安全隐患记录单》；

（3）用于记录的纸、笔；

（4）安全知识大比拼记分牌。

探究过程

（1）鼓励幼儿在生活中留意观察幼儿园里、家中、小区里、马路上等多个场所里的安全隐患，用符号表征并将其记录在《我发现的安全隐患记录单》上，与同伴交流，并尝试利用自己学习到的方法消除或者想办法躲避安全隐患和危险。

（2）开展安全知识大比拼活动，以家中的安全、幼儿园里的安全、小区里的安全、马路上的安全为分组依据，按小组形式进行，同组代表发言，其他成员可作补充，教师记录得分情况，得分高的小组获胜。

（3）活动结束后，鼓励幼儿继续发现生活中的安全隐患、学习安全知识。

（4）引导幼儿在区角中尝试进行安全知识绘画表征、排练情景模拟剧、安全儿歌演唱等活动，为后期的宣传做铺垫。

2. 安全隐患不见啦（小组活动）

关键经验

（1）知道安全隐患存在的危险性，结合已有经验，和同伴、教师讨论消除安全隐患的可行方法；

（2）能结合讨论结果，使用合适的工具或求助他人，消除已发现的安全隐患。

活动准备

（1）幼儿具备解决生活中的问题的意识，知道生活中常见问题的解决办法；

（2）《我发现的安全隐患记录单》汇总；

（3）锤子、铁锹、铁丝、螺丝刀等工具；

（4）用于记录的纸、笔、胶带。

探究过程

（1）引导幼儿将《我发现的安全隐患记录单》按照教室里、大厅和走廊、户外活动场地几方面分类。为了避免问题重复，可以将记录单中的问题进行整理，汇总至一张表格上。

（2）结合安全隐患汇总记录表，引导幼儿和同伴一起思考和讨论解决方法，使用可用工具或向门卫叔叔、教师、保健医生求助，解决已发现的螺丝松动、钉子翘起、树木防护架松动等安全隐患，并将已消除的安全隐患划掉后，重新汇总未解决的安全隐患。

（3）组织幼儿讨论，如何应对未解决的安全隐患。可从上报园长妈妈、寻找维修工人、张贴安全提醒标志等几方面讨论，并寻求办法。

3. 危险来了怎么办？（集体活动）

关键经验

（1）知道发生火灾、地震、踩踏等危险事件时如何正确地保护自己，学习基本的安全自救方法，提高安全意识和安全自护能力；

（2）能在各种演习活动中临危不乱，冷静处理危险情况，寻求正确的方法保护自己不受伤害。

活动准备

（1）幼儿有参加各种演习活动的经验，知道生活中常见的安全知识；

（2）防火灾、防地震、防踩踏等集体安全教育活动的 PPT 课件；

（3）火灾、地震、踩踏等演习活动的场地以及所需物品。

探究过程

（1）通过安全教育活动，引导幼儿学习发生火灾、地震、踩踏等危险事件时的正确处置办法，知道危险来临时如何正确保护自己，掌握基本的自救方法。

（2）组织幼儿多次开展防火灾、防地震、防踩踏等安全演习活动，引导幼儿了解响起警报的含义、如何在危险来临时保护自己，明确班级安全逃生路线，以安全撤离（见图6-16）。

（3）演习结束后，组织幼儿回顾演习过程，发现不足并及时纠正。

图6-16　消防演习活动中的安全撤离

4. 医生爸爸进课堂（区角活动＋家园合作）

关键经验

（1）知道生活中的一些能够避免或减轻常见疾病和意外伤害的方法与知识；

（2）能用学到的知识保护自己和家人，生活中不做对身体健康有危害的事情；

（3）有一定的健康自护意识，并愿意将自己学到的知识用符号表征、宣传画等形式记录下来。

活动准备

（1）幼儿对生活中常见的疾病及意外伤害有一定的了解；

（2）家长进课堂的 PPT 课件；

（3）用于记录的纸、笔。

探究过程

（1）幼儿讨论生活中常见的意外伤害有哪些，以及它们对人身体健康的影响和产生原因，并根据讨论记录自己的疑问。

（2）医生爸爸进课堂，讲解安全自护小知识。在这一过程中，教师引导幼儿有针对性地倾听，解答自己心中的疑问。

（3）幼儿根据医生爸爸的讲解，大胆表达自己的想法，或向医生爸爸寻求解答，例如："为什么人们不能在烫伤的时候迅速脱下衣服？烫伤后应该怎么办？"

（4）幼儿根据医生爸爸的讲解及自己的提问，用绘画表征自己的收获，并与同伴分享。

5. 我是安全宣传员（小组活动＋区角活动＋家园合作）

关键经验

（1）了解宣传的含义、方式及要点，知道进行安全宣传活动的意义；

（2）能大胆地向他人宣传安全知识，并用清晰、完整、声情并茂的语言介绍危险事故和防范措施；

（3）喜欢担当安全宣传员，乐于和他人分享自己知道的安全知识。

活动准备

（1）幼儿掌握一定的安全知识，了解宣传的基本形式；

（2）安全宣传画、安全宣传歌曲和安全宣传故事表演的准备工作。

探究过程

（1）引导幼儿了解宣传的含义，讨论安全宣传的多种形式。

（2）制订宣传计划。根据幼儿的兴趣，组成安全宣传小组，并引导小组成员共同商讨小组名称、组员分工、宣传形式、宣传内容和宣传场地等。鼓励各小组运用符号表征的方式呈现宣传计划。教师巡回观察指导，关注幼儿符号的运用、内容的制定是否合理等。各组制订好计划后，小组代表分享本组的宣传计划。

（3）开展安全宣传活动。在幼儿园里，鼓励幼儿结合自己的宣传计划及宣传海报、宣传画、儿歌等提前准备的内容，向小班的弟弟妹妹和大班的哥哥姐姐们宣讲安全知识（见图6-17）。也可以家园合作，邀请家长参与，让他们陪同幼儿到小区、马路上等场所向叔叔阿姨、爷爷奶奶们开展安全宣传活动。

（4）宣传活动结束后，师幼共同回顾，发现活动中的优缺点，及时改进，为下一次宣传活动做好准备。

图6-17　用宣传画宣传安全知识

五、总结与思考

（一）从幼儿的生活入手，最终回归生活，服务生活

幼儿安全意识的建立，是通过生活中的点滴小事积累起来的。在"安全大本营"主题活动中，我们将幼儿生活中会经历但不容易引起重视的小事情通过幼儿的发现串联起来，引导幼儿从"谁在保护我们的安全"入手，在了解生活中常见的安全标志、防护物，寻找班级、幼儿园、家庭、社区等周围生活环境中的安全隐患，了解通过防护技术保护自己安全的过程中，知道生活中的安全隐患并掌握相应的自救方法，进而在日常生活中提高安全意识。活动中，教师还充分利用各种演习、宣传等形式，将课程回归到幼儿的生活中，真正关注幼儿及社会的需求，帮助幼儿了解遇到具体安全问题时的科学做法，掌握正确的自我保护技能。同时，通过向家人讲解安全知识、分享宣传画等形式开展家园合作活动，形成教育合力，帮助幼儿在生活中养成注意安全、自我保护的习惯，也提高身边人的安全意识，共建安全屏障。

（二）尊重幼儿作为探究主体的地位，提供宽松的探究环境

追随幼儿的兴趣，我们的研究重点逐步转移到对消防员的探究中，幼儿进一步探究的兴趣也随着消防员叔叔进课堂、实地参访体验不断高涨，他们对消防大队和消防员有了更深刻的认识，并在体验中学习到更多的消防安全知识。基于消防员叔叔进课堂、参观消防大队的已有经验开展的活动区再现和创新游戏，让幼儿在已有经验的基

础上，通过同伴协商来创设班级的消防大队，并开展训练、接警、救火、灭火、消防安全知识宣传等活动，延续幼儿的参观经验，这也是经验迁移的体现。在活动中，教师将创设班级活动区的主动权交给幼儿，通过逐层递进的启发式提问，引导幼儿解决创办班级消防大队过程中的一系列难题，也将幼儿的已有经验进行梳理整合，为幼儿有条理、有目的地开展区角活动奠定了基础。

（三）充分挖掘和利用各种资源，为幼儿提供多种途径的学习方式

在活动的实施过程中，教师通过对自身和外界资源的梳理，充分挖掘和利用家长等可利用的社会资源，在家长协助幼儿进行信息搜集、家长志愿者协助参观、实地参访消防大队以及在家中和社区等地宣传的多种方式中，使周边的资源更好地服务于课程和幼儿的探究活动。相信这不仅仅是幼儿乐在其中的一个主题活动，无论对幼儿来说，还是对周边的人来说，幼儿进行的这项活动都绝对是能够真正落地、回归生活的一项意义非凡的"伟大工程"。

案例七

我的交通视野

一、设计意图

交通是连接城市的重要纽带，随着社会的日益发展，汽车、地铁、火车、飞机等各种交通工具走进了孩子们的生活，为人们的生活带来了便利。其中，幼儿最熟悉的就是汽车，现在很多家庭都拥有私家车，幼儿在生活中随时会看到各种各样的车，乘车出行、给车加油、美容修车等丰富了幼儿有关车的经验。汽车模型、玩具，深得孩子们尤其是男孩的喜爱。

因此，"我的交通视野"主题将从"我家的车"入手，引导幼儿通过观察、操作、参访等活动，感知不同种类车辆的外形特征、功能及其与人们生活的关系，充分探究汽车的秘密；教师将结合幼儿的兴趣，带领他们走上马路，实地观察车辆的行驶，认识常见的交通标志，帮助幼儿了解马路上应遵守的交通规则，知道一些文明、安全的乘车常识。在远足活动中获得关于"桥"的新经验，结合假期外出游玩乘坐公共交通工具的经验，进一步探究公共交通工具以及交通设施的多样性，感受交通在我们生活中的重要意义。

在享受这些交通工具给我们带来的便利的同时，幼儿不免会感受到它们给我们的生活带来的负面影响，如雾霾、道路堵塞、尾气污染、交通事故等，教师可以以此为切入点，引导幼儿树立绿色出行、保护环境的意识。

二、主题总目标

健康领域

- 能用身体动作模仿各种汽车、飞机等不同交通工具，在平地、窄桥（平衡木）、斜坡进行直线或曲线的蹲走、踮脚走、侧方走、倒退走。
- 认识一些常见的交通安全标志，能遵守基本的交通规则，有一定的交通安全意识。
- 园外远足、参访时，能跟随教师和同伴坚持行走1.5公里，情绪稳定、愉悦。

语言领域

- 喜欢欣赏、阅读与车等交通工具有关的文学作品。
- 愿意与同伴交流关于汽车等交通工具的发现，分享安全出行、绿色出行的知识，讲述时语言完整、连贯。
- 在辩论时能够仔细倾听并理解别人的观点，用不同的理由解释、证明自己的观点。

社会领域

- 了解乘坐汽车、地铁、火车等生活中常见的交通工具出行的方法和差异，体会公共交通带来的便利，愿意文明出行。
- 知道交警和公交车司机的工作内容，体会他们的辛苦，能够用自己力所能及的行为表达尊敬和感恩。
- 认识马路上的交通标志，进一步理解车辆、行人通行与交通标志的关系，并能根据交通标志的要求出行。
- 知道汽车尾气给环境带来的不良影响，能够积极向周围人宣传绿色出行。

科学领域

- 了解不同种类汽车的名称、外形特征、功能及其与人们生活的关系，感受汽车等交通工具带来的便利和危害，树立环保意识。
- 能对不同种类的汽车进行观察与比较，发现其相同与不同之处。
- 了解私家车的品牌、典型特征、车型、内部结构等信息，并根据这些信息制作统计表，通过计数确定不同集合的汽车数量。
- 了解汽车尾气对环境造成的严重污染，知道减少尾气污染的方法。

艺术领域

- 能创造性地运用绘画、剪贴图形、制作等多种形式表现汽车等交通工具及与其相关的生活、故事情境。
- 根据需要，创设加油区、充电区、洗车区、车辆护理区。
- 在了解桥的功能和结构的基础上，绘制并不断完善桥的设计图。

- 在创作未来的车时，能利用有规律的排序、图形组合、颜色归类的装饰特点进行表现，乐于相互欣赏未来的车等艺术作品并产生相应的联想和情绪反应。

三、活动网络图

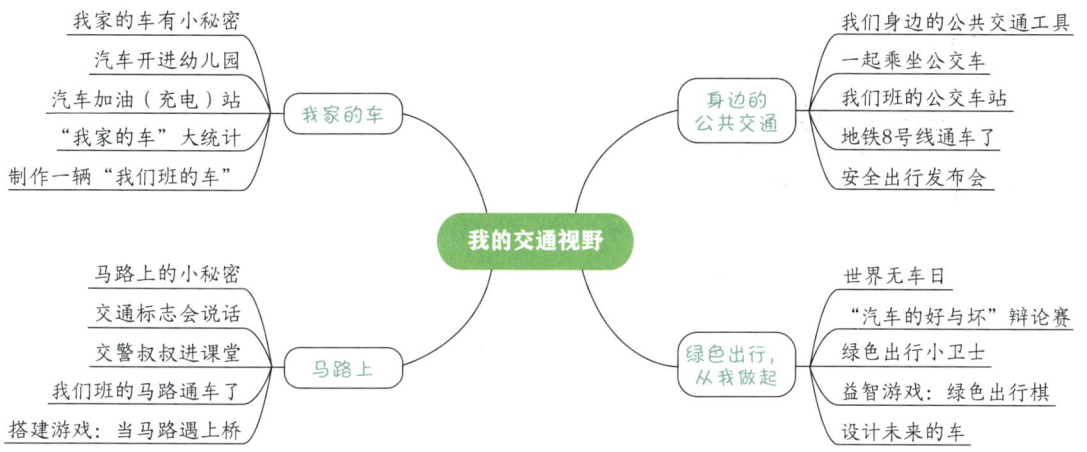

四、活动设计与实施

核心活动一：我家的车

家长是课程实施的重要资源。本核心活动中，教师将调动家长参与课程的积极性，从引导幼儿关注"我家的车"着手，让他们协助幼儿收集私家车的车牌号、车牌、车型等信息，并积极参与汽车开进幼儿园、实地参观加油（充电）站和洗车场等观察体验活动。家园合力为幼儿提供更为丰富、鲜活的探究机会，使幼儿有关车的经验得以丰富和拓展，为接下来探究交通做好铺垫。

1. 我家的车有小秘密（集体活动 + 区角活动 + 家园合作）

关键经验

（1）了解私家车的多样性及其品牌、典型特征、车型、内部结构等信息；

（2）会按照私家车的名称、特征、功能等进行分类和记录；

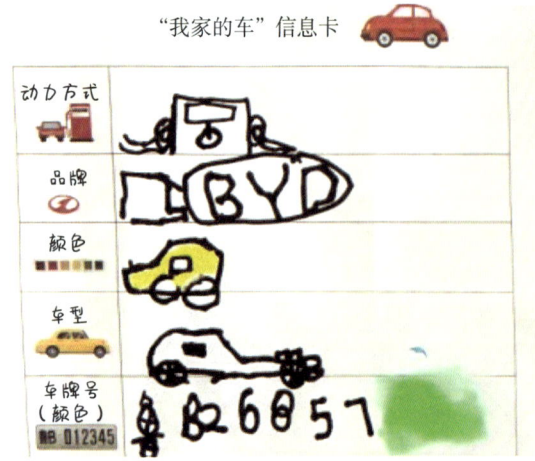

图 7-1 "我家的车"信息卡

（3）能够用完整、清晰的语言介绍自己家车的品牌、典型特征、内部结构等；

（4）愿意主动表达自己的观点，通过多种途径解决自己与同伴的疑问。

活动准备

（1）私家车模型、幼儿自制的"我家的车"信息卡（见图7-1）；

（2）分类统计表。

探究过程

（1）请幼儿在家对自家汽车进行全面的了解，并将了解的内容制作成"我家的车"信息卡，在教室举行"我家的车"博览会，以小组为单位进行交流，从动力方式、品牌、颜色、车型、车牌号等多方面进行对比。

补充说明：私家车作为常见的交通工具，虽然已经走进大多数人的家庭，但并不是每个家庭都有私家车。对于家中没有车的幼儿，可以请其调查亲戚、朋友或邻居的车。

（2）小组交流之后，请各组幼儿集中分享、介绍自己的发现。

（3）请各组幼儿将"我家的车"信息卡投放到信息角，供大家一起观察、对比，并根据"我家的车"的不同特点进行分类、统计。

2. 汽车开进幼儿园（集体活动＋家园合作）

关键经验

（1）通过现场观察，了解车的基本构造，知道不同种类汽车的典型特征和用途；

（2）能根据自己的疑问有目的地向家长提问，并得到解答；

（3）在活动区中通过拼摆、制作、绘画等形式表现"我家的车"。

活动准备

（1）教师提前征集家长的车辆信息，确定开进幼儿园的汽车类型；

（2）场地安排。

探究过程

（1）在观察、统计、操作等体验活动中，幼儿对"我家的车"产生了许多疑问，并用符号表征的形式记录下来。我们决定邀请"我家的车"开进幼儿园，让幼儿近距离观察并探寻答案。

（2）有目的地邀请家长将不同种类的汽车开进幼儿园，如面包车、多用途汽车、小轿车、皮卡车、新能源电车等。幼儿在现场近距离地观察、了解、探究汽车的车牌、车型、构造等关键信息。

（3）探究结束后，幼儿回顾和交流自己的发现，并将自己的新发现用符号记录下来。

（4）通过现场近距离观察，幼儿对汽车的内、外部结构有了更加细致的了解，在活动区中通过拼摆、制作、绘画等多种形式再现"我家的车"。

3. 汽车加油（充电）站（区角活动+家园合作）

关键经验

（1）能够结合角色游戏的需要，在家长的陪同下参访加油站和新能源汽车充电站，进一步了解汽车如何加油和充电；

（2）根据需要，分类创设 92 号和 95 号的加油区以及汽车充电、清洗、护理等区域；

（3）愿意与同伴合作开展游戏活动，给汽车加油（充电）、洗车、护理。

活动准备

（1）自制加油箱、自制汽车；

（2）工作服、收银台等。

探究过程

（1）在观察汽车的时候，通过车牌颜色的不同知道车辆"饿了"需要加油或者充电。汽车要到哪里去加油（充电）？到底是怎么加油（充电）的？周末时，请爸爸妈妈带着孩子们到加油（充电）站参访，了解其内部结构和主要的工作内容。

（2）通过照片和信息报分享在参访中获得的经验，并支持幼儿利用区角游戏时间讨论、创设加油（充电）站，依据不同区域的功能分类呈现信息与游戏材料，一个"加油（充电）站"由此出现了。

（3）根据参访经验联合娃娃家里的幼儿开展加油（充电）站角色游戏（见图7-2），

图 7-2　幼儿玩给汽车加油的游戏

并将每一次活动及时填写进工作日志中,通过表征记录"一天"的工作内容,进行"一日小结"。

(4)在游戏中,幼儿不断地发现问题、解决问题,而且又有了新的疑问:"除了加油(充电)、洗车,汽车还需要哪些护理呢?"于是,我们与幼儿开展调查:家里的车就像我们的家庭成员一样,除了洗车,我们还会怎么照顾它呢?幼儿继续参观洗车场、汽车美容店等场所。

(5)回到幼儿园并分享之后,角色游戏区里发生了变化,由原来的汽车加油(充电)站变成汽车服务中心,幼儿增添了洗车、汽车维修、汽车美容等项目,"生意"也红火起来。

4."我家的车"大统计(区角活动)

关键经验

(1)了解统计表的内容,根据"我家的车"信息卡上的内容设计《我家的车统计表》;

(2)能够对《我家的车统计表》上的信息进行分类统计,通过对比发现其中的奥秘;

(3)愿意与同伴分享自家的车的优点和自己乘车出游的快乐体验。

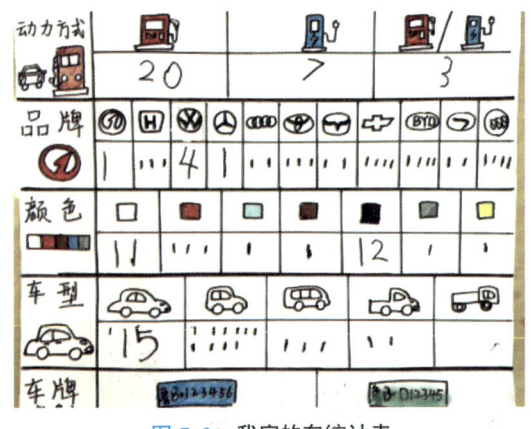

图 7-3 我家的车统计表

活动准备

教师设计的"我家的车"信息卡、《我家的车统计表》(见图 7-3)。

探究过程

(1)讨论每名幼儿收集的车辆信息卡,包括动力方式、品牌、颜色、车型、车牌等多种角度,了解到底有多少种颜色?有多少个品牌?数量最多的车是什么车型的?将所有信息统计起来,在活动区讲评时,教师引导幼儿根据"我家的车"信息卡设计《我家的车统计表》。

(2)鼓励幼儿在活动区合作进行归类统计,根据信息卡中的内容用绘画表征的形式在相应的信息后做好标注,方便下一步统计。

(3)开展"我家的车发布会",将不同的信息对应不同的小组,以小组为单位汇报最终的统计结果。

5. 制作一辆"我们班的车"（区角活动）

关键经验

（1）了解不同汽车的结构特点，并选择合适的材料进行制作；

（2）能够根据汽车的模型和图片等信息支持以及丰富的材料，充分发挥创造力制作汽车，并能进一步完善汽车的细节；

（3）愿意把自己制作的汽车的名称、功能、特点等介绍给同伴，将汽车作为活动材料，开展情景游戏。

活动准备

（1）废旧材料：纸盒、纸筒、光盘等；

（2）制作工具：剪刀、胶水、双面胶等；

（3）信息支持：不同汽车的图片、细节图片、模型玩具。

探究过程

（1）通过多种途径近距离观察"我家的车"后，我们决定将"车"搬进教室里——自己动手制作一辆"我们班的车"。我们将制作区变身为"汽车制造厂"，孩子们已经充分了解汽车的外形特征和内部结构，并根据观察的经验和照片绘制了"我们班的车"设计图，协商选择自己需要的材料进行制作。

（2）在制作的过程中我们发现，制作完成的车局限于用纸盒做成的车身，对于车的结构和细节的表现并不充分。在讲评环节，我们结合车的雏形进行讨论："这个车是完整的车吗？还需要哪些组成部分？车门、车窗、座位……"在活动区中，教师指导幼儿用拼接组合、切割矩形孔洞等方法基本完成车的结构。

（3）孩子们看着纸壳做的光秃秃的车皱起了眉头，想着用自己喜欢的颜色和装饰品来"打扮"一下"我们班的车"，于是用各种废旧材料和装饰材料将"我们班的车"完整地呈现出来啦！

（4）"嘟嘟嘟！"娃娃家的小朋友们开车到搭建区郊游去啦！有一辆属于自己的车是一件多么幸福的事情呀，我们的"汽车制造工厂"要加油啦！

核心活动二：马路上

感官体验有益于幼儿经验的形成。身临其境的体验与探究，更能促成幼儿具体、明确的感悟。本核心活动中，教师将带领幼儿走到幼儿园门前及邻近的马路上，在实地参访中感受来来往往的车辆的运行规律，观察马路上的各种标志线，发现路边随处可见的标志牌等。将实地参访的经验带回教室里，有助于幼儿在区角游戏、集体活动、小组交流中进一步讨论、模拟扮演、感知和表达对热闹而有序的马路的认识以及对交通的理解。

1. 马路上的小秘密（集体活动 + 区角活动 + 家园合作）

关键经验

（1）了解马路结构和各种交通设施，感知生活中马路繁忙、热闹和有序的情景；

（2）观察幼儿园和家周围的马路，了解车辆、行人通行与交通标志的关系；

（3）懂得并遵守基本的交通规则，愿意将自己了解到的知识分享给他人。

活动准备

（1）《马路上的小秘密调查表》；

（2）幼儿有外出参访经验。

探究过程

（1）在真正走上马路之前，引导幼儿结合生活经验分享自己了解的马路，并提出关于马路的疑问，为下一步真正走上马路参观做好准备。

图 7-4　教师带领幼儿来到马路上

（2）结合幼儿提出的疑问，教师带领幼儿参观幼儿园门前的马路（见图 7-4），发现马路上的交通标志，了解马路上的安全规则与车辆和行人的关系。

（3）回到教室后，根据在马路上参访的收获进行小组讨论并用符号表征的方式记录。同时，记录还未得到解答的问题，与同伴通过查阅绘本、采访教师等多种途径解决。

（4）发放《马路上的小秘密调查表》，请幼儿离园后与爸爸妈妈再次走到马路上进行观察，将发现记录到表格中。

（5）提供各种各样的废旧材料，在区角中引导幼儿根据自己对马路结构以及各种交通标志的了解，运用多种形式进行创作和表现。

2. 交通标志会说话（集体活动+区角活动）

关键经验

（1）认识马路上常见的各种交通标志，在参访过程中进一步理解车辆、行人通行与交通标志的关系；

（2）能够根据交通标志不同的颜色、形状和图案进行准确解读；

（3）有一定的自我保护意识，遇到不同的安全标志时能按要求行动，并愿意将自己设计、张贴的安全标志分享给幼儿园里的弟弟妹妹们。

活动准备

（1）《我发现的交通标志调查表》；

（2）PPT课件《各种各样的交通标志》。

探究过程

（1）教师带领幼儿走到马路上重点观察各种交通标志的形状、颜色和图案的异同，幼儿回到教室进行分类统计，表征记录自己的发现和疑问，并分组介绍自己对交通标志的初步认知。

（2）根据参访，了解不同颜色的标志代表的意义不同。根据颜色分类，幼儿分组调查不同交通标志的含义和使用规则，将调查信息表征到《我发现的交通标志调查表》中。

（3）开展"交通标志发布会"，各组幼儿分享自己的调查结果。通过调查和分享，幼儿知道了黄色代表提醒，红色代表禁止，蓝色代表指示。

（4）基于对交通标志的了解，教师引导幼儿创设情境，利用活动区时间设计交通标志，在教室和户外场地开展行车、行人模拟游戏，并相互监督在游戏中遵守交通标志的要求（见图7-5）。

3. 交警叔叔进课堂（集体活动+区角活动+家园合作）

关键经验

（1）了解交警的日常工作内容，学习指挥交通的简单手势以及处理交通事故的方法；

图 7-5　用交通标志丰富活动情境

(2)在实际生活中懂得要主动遵守交通规则,并提醒身边人也遵守交通规则;

(3)愿意像交警叔叔一样成为乐于助人、有责任心的人,也能够懂得感恩生活中帮助我们的人。

活动准备

(1)展现交警叔叔工作场景的照片和视频;

(2)教师与进课堂的交警沟通好向幼儿展示的内容。

探究过程

(1)在教室开展行车游戏的过程中,幼儿发现即使有交通标志的提醒和指引,依旧会出现交通事故,我们需要一名专业的交通警察来指挥交通。交通警察是怎样处理事故、怎样引导车流的呢?幼儿对心中的疑问进行表征,我们带着疑问邀请交警叔叔进课堂,近距离地学习和提问。

(2)邀请交警叔叔走进幼儿园(见图7-6),了解和熟悉交通警察的日常工作(包括服装特征和职业特点),学习疏导交通的手势,了解在马路上发生违反交通规则的事或交通事故时的相应处理办法。结束后,进行表征和记录。

(3)通过角色游戏扮演,将交警叔叔的职责以及幼儿所了解的交通规则融入活动中。比如:有禁止停车的标志,但还是有车停在那里,交警就需要去提醒他们或者开出罚单;饭点过后,交警站在路口拦截过往车辆,进行酒驾测试,因为饮酒后不能开车。

图 7-6 交警叔叔进课堂

(4)在与交警叔叔交流的过程中,我们了解到他们的工作不仅需要指挥交通,还需要宣传文明交通小知识。幼儿在活动区绘画"文明出行"宣传画,化身小小宣传员,将自己了解到的交通规则大胆地分享给身边的人,倡导文明出行。

4. 我们班的马路通车了(区角活动)

关键经验

(1)能够结合生活经验与同伴在活动区丰富马路上的情景;

（2）在了解了交警的基本工作内容的基础上，扮演交通警察开展指挥交通的游戏；

（3）在活动中巩固对马路上的各种标志、设施的认识和理解。

活动准备

（1）自制交通标志、树枝（铺设马路）、自制斑马线、交通灯、交通指挥台等交通设施；

（2）自制驾驶证、有关交通指挥的视频；

（3）小交警服。

探究过程

（1）在了解了马路的结构和交通标志的含义后，利用活动区交流时间，回顾参观马路时的经验，结合教室的布局讨论并规划通行路线。

（2）引导幼儿通过不断地尝试，选择最合适的方案及材料铺设马路，结合生活中的参访经验丰富马路上的情景。同时，尝试将交通标志放到马路上，与"汽车加油站"以及"交警大队"的伙伴开展角色游戏（见图7-7）。

（3）幼儿扮演交警，根据自己在"交警叔叔进课堂"活动和观看交通指挥视频中习得的交通规则来指挥交通，比如不能逆行、根据交通灯通行、查酒驾、检查驾

图7-7　幼儿在教室里进行马路游戏

驶证等。通过解决偶发的交通事故，巩固对交通规则的记忆。

（4）结合游戏经验和交通规则，幼儿设计了一套在教室里出入、行走需要遵守的班级出行规则，如：在教室里不能跑跳，要慢慢走；不能将滑板车、平衡车"开"进幼儿园。

5.搭建游戏：当马路遇上桥（区角活动）

关键经验

（1）在了解了桥的功能和结构的基础上，绘制并不断完善桥的设计图；

（2）运用垒高、连接、穿插、错层等方法搭建各种桥，如立交桥、跨海大桥等；

（3）在搭建马路和桥的基础上，可与拼插区的幼儿合作，将插好的汽车摆放在桥

上、路上开展游戏,在游戏中不断完善立交桥的架构、交通标志等细节。

活动准备

(1)绘本《超级大桥通车了》《中国桥》;

(2)幼儿制作的"我家的桥"信息报。

探究过程

(1)在远足和周末出游的时候,幼儿发现我们身边除了马路之外还有许多桥。高新区有人行天桥、汇智桥、聚贤桥等,不远处还有跨海大桥。根据对照片和信息报的分享,我们对桥的功能、结构进行充分的探究,准备在教室里搭建我们自己的桥。

(2)搭建区的幼儿聚在一起,将自己对桥的设计和创意画成设计图;根据设计图选择每个部分需要用到的搭建材料,开始着手搭建。

(3)在搭建的过程中,我们遇到了很多问题,幼儿将自己心中的疑惑用小问号的形式记录下来,与同伴商议寻找解决办法,最终决定寻求绘本的帮助。教师对绘本《超级大桥通车了》《中国桥》的讲解,帮助幼儿不断丰富和完善设计图。

(4)根据新的设计图,搭建区的幼儿合作选择合适的材料,修改搭建方法,用垒高、连接、穿插、错层等方法最终完成了桥的搭建(见图7-8、图7-9)。

图7-8 搭建桥

图7-9 沙盘——胶州湾跨海大桥

(5)搭建完成后,拼插区的幼儿插好的汽车和美工区的幼儿设计的交通标志都被放在最终的作品上。桥成了班级里的一道亮丽的风景线,娃娃家的幼儿背上书包,戴上墨镜,踏上了参观之旅。

核心活动三：身边的公共交通

我园所处的高新区，处于青岛市中心位置的新兴城区，这里持续投入和完善公共交通建设。新建的交通枢纽站、新开通的地铁 8 号线、新完工的双元路立交桥、新开通的各条公交线路……都是家长和幼儿能切身感受到的"社会运转"。本核心活动中，教师将引导幼儿关注身边的这些公共交通，通过家园合作和小组活动中的出行实践活动，感受文明出行的规则和规范，体验乘坐公共交通出行的便利和意义。

1. 我们身边的公共交通工具（集体活动 + 区角活动 + 家园合作）

关键经验

（1）了解生活中常见的交通工具的种类、乘坐方式及其差异；

（2）乐于与同伴分享自己的发现，能够合作完成《公共交通工具统计表》；

（3）通过实际感受多种多样的出行方式，体验公共交通给人们带来的便利。

活动准备

（1）幼儿制作的《公共交通工具统计表》和信息报；

（2）小小安全宣传员的服装。

探究过程

（1）请幼儿利用周末出游时间着重了解身边的公共交通工具有哪些、乘坐的方式有什么差异。制作信息报，回到教室与同伴相互交流（见图 7-10）。

（2）根据幼儿分享的信息，分组完成《公共交通工具统计表》，标明身边常见的公共交通工具的种类。

（3）创设不同情境，引导幼儿根据不同的需求选择相应的公共交通工具，并说明原因。让幼儿一边交流，一边丰富自己有关公共交通工具的作用和特点等经验。

图 7-10　幼儿通过信息报分享乘坐公共交通工具的方法

（4）在活动区运用大型制作、拼摆、绘画等形式创作和再现公共交通工具。

2. 一起乘坐公交车（集体活动 + 家园合作 + 区角活动）

关键经验

（1）了解公交车的结构和设备，知道公交车站牌的主要信息，知晓坐车的步骤和规则；

（2）能够遵守公交车的乘坐规则，并将自己的发现进行表征记录；

（3）体会公交车司机的辛苦，懂得尊重和感恩。

活动准备

（1）教师提前联系公交总站，沟通参访方案；

（2）用于记录的纸、笔。

探究过程

（1）幼儿通过说一说、画一画的方式记录本次出行前的疑问和出行计划，为一起乘坐公交车做准备。

（2）经过调查，找到距离我们最近的公交车站牌，发现站牌上有好多横着的、竖着的字，还有几个大数字。在教师的引导下，幼儿了解公交车站牌的作用是告知大家公交车的出行时间和相关路线；在乘坐公交车时，重点了解和观察乘坐公交车的方法和规则；观察公交车的结构和车上的装备。最后到达公交总站，请工作人员带领幼儿参观公交站里的调度室，讲解关于公交车调度、发车以及突发事件的处理等信息，解答幼儿心中的疑问。

（3）回到活动区后，幼儿将乘坐公交车的体验进行表征记录，也将自己的所见所闻分享给爸爸妈妈，完成"乘坐公交车大事记"。

（4）在乘坐公交车的时候，幼儿看到司机叔叔在寒冷的冬天依旧坚持每天为大家服务，便萌生了对公交车司机的敬佩和感恩之情。在活动区时间，教师引导幼儿通过表征来制作贺卡和感谢信，送给公交车司机，成为懂得感恩的人。

3. 我们班的公交车站（区角活动）

关键经验

（1）能根据区角的布局讨论和设计班级公交车的行驶线路，并完成情景创设；

（2）与同伴协商，分角色进行"公交站通车"游戏，在游戏中发现并解决关于交通规则的问题；

（3）能够用自己力所能及的行为表达对公交车司机的尊敬和感恩。

活动准备

（1）图书、哑铃、桌子、椅子等；

（2）教师设计的《公交线路调查表》。

探究过程

（1）结合幼儿乘坐公交车的经验，我们发现规划好路线后，公交车就会将我们要去的地方串联起来，不如我们也在班里开通一条公交线路吧！

（2）结合乘坐公交车的经验，幼儿开展了相关的调查活动：我家周围都有哪几路公交车？它们通往什么地方？根据调查信息，教师引导幼儿从进入教室门开始逐个记录经过的位置和活动区，在激烈的讨论下最终确定的路线为：小小交通局→小舞台→书店→娃娃家→积木城市→巧手中心→汽车加油站，并将路线命名为1号公交线。

（3）结合参访时对站牌的了解以及教室里最终设计的路线，幼儿在活动区设计了属于自己班的公交车站牌。幼儿分工扮演司机和乘客，结合参访经验开展"乘坐公交车"的游戏活动。同时，根据通车过程中发现的问题，伙伴间相互讨论以丰富报站、停车等规则。

（4）结合乘坐公交车时的发现，幼儿在交通局的旁边建立了"司机休息中心"，在里面摆放桌子和椅子，放上水杯、图书，还自制了哑铃，让司机锻炼身体，有模有样！

4.地铁8号线通车了（小组活动＋家园合作）

关键经验

（1）了解地铁8号线的路线、站点和换乘方法；

（2）知道乘坐地铁的注意事项以及距离我们最近的地铁站的名称；

（3）愿意与同伴分享自己乘坐地铁的经历，用多种形式记录和再现参访过程。

活动准备

（1）大板纸、彩笔、剪刀、废旧材料等；

（2）地铁8号线线路图。

探究过程

（1）地铁8号线距离我们最近的地铁站在哪里？地铁和公交车有什么不同？怎样乘坐地铁？幼儿萌生了许多疑问，我们将它们记录下来，周末带着疑问有目的地体验一下吧。

（2）请爸爸妈妈周末和孩子一起乘坐地铁8号线，了解8号线的路线、站点，体验乘坐地铁的过程。制作信息报，开一场信息发布会，同伴之间相互交流自己乘坐地铁时奇妙的发现。

（3）将幼儿出行的照片投放到活动区中，让幼儿用拼摆、美工、制作等多种形式再现自己的发现。

（4）在交流的时候，有的幼儿想知道地铁8号线的尽头是哪里，有的幼儿想知道换乘的方法，还有的幼儿想知道地铁是否可以到达游乐场。于是，带着疑问，孩子们自主选择分成不同的小组，周末的时候踏上了新的参访之旅。

（5）带着第二次乘坐地铁8号线的经验，这一次，我们将所有幼儿的所见所闻都整合记录了下来。孩子们在一张大大的纸上用符合表征的方式按照地铁站的顺序再现自己的发现，并将其放到地铁8号线的线路图上，这样我们就可以很容易地找到自己想去的地方。

5. 安全出行发布会（集体活动 + 区角活动 + 家园合作）

关键经验

（1）根据已有的生活经验和搜集的信息，从行车、行人、乘车三个方面充分了解交通安全规则；

（2）能够在发布会上大胆地将自己了解到的安全出行小知识与同伴分享，成为安全出行小卫士；

（3）懂得交通规则的重要意义，愿意成为遵守规则的人。

活动准备

（1）教师设计的《关于"行车安全"的调查表》（见图7-11）、《关于"行人安全"的调查表》（见图7-12）、《关于"乘车安全"的调查表》（见图7-13）；

（2）大白板，用于展示每名幼儿的表格。

探究过程

（1）幼儿选择自己感兴趣的探究方向以搜索、收集有关信息，从行车、行人、乘车三个方面充分了解交通安全规则。

（2）了解发布会的形式，结合实际生活经验将自己调查到的信息在发布会上与同伴进行交流。

（3）结合发布会的分享内容，运用多种形式创作安全出行宣传画，成为安全出行小卫士,到其他级部讲解安全出行宣传画的内容,宣传出行规则,积极倡导安全出行。

图 7-11

图 7-12

图 7-13

核心活动四:绿色出行,从我做起

堵车让人心烦,车祸事故更是"车碎,人心碎"。幼儿作为小乘客、小行人,也应该是绿色出行的倡议者、拥护者。本核心活动结合"世界无车日"宣传活动,引导幼儿辩证地了解汽车给人们的生活带来的便利和危害,让幼儿将自己的感受和体会绘制成宣传画,向同伴、家长、社区居民宣传和倡议。幼儿在开放的活动中,进一步感受遵守交通规则、选择公共交通出行的重要意义。

1. 世界无车日(集体活动+家园合作)

关键经验

(1)了解"世界无车日"的内涵与意义;

(2)能通过多种途径收集有关汽车坏处的信息,并用完整的语言与同伴分享;

(3)积极参与"世界无车日"宣传活动,愿意绿色出行。

活动准备

(1)教师设计的《"世界无车日"调查表》;

(2)PPT课件《世界无车日》。

探究过程

(1) 通过 PPT 课件《世界无车日》,了解什么是"世界无车日"。为了让人们树立环保意识,进一步了解空气污染的危害并付诸行动,人们把每年的 9 月 22 日设立为"世界无车日",倡议少开车,出行多选择骑自行车、步行等环保方式。

(2) 结合有关"世界无车日"的调查,幼儿根据绿色出行设计了一份《高新区实验幼儿园"无车日"倡议书》,倡议步行或乘坐公共交通工具上下学,践行绿色出行。

(3) 幼儿将该倡议书带回家,把自己的想法讲给爸爸妈妈听,以获得家长的支持。

2. "汽车的好与坏"辩论赛(集体活动+小组活动)

关键经验

(1) 了解汽车的好处和坏处,完成《汽车的好(坏)调查表》;
(2) 能够分组开展辩论赛活动,用流畅、完整的语言表述自己的观点;
(3) 理解事物的好与坏是同时存在的,要从不同的角度进行思考。

活动准备

(1) 教师设计的《汽车的好(坏)调查表》;
(2) 辩论赛场地的布置;
(3) 幼儿有关汽车的好处和坏处的生活经验。

探究过程

(1) 汽车究竟是好处多还是坏处多?我们无法准确给出定义,于是利用活动区时间,幼儿结合自己的生活经验展开了激烈的讨论。

图 7-14 "汽车的好与坏"辩论赛

(2) 我们知道了这么多种汽车,那么它们到底给我们的生活带来的好处多,还是坏处多呢?孩子们的意见出现了分歧。为了更加深入地了解汽车的好处和坏处,我们请家长辅助幼儿运用多种方式展开相关的调查和资料收集。

(3) "汽车的好与坏"辩论赛正式开始,幼儿根据"好处多"和"坏处多"分成两个阵营,开始了激烈的辩论(见图 7-14)。最终,达成共识:现代交通工具的好处是

官方微店　　万千教育微信公众号

/ 专业图书，陪伴您的专业成长 /

图书咨询：18610088465（微信同号）

不容置疑的，但是我们要身体力行，想办法减少它们给我们的生活带来的危害。

3. 绿色出行小卫士（小组活动＋区角活动）

关键经验

（1）了解汽车尾气对环境造成的严重污染，知道减少尾气污染的方法；

（2）能够通过绘制绿色出行宣传画，倡导身边的人一起保护环境；

（3）树立地球小主人意识，愿意从我做起，从身边事做起，绿色出行，保护地球。

活动准备

（1）有关汽车尾气污染环境的视频；

（2）幼儿知道绿色出行的方式；

（3）幼儿手绘的宣传画；

（4）提前沟通好时间与场地安排。

探究过程

（1）幼儿通过观看有关汽车尾气的视频，了解汽车尾气对环境造成的严重污染，因此提倡通过绿色出行减少环境污染。

（2）如何绿色出行？怎样让身边的人也绿色出行呢？在讨论过程中，每名幼儿对于绿色出行都有自己独特的见解，有的提出自己要践行绿色出行，有的提倡大家一起努力践行。教师引导幼儿主动把绿色出行的方法用符号表征。

（3）从幼儿富有个性的作品中，可以看出大家对绿色出行、节能减排有了明确的想法，因此教师引导幼儿从自己身边的事和身边的人做起，将绿色出行的意识推广、传播出去（见图7-15）。幼儿结合自己的想法创作了绿色出行宣传画。

（4）教师请幼儿结合自己的作品讲述如何绿色出行，并鼓励幼儿将自己的想法与同伴分享，目的在于引导幼儿分享自我的同时关注他人的想法，在与同伴的分享中丰富绿色出行的途径和方法。

图7-15　向弟弟妹妹们宣传绿色出行

4. 益智游戏：绿色出行棋（家园合作+区角活动）

关键经验

（1）在了解棋类游戏规则的基础上，结合对绿色出行方式的了解，制作出行棋；

（2）能够与同伴合作游戏，并协商解决游戏中发现的问题；

（3）在玩棋的过程中萌生环境保护意识，明白绿色出行的意义。

活动准备

（1）教师设计的《棋类游戏调查表》《绿色出行统计表》；

（2）纸壳、白纸、画笔。

探究过程

（1）在教室里我们玩过很多种棋类游戏，但是让孩子们自己设计就犯了难。到底要怎样设计棋类游戏，它们有哪些元素？孩子们借助《棋类游戏调查表》和爸爸妈妈一起研究了一番。通过调查，我们发现棋类游戏包含数字、棋子、起点、终点、骰子、情景图片这些元素，那到底该如何将它们组合起来呢？

（2）我们先要明确"棋"的内容——绿色出行，那就看看到底有多少种绿色出行方式吧。教师用《绿色出行统计表》引导幼儿结合已有经验进行讨论，你了解的绿色出行方式有哪些？幼儿大胆分享后，根据自己的了解表征再现绿色出行的方式，并将其张贴在统计表上。这么多方法，选其中几种最常见的放在棋盘上吧。

（3）幼儿两人一组开始游戏，每名幼儿有四枚棋子，通过掷骰子决定出行步数。如果其中一方到达"环境污染"区域，就暂停一轮掷骰子的机会，以先抵达终点者为赢家。

（4）孩子们迫不及待地开始游戏，根据游戏的输赢进行记录，赢的次数最多的小朋友可以获得一个大粘贴的奖励呢！

5. 设计未来的车（区角活动+家园合作）

关键经验

（1）能根据汽车的坏处有目的地优化汽车结构，设计更环保、更便捷的未来的车；

（2）能够用完整、流畅的语言大胆介绍自己的作品；

（3）能利用有规律的排序、图形组合、颜色归类的装饰特点进行表现。

活动准备

（1）绘本《轱辘轱辘转》等；

（2）美工、泥工、拼摆、制作等方面的材料；

（3）PPT课件。

探究过程

（1）结合绘本《轱辘轱辘转》，幼儿根据汽车的好处和坏处大胆想象并表现，运用泥工、绘画、拼摆等多种形式创作未来的车（见图7-16）。

（2）在创作的过程中引导幼儿利用有规律的排序、图形组合、颜色归类的装饰特点进行表现。

（3）创作完成后举行"未来的车"创意博览会，幼儿大胆表达自己创作时的想法以及自己设计的未来的车能够给人们的生活带来怎样的便利，宣传绿色出行。

图 7-16　幼儿的作品——未来的车

（4）教师及时与家长沟通活动的目的与意义，以获得家长的帮助和支持。

五、总结与思考

（一）不断追随幼儿的兴趣，敏锐捕捉幼儿有价值的问题

教师追随幼儿的兴趣，并且准确判断其教育价值，生成适合幼儿兴趣和发展水平的新的探究活动，使主题不断延伸，这是促进幼儿持续发展的重要保障。当幼儿对各种汽车产生疑问并大胆讨论和假设时，他们会有各种各样的想法。教师没有肯定或否定任何一个想法，而是支持幼儿去大胆观察、搜集信息和验证自己的设想，这发展了幼儿猜想与验证的能力。在此过程中，教师尊重幼儿的兴趣和意愿，允许幼儿按照自己的想法去做，鼓励幼儿运用材料收集、讨论互动、假设验证等方式尝试新的活动，真正发挥了教师观察、引导、推动的作用。

（二）尊重幼儿的主体性探究

学习是一个起源于体验并在体验中不断修正已有经验从而获得观念的连续性过程，是个体与环境之间连续不断地交互作用的过程。

幼儿的智力是在经验中形成的，个体的经验源于感官的体验，幼儿只有置身于真实的情境中，才能产生更为具体、明确的感悟。主题活动中，教师非常注重幼儿直接经验的获得，如带领幼儿走出幼儿园近距离地观察汽车和马路，请家长志愿者将汽车开进幼儿园让幼儿观察，请家长带领幼儿实地参观加油（充电）站、洗车场并乘坐地铁等，这些最直接、最真实的体验为幼儿持续、深入的学习提供了基础和支持。

（三）家长是课程实施的重要资源

教师及时调动家长参与课程的积极性，家长在主题活动中不仅协助幼儿收集了很多有关交通工具的信息、材料，还积极参与汽车进课堂、实地参访体验等活动，使探究活动得以丰富和拓展。

（四）充分挖掘绘本的价值

在主题活动之前，教师认真阅读并分析了每一本相关绘本的价值和用途，旨在在不同的核心活动中支持幼儿的活动和探究，如《轱辘轱辘转》《中国桥》《超级大桥通车了》等。

案例八

海 的 味 道

一、设计意图

俗话说："一方水土养一方人。"对海边生、海边长的孩子们来说，大海是一个充满遐想、令人向往的秘密宝库。我园地处红岛渔村旁，耳濡目染的沿海生活、渔村文化以及独特的饮食特点，与我们的生活密切相关，因此我们因地制宜，借助幼儿园周边、小区周边较丰富的沿海资源提出主题"海的味道"，让孩子们真正走进虾池、走进海滩，通过多种感官了解周边各种各样的海产品。

中班幼儿的生活经验有了较为迅速的扩展，他们开始产生许多好奇心，一个个小小的问题层出不穷：为什么海水是咸的？为什么大海里有各种各样的小动物？为什么大海有潮涨潮落？我们可以吃什么鱼？红岛有哪些海鲜？这些问题都具有丰富的科学探索价值，也是主题实施的直接动力。本主题活动将从饭桌上常见的海鲜入手，引导幼儿交流、统计常见的海鲜种类，形成目录并进行投票游戏。教师支持幼儿形成研究小组，通过多种途径收集、交流、分享信息，获得有关本地常见海鲜（如软体类、螺贝类、鱼类以及虾蟹类等）的名称、特点、营养以及食用时注意事项等经验。同时，开展饲养观察活动，协助幼儿找准兴趣点，有针对性地探究；也会给予幼儿充分的探究空间，让幼儿在直接感知、亲身体验、实际操作的过程中了解各种海鲜的特点、生活习性、保鲜和保存的方法等。

在幼儿兴趣的持续推动下，教师充分发动家长资源，联系贝壳博物馆等机构，带领幼儿进行实地参访，拓展其经验，以进一步感知海洋资源的丰富。在班级中，教师将引导幼儿多角度开展活动，创设贝壳博物馆、海鲜餐厅等区角，以游戏的形式再现有关海洋的经验。幼儿喜欢大海，热爱大自然，也了解到与自己的生活息息相关的海洋知识和丰富的海洋资源，因此保护海洋环境的意识将大大提高。主题活动后期，教师将和幼儿一起运用多种形式向身边的人宣传保护海洋和海洋动物的方法，进一步培养幼儿关爱生命、保护环境的意识与情感。

二、主题总目标

健康领域

- 知道常见海鲜的多种烹饪方式、食用方法、营养价值和注意事项。
- 通过使用铲子、夹子、抄网等赶海工具,促进手部精细动作的进一步发展。

语言领域

- 喜欢与同伴交流有关海洋生物,特别是周围的海鲜等相关话题,表达连贯、有条理。
- 能仔细阅读科普图书,寻找海洋动物的相关知识,并清楚表达自己的发现与想法。
- 愿意用图画和符号表达自己赶海时的发现。

社会领域

- 知道海洋、海洋动物是我们的朋友,萌发关爱和保护海洋及海洋动物的意识与情感。
- 愿意与同伴合作创设贝壳博物馆,大胆向家长、其他班级幼儿宣传海洋资源的利用以及保护海洋的方法。
- 能与同伴商议制订搭建计划,合作搭建渔民打渔及码头买卖的热闹场景,并体验与同伴分工合作的乐趣。
- 通过角色扮演,进一步了解海鲜餐厅的服务员、厨师等职业,懂得尊重他们的劳动,珍惜他们的劳动成果。
- 通过参访韩家民俗村,初步了解渔盐文化的发展历史,感受渔盐文化的魅力。
- 认识可回收垃圾、厨余垃圾、有害垃圾等垃圾分类标志,在操作中初步掌握垃圾分类的简单方法,树立爱护环境的意识。

科学领域

- 能通过观察、实地参访等多种途径探索常见海鲜的名称、特征、生活习性及其与人们的关系。
- 愿意形成合作小组，深入探究周边渔村村民的生活方式、出海作息等。
- 掌握饲养、清洗、食用不同海鲜的方法。
- 认识盐的颜色、形状、味道，知道盐是怎么来的，通过实验了解盐的特性，感受盐对人们生活的重要性。

艺术领域

- 能用绘画、角色扮演、符号表征等艺术形式表达自己对多种海鲜的外形特征的认识。
- 能够动手操作、晾晒蛤蜊并尝试利用蛤蜊皮进行艺术创作。
- 在观察贝壳的过程中，关注其色彩、形态、花纹等外形特征。
- 尝试在湿画法中用盐进行作画，尝试彩盐画这种新鲜的绘画方式，并开展彩盐画展览会。

三、活动网络图

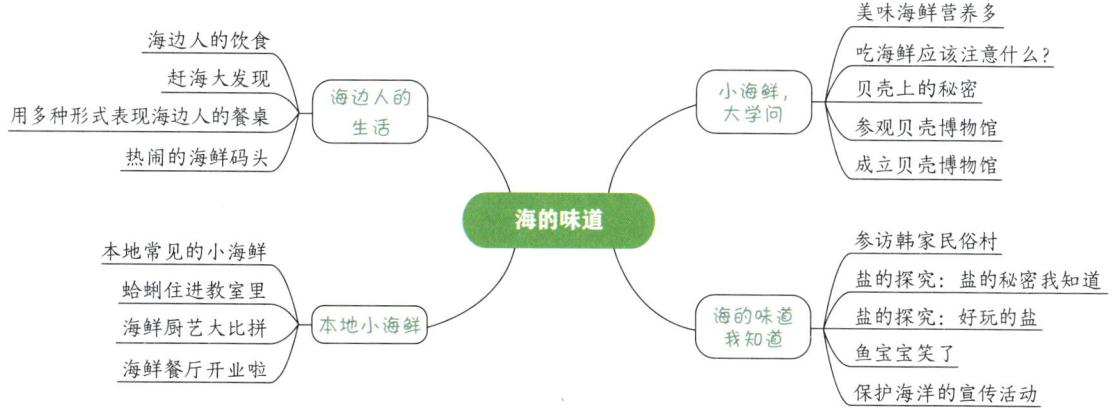

四、活动设计与实施

核心活动一：海边人的生活

贴近幼儿实际生活经验的课程，更能让幼儿产生浓厚的兴趣，而兴趣是幼儿学习和探究事物最重要、最持久的动力。本核心活动以海边人的餐桌为线索，教师引导幼儿调查、发现、了解海边人餐桌上独有的海鲜文化和饮食特点，再通过赶海、码头参访等途径，直接去海鲜的来源地了解海鲜的名称、种类。在区角活动中，幼儿运用泥工、符号表征、拼贴创作、拼插建构等多种形式再现自己的发现和疑问，也产生对本地常见小海鲜持续探究的欲望。

1. 海边人的饮食（集体活动＋家园合作）

关键经验

（1）了解海边人的饮食特点，认识常见的海鲜，能说出螃蟹、虾、蛤蜊、牡蛎、八带等海鲜的名称；

（2）能细致观察多种海鲜的外形特征，积极与同伴交流自己的发现；

（3）体验海边人餐桌上海产品的丰富，对海鲜有持续的探究欲望。

活动准备

（1）幼儿观察自家的饮食特点；

（2）照片、信息报、《海边人的饮食特点统计表》；

（3）用于记录的纸、笔。

探究过程

（1）师幼互动，回顾交流，教师用启发性提问"大家观察到家中餐桌上的饮食有什么特点？平时都会见到哪些菜？"来引导幼儿自由讲述与表达。

（2）指导幼儿结合照片和信息报等分享自己家中餐桌上经常会吃到的菜品，教师有针对性地小结与提升。

（3）教师利用《海边人的饮食特点统计表》记录幼儿的分享内容，最终经过统计后发现，家家户户都会吃到海鲜，海鲜成为当地（滨海城市）最具特色的饮食。

（4）通过照片和信息报，引导幼儿仔细观察常见的小海鲜，说出常见海鲜的名称和外形特征。

（5）引导幼儿一边交流，一边用符号记录自己学习到的海边人餐桌上的饮食特点，并能用不同的符号表现不同的小海鲜。

（6）鼓励幼儿将自己的照片和信息报等投放到信息角，开展我是"海边美食代言人"活动，向同伴介绍自己了解到的海边人餐桌上的饮食特点，例如流利地介绍螃蟹、虾、蛤蜊、牡蛎、八带等海鲜的名称与外形特征。

> 补充说明：课程来源于生活，回归于生活。活动中，引导幼儿了解食用海鲜就是海边人的饮食特点。青岛是沿海城市，靠近大海，有很多的码头和捕捞渔船，资源丰富，所以海鲜是家家户户都很喜爱的美食之一，这是海滨城市的饮食特点。

2. 赶海大发现（区角活动+家园合作）

关键经验

（1）体验赶海的乐趣，亲身感受海边的魅力，对赶海有持续的探究欲望；

（2）了解不同海鲜的生长环境，会使用工具进行捕捉；

（3）能够运用符号对自己赶海时的发现进行表征，并积极与同伴交流自己的发现和收获。

活动准备

（1）知道赶海应该注意的安全事项、有赶海经验；

（2）赶海装备：小桶、铲子、抄网、夹子、太阳帽等。

探究过程

（1）在家长的协助带领下，引导幼儿观察大海的样子，运用多种感官了解不同海鲜的生长环境并学会寻找它们的住处，尝试捕捉。

（2）指导幼儿学习使用铲子、夹子和抄网等工具捕捉不同的海鲜，借助盐等材料寻找海鲜并尝试使用工具捕捉（见图8-1）。

（3）回到班级，引导幼儿将自己赶海时的发现用符号进行记录，在此过程中鼓励幼儿就海鲜的生长环境及捕捉方式与同

图8-1 幼儿赶海

伴进行积极的交流与分享。

3. 用多种形式表现海边人的餐桌（集体活动+区角活动）

关键经验

（1）进一步了解海边人餐桌上菜品的特点；

（2）能利用不同的材料创造性地表现海边人餐桌上的菜品、赶海的场景及不同小海鲜的外形特征；

（3）能积极与同伴分享自己的作品，乐于观察、探索和创造。

活动准备

（1）幼儿了解海边人餐桌上的美食特点；

（2）照片、信息报、调查表、关于本地小海鲜的绘本等；

（3）美工区、制作区、娃娃家、海鲜餐厅、搭建区、拼摆区等区角里的材料。

探究过程

（1）引导幼儿自由讨论，回顾、交流海边人的餐桌。教师可有针对性地提问："小朋友们，还记得你们家的餐桌上有哪些美味的菜肴吗？它们都是怎么制作成的？长什么样子？"鼓励幼儿表达自己的想法，结合自己的兴趣和意愿初步确定自己想要表现的内容。

图 8-2　幼儿创作海边人餐桌上的菜品

（2）对海边人餐桌上的菜品的特点有了更加细致的了解之后，幼儿会自主选择信息支持并进行细致的观察，以确定自己想要表现的内容。然后，在不同活动区选择合适的材料，通过自主创作及同伴合作等不同的形式表现海边人餐桌上的菜品、赶海的场景及不同小海鲜的外形特征（见图 8-2）。

（3）利用活动区讲评环节引导幼儿对自己的作品进行分享，教师重点鼓励幼儿就自己的创作意图、作品选材、表现过程等进行表述。根据幼儿的作品及讲述，教师可进行小结与提升。

4. 热闹的海鲜码头（区角活动）

关键经验

（1）结合图片及参访照片，加深对码头和渔船外形的印象；

（2）能采用摞高、桥式等多种方法通过立体、平面相结合的方式表现码头的外形特征；

（3）能与同伴商议制订搭建计划，选择合适的积木及材料，合作搭建渔民打渔及码头买卖的热闹场景；

（4）体验与同伴分工合作的乐趣，喜欢搭建。

活动准备

（1）各种各样的搭建积木；

（2）木棍、木墩等各种自然材料；

（3）用于记录的笔、纸。

探究过程

（1）师幼互动，教师用启发性提问"你们去过码头吗？还记得码头上有什么吗？你们能为接下来要搭建的作品做计划吗？"来引导幼儿以小组讨论的方式制订自己的搭建计划、选择材料等，并根据计划进行搭建。

（2）引导幼儿观察码头及海边居住场景的图片以优化搭建计划，用架高和摞高的方式搭建码头的小房子、塔吊等标志性建筑。

（3）回顾参访经历，引导幼儿观察码头、渔船的特点，结合使用自然材料和空心立体积木再现渔船出海的场景，并用树枝围拢等方式营造码头热闹的场景（见图8-3）。

（4）为实现领域间的融合，教师引导搭建区的幼儿与拼插区、美工区和娃娃家的幼儿进行融合活动，通过向拼插区、美工区的幼儿进货的方式丰富码头上的海鲜，邀请娃娃家的幼儿来采购。

（5）在活动区讲评环节鼓励幼儿分享自己的搭建计划、分工合作、搭建技巧、材料的运用、问题的解决方法等，教师有目的、有针对性地进行小结与提升。

图8-3　幼儿搭建的热闹的码头

核心活动二：本地小海鲜

我园毗邻盛产蛤蜊、海螺、八带、螃蟹等海产品的红岛渔村，因此有得天独厚的探究资源。本核心活动将追随本地最有代表性的几种小海鲜，以对蛤蜊的探究为主线，开展形式多样的家园参访、小组交流、家长进课堂等活动，搭建逛逛、买买、看看、养养、煮煮、尝尝等多通道探究途径，进一步丰富幼儿对本地小海鲜的认知。

1. 本地常见的小海鲜（集体活动+区角活动+家园合作）

关键经验

（1）在爸爸妈妈的协助下，通过逛逛海鲜市场、码头、餐厅等，充分了解本地小海鲜的种类及特点；

（2）能用完整、清晰的语言讲述自己了解到的本地小海鲜（红岛蛤蜊、八带、海蛎子、蛏子、赤加红螃蟹、笔管鱼等）的名称、外形特征、制作方法等；

（3）对本地小海鲜有持续的探究兴趣和愿望，体验探究的乐趣。

活动准备

（1）幼儿与爸爸妈妈一起逛海鲜市场、红岛码头、海鲜餐厅等场所；

（2）照片、信息报。

图8-4　逛逛红岛码头

探究过程

（1）指导家长利用周末带领幼儿逛逛海鲜市场、红岛码头（见图8-4）和海鲜餐厅等场所，让幼儿充分了解本地小海鲜的种类及特点。

（2）幼儿结合周末的参观经验，制作信息报以介绍自己调查到的本地海鲜的信息，如红岛蛤蜊、八带、海蛎子、蛏子、赤加红螃蟹、笔管鱼等，了解其名称和外形特征以及制作方法。

（3）鼓励幼儿将本地小海鲜带到教室里进行细致的观察与讨论，直观地发现本地小海鲜的外形特征，为接下来的信息发布做好铺垫。

（4）虽然前期的观察很直观，但更多的是针对本地小海鲜的外形特征进行探究。为了让探究更加深入和完整，教师与幼儿共同进行信息发布。教师运用符号表征来记录，讲述时鼓励幼儿用完整、清晰的语言进行介绍。活动结束后，可将幼儿的记录投放至信息角，引导幼儿持续地观察与记录。

（5）引导幼儿利用自己收集的信息，通过美工、拼摆、制作等多种艺术形式展现本地的小海鲜。

2. 蛤蜊住进教室里（小组活动+区角活动）

关键经验

（1）运用多种感官感知红岛蛤蜊的明显特征及生活习性，知道蛤蜊浑身都是宝；

（2）了解蛤蜊的烹饪方法，学习用交错搓揉的方式洗掉蛤蜊表面的泥沙；

（3）能够通过观察，对比红岛蛤蜊与普通蛤蜊的区别，并大胆讲述自己的发现；

（4）能够动手操作、晾晒蛤蜊并尝试利用蛤蜊皮进行艺术创作。

活动准备

（1）新鲜的红岛蛤蜊若干、其他蛤蜊若干；

（2）锅、晾晒网等；

（3）《蛤蜊对比调查表》；

（4）观察记录单、笔。

探究过程

（1）为了引导幼儿更有目的性地观察且养成对比记录的习惯，教师投放了一份观察记录单，有利于幼儿从外到内自由观察，通过摸一摸、闻一闻、看一看等多种方式了解蛤蜊的外形特征。

（2）引导幼儿通过观察，对比红岛蛤蜊与普通蛤蜊的区别，并用《蛤蜊对比调查表》调查并记录两种蛤蜊的外形特征、内部结构和生活习性等。

（3）为幼儿提供新鲜的蛤蜊，指导其学习用两只手交错搓揉来洗掉蛤蜊表面的泥沙。教师询问幼儿："你们想怎样烹饪蛤蜊？"帮助幼儿采用白灼、葱烧、凉拌等方法进行烹饪与品尝。

（4）引导幼儿了解晾晒蛤蜊的方法及需要的环境。分小组将蛤蜊"皮肉分离"进行晾晒，并观察它们的变化，进行分享（见图8-5）。

图8-5　一起动手剥蛤蜊

（5）引导幼儿将剩下的蛤蜊皮全部清洗、消毒与晾晒之后，投放进制作区和美工区。指导幼儿使用蛤蜊皮结合树枝、石头、松果、秸秆等自然材料，制作各种有趣的工艺品。

3. 海鲜厨艺大比拼（小组活动 + 家园合作）

关键经验

（1）了解不同小海鲜的清洗方法和简单的烹饪方法；

（2）掌握不同小海鲜的吃法及注意事项；

（3）愿意与同伴分享自己烹饪的小海鲜。

活动准备

（1）幼儿有吃海鲜的经验；

（2）虾、八带、蛤蜊等小海鲜若干；

（3）锅、铲子、盘子等工具。

图 8-6　清洗小海鲜

探究过程

（1）为了能够更加直观地获得烹饪海鲜的经验，教师邀请家长走进教室，展开了一次有趣的"海鲜厨艺大比拼"活动。引导幼儿初步尝试清洗、烹饪海鲜（见图 8-6）。

（2）在保证安全的前提下，教师帮助家长边操作边讲解油焖大虾、清炒蛤蜊、小葱拌八带等菜肴的烹饪方法，并引导幼儿了解烹饪过程中应注意的安全事项。

（3）海鲜大餐完成之后，孩子们迫不及待地品尝起来（见图 8-7）。在品尝的过程中，教师通过现场示范怎样剥虾壳等活动引导幼儿学习不同小海鲜的食用方法。

（4）分享美食，体会快乐。幼儿将自制小海鲜送给园长妈妈、门卫叔叔等，进一步体会与他人分享自己的劳动成果所带

图 8-7　品尝美味的海鲜

来的成就感。

4. 海鲜餐厅开业啦（实地参访＋区角活动＋家园合作）

关键经验

（1）了解海鲜餐厅的经营内容，与同伴共同创设海鲜餐厅，进行点餐、进餐等角色游戏；

（2）体验角色扮演的快乐，不断丰富服务员、厨师、顾客之间的交往经验；

（3）能够制作具有特色的海鲜食谱，了解不同海鲜的营养价值，知道食用海鲜的注意事项。

活动准备

（1）在家长的陪同下参观海鲜餐厅，具备在海鲜餐厅就餐的经验；

（2）照片、"每日推荐""海鲜新吃法"等幼儿自制的宣传海报、"每月健康食谱"等宣传海报、有关贝壳类食物食用方法的信息报等；

（3）各种各样的自制海鲜；

（4）用于记录的纸、笔。

探究过程

（1）为了丰富幼儿对于海鲜餐厅的认知经验，周末请家长带幼儿实地参访附近的海鲜餐厅，引导幼儿着重观察海鲜餐厅里的人员分工、菜单设置、就餐过程等，为接下来在班级里创设海鲜餐厅做好准备。

（2）引导幼儿结合自己的就餐经验，交流海鲜餐厅的主要经营项目、角色分工、进餐流程等，引发幼儿进行海鲜餐厅角色游戏的兴趣。鼓励幼儿共同讨论并制定创设海鲜餐厅的方案，为海鲜餐厅起一个名字、设计海鲜餐厅的菜单等。

（3）鼓励幼儿利用各种材料自制海鲜美食，也可与制作区、拼插区的幼儿合作开展订购服务，并且推出美食——当季主打小海鲜，招揽顾客。

（4）引导幼儿进行挑选、清洗、烹饪、上菜、进餐和结账等一系列游戏活动（见图8-8）。

图8-8　忙碌的海鲜餐厅

图 8-9　海鲜菜单

（5）鼓励幼儿在明确点餐流程的基础上与顾客友好互动，并且能够在顾客点菜时主动询问顾客是否有其他需要，建议顾客哪些食物的搭配更加健康、营养（见图 8-9）。引导幼儿与同伴商讨并合作制作"每日健康食谱"宣传海报，招揽顾客，推进店员与顾客的友好互动。

核心活动三：小海鲜，大学问

随着对海鲜的探究不断深入，幼儿发现原本看似普通的小海鲜也藏着大大的学问。本核心活动中，教师借助绘本、视频等直观呈现的方式帮助幼儿充分了解海鲜丰富的营养价值及食用时的注意事项，通过分享交流、角色扮演等活动引导幼儿发现剥虾皮、捡鱼刺的小妙招。

各式各样的贝壳是海洋的馈赠。教师将充分关注幼儿探究贝壳的兴趣，支持幼儿利用收集的蛤蜊壳、扇贝壳、鲍鱼壳、牡蛎壳进行艺术创作。在家园活动（参访青岛贝壳博物馆）和创设班级的贝壳博物馆中，进一步拓展幼儿的探究经验。

1. 美味海鲜营养多（集体活动 + 家园合作）

关键经验

（1）了解常见小海鲜的营养价值，知道要营养搭配、合理饮食；

（2）能利用调查表等信息支持，用完整、清晰的语言讲述自己所调查到的小海鲜的营养价值，以及各种美味的烹饪方式；

（3）愿意与同伴积极交流自己的发现，体验分享的乐趣。

活动准备

（1）有食用海鲜的经历；

（2）有关海鲜的营养价值及食用注意事项的调查表、PPT 课件。

探究过程

（1）师幼互动，教师询问幼儿："你们喜欢吃海鲜吗？为什么？你们知道海鲜有哪些营养价值吗？"引导幼儿自由表达自己的想法，激发幼儿表达的兴趣。在此，教师应注重针对幼儿的回答进行小结与提升。

（2）引导幼儿结合调查表等信息支持，分享自己调查到的不同海鲜的营养价值。教师可结合 PPT 课件进行总结与提升，从而丰富幼儿的知识体系。

（3）引导幼儿将调查表投放至信息角，丰富信息角宣讲员的宣讲内容。同时，也为接下来了解吃海鲜的注意事项做好准备。

补充说明： 在该活动中，幼儿可了解到不同海鲜所蕴含的营养：鱼类的蛋白质含量高，并且容易被吸收；贝壳类海产品除了含有蛋白质之外，更重要的是其矿物质锌、镁、钙、硒等含量高；虾肉中的蛋白质属于优质蛋白，虾皮中富含矿物质钙、虾青素等抗氧化物质；牡蛎被称为"海中牛奶"；笔管鱼富含丰富的蛋白质和少量的脂肪，还有多种对人体有益的维生素和微量元素等营养成分，经常食用可以增强人体免疫力和抗病能力。

2. 吃海鲜应该注意什么？（集体活动＋家园合作）

关键经验

（1）掌握食用海鲜的正确方法及注意事项；

（2）能大胆讲述不同海鲜的食用禁忌以及与海鲜相克的食物；

（3）在日常生活中，养成正确食用海鲜的习惯。

活动准备

（1）有吃鱼、虾等海鲜的经历；

（2）PPT 课件；

（3）用于记录的纸、笔。

探究过程

（1）在了解了海鲜给我们的身体带来的好处之后，孩子们对吃海鲜有了更高的热情，但对于海鲜的食用禁忌确实了解甚少。因此，教师引导幼儿初步了解食用海鲜时的注意事项，并进行表征记录（见图 8-10）。

（2）教师与幼儿园食堂进行联动，适

图 8-10　吃海鲜的注意事项

当改变食谱,例如增加香煎刀鱼、红烧鲅鱼、油焖大虾、番茄虾、香煎古眼鱼等海鲜菜。每次进餐时,教师着重讲解吃海鲜的方法和注意事项,示范吃鱼和剥虾皮的方法等,引导幼儿在平时用餐中掌握正确吃海鲜的方法。

（3）师幼共同开展"与海鲜相克的食物"调查会,通过多种渠道进行调查,并将调查到的结果制作成宣传画,利用周一升旗仪式时间向小班的弟弟妹妹们进行宣讲。（注意:教师在活动中要搜集合理的海鲜知识,保证知识的科学性。）

3. 贝壳上的秘密（区角活动）

关键经验

（1）喜欢收集、观察各种贝壳,知道贝壳是多种多样的;

（2）能够用完整的语言介绍常见贝壳的名称及花纹特点;

（3）知道贝壳的生长环境、饮食特点、使用价值及其在日常生活中的应用。

活动准备

（1）各种各样的贝壳;

（2）放大镜、观察记录本、笔等;

（3）相关的图片和视频。

探究过程

（1）在教室里投放种类多样、花色各异的贝壳,以引起幼儿极高的探究兴趣。以生活中最常见的红岛蛤蜊壳入手,引导幼儿细致观察贝壳的外形特征及花纹特点,让幼儿边观察边讲述。

（2）结合有关红岛蛤蜊壳的探究经验,继续引导幼儿通过看一看、摸一摸等方法对两片壳、螺旋壳、单片壳等不同贝壳进行细致观察,记录自己的发现并能够用完整的语言进行分享。

（3）分组操作,引导幼儿根据贝壳的种类进行分类操作,并讲述自己的分类依据,教师进行小结与提升。

（4）用贝壳科普宣传片和信息图片引导幼儿观察、了解不同贝壳的生长环境及不同贝类生物的饮食特点等。

（5）用图片和视频引导幼儿了解贝壳不仅有很高的观赏价值,还有食用、美容、装饰等作用,我们可以将其运用到生活中的方方面面。

补充说明: 全世界已知的贝类有12万种,它们是自然界生物中仅次于昆虫类的第二大族类。海洋、湖泊、小溪里到处都有贝类的踪迹。

4. 参观贝壳博物馆（家园合作＋集体活动＋区角活动）

关键经验

（1）知道不同贝壳的名称和外形特征等；

（2）了解不同贝壳的使用价值，能用完整、清晰的语言讲述自己的发现；

（3）喜欢观察和探究贝壳，享受探究的乐趣，体验参访活动的快乐。

活动准备

（1）照相机；

（2）照片、信息报；

（3）各种各样的贝壳若干。

探究过程

（1）利用周末时间，在爸爸妈妈的带领下，孩子们前往贝壳博物馆参观。通过工作人员的讲解，了解不同贝壳的名称、花纹、形状等特点。除此之外，还进一步了解贝壳的许多不同功能。

（2）根据幼儿的参访经验，教师询问幼儿："在贝壳博物馆里，你们发现了什么？它们是什么样子的？"鼓励幼儿自由讲述，结合信息报积极与同伴进行分享和交流自己的发现。

（3）引导幼儿利用收集的贝壳在美工区、拼摆区、制作区等不同的活动区里再现参观贝壳博物馆的场景，并积极分享、讲述自己的作品。

（4）帮助幼儿在活动区里创设贝壳博物馆并制作标志牌，引导幼儿学习作为贝壳讲解员讲解贝壳知识。

5. 成立贝壳博物馆（小组活动＋区角活动）

关键经验

（1）知道常见的和特别的贝壳的名字、应用价值，并能用语言描述；

（2）能和同伴讨论并根据参访经验对博物馆的布局进行调整，与游客积极互动，开展问答游戏；

（3）体验角色扮演的快乐，愿意主动学习贝壳知识。

活动准备

（1）有参访贝壳博物馆的经验；

（2）各探究小组的过程性探究展示板、照片、信息报、关于贝壳信息的图片；

（3）各种各样的贝壳、贝壳信息介绍牌；

（4）胶枪、护目镜、手套、卡纸、海绵胶。

探究过程

（1）提供各种各样的贝壳，引导幼儿观看关于贝壳的科普宣传片和信息图片，教师询问幼儿："你们知道的贝壳都有哪些种类？分类的依据是什么？"引导幼儿观察班级里的贝壳，充分了解其名称、外形特征、生活习性、养殖方式以及捕捉（保存）方法等。

（2）引导幼儿与同伴根据周末参访贝壳博物馆的经验，对场馆的布局进行讨论并根据自己的想法进行合理调整，将各种各样的贝壳摆放整齐，完成区角的创设。帮助幼儿在活动区创设贝壳博物馆（见图8-11），并制作标志牌。

（3）引导幼儿自主分配角色，可开展讲解员培训活动，训练讲解员熟练地向游客介绍博物馆中陈列的物品。

（4）引导幼儿将带来的各种贝壳以分类的形式投放到贝壳博物馆中，协助幼儿使用工具，如胶枪、护目镜、手套、卡纸、海绵胶，制作精美的贝壳作品（见图8-12）。

图8-11　创设贝壳博物馆

图8-12　自制贝壳作品

补充说明： 实地参访，使孩子们对各种各样的贝壳更感兴趣，真是大千世界无奇不有。当然，孩子们也带回了很多比较有名的贝壳与同伴分享。在交流的过程中，教师结合孩子们逛贝壳博物馆的照片和视频，发现真正的博物馆和教室里的博物馆还是有点差别的，比如真正的博物馆会对一些特殊的贝壳进行特别展示并配有介绍，于是孩子们也开始学着真正的贝壳博物馆的样子打造班级的贝壳博物馆。

核心活动四：海的味道我知道

海的味道是什么？是海鲜的鲜味，是海水的咸味，也是海岛渔盐文化历史传承之味。本核心活动中，家园合作带领幼儿走出幼儿园，走进渔村历史博物馆——韩家民俗村。通过实地观察、倾听讲解，幼儿浸润在渔盐文化历史中，深刻感受到渔盐文化的传承与发展。

1. 参访韩家民俗村（实地参访+家园合作+集体活动）

关键经验

（1）在观察韩家民俗村的基础上，初步感知渔盐文化的发展历史；

（2）认识常见的捕鱼工具，如青板网、海蜇网、八带网、地笼、拉网等；

（3）能结合照片与同伴分享自己的发现；

（4）感受渔盐文化的魅力，体会探究活动的乐趣。

活动准备

（1）有外出参访的经验；

（2）照片、信息报。

探究过程

（1）海的味道不仅在我们的舌尖停留，更需要在幼儿的记忆中丰富起来。在家委会爸爸妈妈们的协助下，我们充分利用当地资源，走进韩家民俗村开展参访活动。通过工作人员的讲解，幼儿了解了渔盐业古往今来的历史发展过程，感受渔盐文化的魅力。

（2）随着对各种海鲜的探索不断深入，孩子们已经积累了不少经验，他们开始思考各种海鲜的捕捞过程，到底有哪些捕鱼工具？我们如何科学地选择、正确地使用它们？生活中，还有哪些捕鱼的特制工具呢？在参观中，孩子们找到了答案（见图8-13）。

（3）带着参观经验，孩子们回到幼儿园进行交流，通过教师的梳理和提升，更进一

图8-13 奶奶教我们织渔网

步地感知地域文化的特别之处。

2. 盐的探究：盐的秘密我知道（集体活动 + 区角活动）

关键经验

（1）认识盐的颜色、形状、味道等；

（2）能用完整、清晰的语言描述盐的种类、特点及作用等；

（3）感受盐对我们生活的重要性，体会分享的乐趣。

活动准备

（1）各种各样的盐；

（2）调查表、笔、放大镜、绘本《亮晶晶的盐没有告诉你的秘密》等。

探究过程

（1）指导幼儿使用放大镜看一看，初步了解不同种类盐的名称、外形特征和颜色，通过闻一闻、尝一尝初步了解盐的味道等基本特点。教师有针对性地提问："盐有什么特点？是怎么来的？"

（2）师幼互动，激发幼儿的探究兴趣："你们知道盐有哪些作用吗？"引导幼儿通过绘本《亮晶晶的盐没有告诉你的秘密》系统地学习盐在生活中有杀菌、调味、美容、保存食物等作用，并进行记录与表征（见图 8-14）。

图 8-14　表征"盐的小秘密"

（3）引导幼儿利用班里的盐腌制萝卜干、鸭蛋、螃蟹、黄瓜等，观察其变化并进行过程性的记录。腌制完成后，引导幼儿品尝并进行分享。

3. 盐的探究：好玩的盐（小组活动 + 区角活动）

关键经验

（1）通过实验，知道盐可以增加水的浮力、可以溶于水等知识；

（2）能够自主观察、动手操作，尝试创作彩盐画；

（3）能展开想象，大胆地向同伴介绍自己的作品，喜欢探索、发现和交流。

活动准备

（1）盐、水、杯子、保鲜膜、搅拌棒、鸡蛋等实验材料；

（2）笔、记录表；

（3）水粉颜料、纸、画笔、桶、抹布等绘画材料。

探究过程

（1）为调动幼儿的科学探究兴趣，教师与幼儿共同寻找关于盐的小实验。根据幼儿的兴趣，我们确定了"会跳舞的盐"和"会举重的盐"两个科学小实验，并引导幼儿自主搜集、准备实验材料（见图 8-15、表 8-1）。

图 8-15 关于盐的科学小实验

表 8-1 关于盐的科学小实验

会跳舞的盐	会举重的盐
材料准备： 　　食盐、水、杯子、搅拌棒、保鲜膜。 实验步骤： 　　1. 将杯子盖上一层保鲜膜； 　　2. 将盐均匀地洒在保鲜膜上； 　　3. 幼儿对着杯口发出声音，引起盐跳动。 实验原理： 　　声音响起时，引发玻璃杯内空气的振动，保鲜膜也跟着一起振动，于是就看到保鲜膜上的盐振动起来。声音越大，物体振动的幅度越大，盐上下抖动的速度也会不一样。	材料准备： 　　玻璃杯 2 个、鸡蛋 2 个、食盐、水。 实验步骤： 　　1. 取两个杯子，倒入水，在其中一个杯子里加入盐； 　　2. 观察两个杯子内鸡蛋的沉浮状态并记录。 实验原理： 　　水有浮力，密度比水小的物体能够在水里浮起来。鸡蛋的密度比水大一点点，所以会沉下去；向水里加盐是为了增加水的密度，水中的含盐量越多，密度越大且超过了鸡蛋的密度，鸡蛋就能浮上来。

（2）提供材料支持幼儿实验，鼓励幼儿在实验过程中不断发现问题、解决问题、了解实验原理并最终获得实验的成功。教师可适当鼓励和引导幼儿对实验进行过程性的记录。

（3）引导幼儿学习彩盐画这种新鲜的绘画方式，并开展彩盐画展览会。过程中，教师着重讲解彩盐画的操作顺序及注意事项。

4.鱼宝宝笑了（集体活动）

关键经验

（1）认识可回收垃圾、厨余垃圾、有害垃圾等垃圾分类标志；

（2）能结合生活经验，大胆表达对环境保护的理解，在操作中初步掌握垃圾分类的简单方法；

（3）养成"从小做起、从我做起、垃圾分类、爱护环境"的意识。

活动准备

（1）幼儿对垃圾分类和生活中的各类垃圾有一定的了解，且对海洋环境有一定的了解；

（2）PPT课件《鱼宝宝哭了》、相关视频和图片；

（3）各种各样的生活垃圾（实物类、图片类）、沙滩背景图、分类垃圾桶背景图。

探究过程

（1）播放PPT课件《鱼宝宝哭了》，创设情境，引导幼儿思考鱼宝宝哭了的原因。教师提问："在大海边，生活着一群快乐的小鱼，它们每天在海边追逐嬉戏，可是最近来海边玩的小鱼越来越少，今天就游来了一条小鱼，鱼宝宝怎么了？它为什么哭了呢？"

（2）出示海洋环境被破坏的图片，引导幼儿知道乱扔垃圾的危害。教师有针对性地提问："大海变成什么样了？你们看到有什么感受？"

（3）用有关动物生存环境的视频和图片，引导幼儿了解垃圾对海里的很多动物造成的伤害。比如，海鸟的肚子里全是垃圾，这些垃圾是海鸟的食物吗？还有海龟的身体都被绳子勒得变形了。

（4）激发幼儿的同理心，帮助鱼宝宝净化生活环境。引导幼儿结合生活经验，表达自己主动捡拾垃圾、劝说伙伴不要乱扔垃圾等想法。

（5）教师出示有关志愿者清理海边环境和宣传保护海洋环境的图片，引导幼儿感知身边有很多人在尽自己的能力保护环境。

（6）出示分类垃圾桶背景图，让幼儿初步感知垃圾分类投放的方法。教师重点提问："今天老师准备了四个垃圾桶，请你们看看这些垃圾桶有什么不一样？它们分别是用来装什么垃圾的？"

（7）在操作游戏中，知道垃圾分类的方法。

（8）师幼共同了解幼儿园里的分类垃圾桶，向全园小朋友宣传介绍。

5.保护海洋的宣传活动（集体活动+区角活动）

关键经验

（1）知道大海和海洋动物面临着污染、过度捕捞等危害；

（2）能用清晰的语言主动向他人宣传保护海洋的方法；

（3）萌发关爱和保护海洋的意识与情感。

活动准备

（1）照片、信息报、视频和绘本；

（2）纸、笔。

探究过程

（1）师幼互动，教师播放视频以激发幼儿参与谈论："你们看这是哪里？发生了什么事情？为什么会这样？"幼儿自由表达，教师及时进行小结。

（2）利用照片、信息报、视频和绘本等材料引导幼儿了解海洋与人们的关系。

（3）引导幼儿思考保护海洋的正确方法并进行分享，运用绘画的形式制作宣传海报，主动向身边人宣传海洋知识，争当"小小海洋保卫使者"（见图8-16）。

图8-16 宣传保护海洋的倡议

五、总结与思考

（一）支持幼儿的探究需要，尊重幼儿的主体地位

随着四个核心活动的开展，幼儿在自主收集材料、调查信息、主动探索、集体分享的过程中，对本地渔业文化和海洋资源及其在生活中与人们之间的关系有了深刻的认识，也懂得了保护海洋的重要性。整个活动中，幼儿作为探究学习的主体，运用对比观察、借助媒体、同伴协商合作等科学的方法，自主规划、筹备、创建了海鲜餐厅、贝壳博物馆等区角，通过模仿开展角色游戏，不仅丰富了生活经验，还提升了他们利用自然材料开展游戏的意识。

（二）在不断解决问题的过程中，幼儿得到多方面的发展

在主题活动的推进过程中，教师协助幼儿通过不断解决问题来收获经验，形成从整体到局部、从相同到不同、从平面到立体、从表面到深层的探究思路。同时，在尊重幼儿的兴趣和意愿、允许幼儿选择自己喜欢的内容的同时，教师发挥了推动、引导的作用，既帮助幼儿回忆已有经验，又为幼儿提出新的问题和探究方向，帮助幼儿逐步形成既要合理、科学地利用当地海洋资源，又要保护海洋资源的辩证的海洋观。

（三）充分发挥教师的作用，让幼儿的探究成为深度学习

《纲要》指出："为幼儿的探究活动创造宽松的环境，让每个幼儿都有机会参与尝试，支持、鼓励他们大胆提出问题，发表不同意见，学会尊重别人的观点和经验。"因此，本主题活动中教师是整个主题活动的支持者、合作者与引导者，对于每一个活动的细节，教师都做到了心中有数。教师在提问和肯定幼儿的探究行为后都会积极进行小结与提升，这和教师的全程关注是分不开的。在幼儿获得成长的过程中，教师也在一步步地调整自己的指导策略，获得成长。

（四）充分挖掘家长资源，给予幼儿进一步的支持

为了让幼儿获得更加直观的经验，教师充分挖掘家长资源，家委会发挥班级带头作用，家长成了隐形的支持者和最给力的观众。他们与幼儿共同收集海鲜、填写调查表等，为幼儿的深度学习提供了保障与支持。家长在参与过程中也与幼儿共同成长，体会到亲子活动的乐趣。

大班

案例九

"布"一样的花花衣

一、设计意图

衣食住行、柴米油盐是生活的必需元素，其中"衣"居首位。孩子自出生起就与"衣"紧密联系，"衣"供其遮体避寒，美化生活。衣物合不合适、美不美观是孩子们自小"研究"的问题。"慈母手中线，游子身上衣""荷叶罗裙一色裁，芙蓉向脸两边开"……古诗词中的"衣"除了穿与用的含义，还蕴含深层情感，具有更多的探究意义。

主题活动中，师幼首先从生活中的衣服着手，感知、探究不同衣服的材质，进而根据衣服的多维度进行分类，如材质、款式、季节性、场合性等，发展幼儿的观察、比较、分类、统计的能力，帮助幼儿从生活实际着手，相对全面、系统、深入地探究"衣"。

学龄前儿童以具体形象思维为主。现实中，"衣"的背后有其历史演变，除了通过图书、视频等间接经验来了解"衣"的历史之外，教师还将带领幼儿参观青岛纺织博物馆，实地探知衣服的来源、历史、演变，并具体形象地感知"棉花—线—布—衣"的神奇变化。

同时，衣、布不分家，作为衣的承载——布，更是幼儿探究、操作的有益材料。通过布的保温实验、透水实验、透光实验、摩擦力实验等，幼儿在自主操作中深入感知布的特点，从而加深对"衣"的理解。

活动中，师幼还将结合主题开展衣物捐赠、义卖会等活动，帮助幼儿从做力所能及的事情开始，懂得关爱他人、感恩社会！

二、主题总目标

健康领域

- 能够根据气温的变化适当增减衣物。
- 学会折叠、摆放衣服，能在生活中自主整理衣服，提高生活自理技能。

语言领域

- 愿意欣赏与衣服有关的故事、图画书等文学作品，并能大胆讲述自己的理解和感受。
- 能清楚、有条理地描述自己有关各种不同样式的衣服的感受和发现，喜欢和同伴交流自己的发现。

社会领域

- 喜欢和同伴分享与衣服、布相关的知识经验，在游戏过程中乐于接受同伴的意见和建议，敢于大胆尝试。
- 能根据不同的场合选择适宜的衣服，合理着装。
- 能关注周围人和弱势群体的衣着防寒保暖情况，愿意向他们传递温暖和爱心。

科学领域

- 在收集、观察、实验、对比、感知中探究衣服的种类、特性及用途，能利用衣服实物、图片、卡片开展分类、买卖、依据温度合理搭配等游戏。
- 能利用不同的布料及辅助材料，探究布的透水、透光、保温、摩擦力等特性；能在实验中记录、比较并初步归纳实验结果。
- 在给娃娃穿衣和义卖会的真实情境中，能借助锁扣、雪花片、小方块、数字卡、纸币等实物，用数运算（加和减）解决生活中的问题。
- 能尝试使用不同的测量工具，初步掌握自然测量的基本方法。

艺术领域

- 能利用不同种类、材质的布，开展折、剪、画、缠绕等艺术创作，注意色彩、形状等方面的搭配与组合，感受表达与创造的乐趣。
- 观察衣服的不同款式及其图案特点，设计"我喜欢的衣服"布艺制品，提升审美能力。
- 感受乐曲欢快的韵律特点，能跟随音乐有节奏地做动作，与同伴合作开展音乐游戏。

三、活动网络图

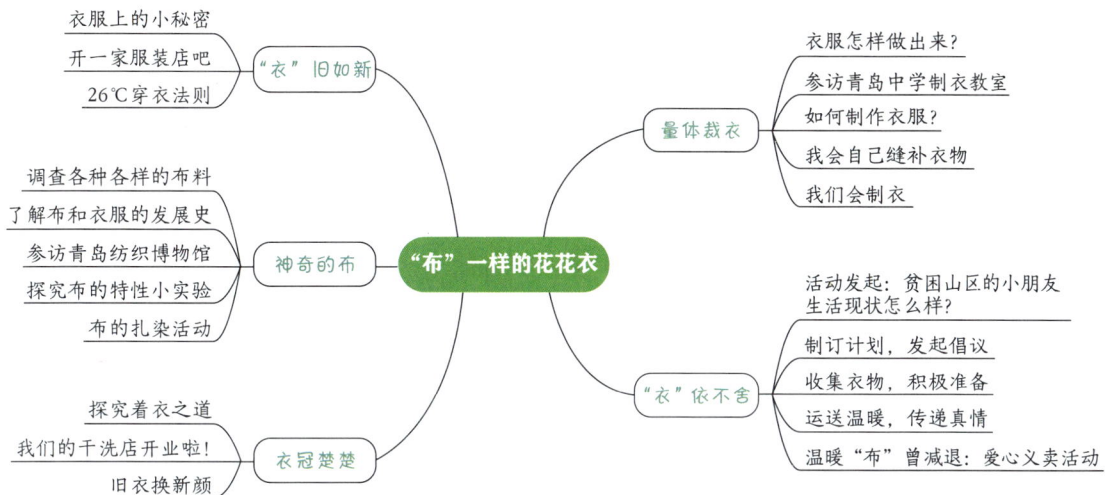

四、活动设计与实施

核心活动一:"衣"旧如新

本核心活动从幼儿主动收集各种各样的衣服入手,通过集体活动、区角活动、家园共育等形式,引发幼儿观察、对比、统计不同衣服的特点,模拟开设服装店,尝试进行旧衣服的创新、改造等活动。

当然,衣、布不分家,幼儿探究款式各异的服装,也在探究衣服布料、面料等特点。主题也自然地由"衣"向"布"不断推进。

1. 衣服上的小秘密(集体活动 + 区角活动 + 家园合作)

关键经验

(1)感知不同衣服的款式、材质、装饰等特点,比较其相同点和不同点,大胆表达自己的发现,提出问题;

(2)能够初步按照衣服的不同特征进行分类并点数统计,记录分类结果;

(3)体验通过多种途径解决问题的成就感。

活动准备

（1）幼儿收集的各种废旧衣服；

（2）《衣服分类统计表》；

（3）用于记录的纸、笔。

探究过程

（1）请幼儿将家中收集的废旧衣服以小组为单位进行展示，通过直观的观察、比较，交流衣服的款式、材质、色彩、花纹等相同点和不同点。

（2）引导幼儿一边交流，一边用符号记录自己的发现或疑问（见图9-1），鼓励幼儿通过询问同伴、家人以及阅读图书等途径解答疑问。

（3）小组交流之后，请各组幼儿集中分享、介绍自己的发现。

（4）请各组幼儿将衣服投放到信息角，供大家一起观察和比较，并根据衣服的不同特点，如款式、材质、颜色、适合的季节、性别等，进行分类和统计（见图9-2）。

图9-1 表征关于衣服的疑问

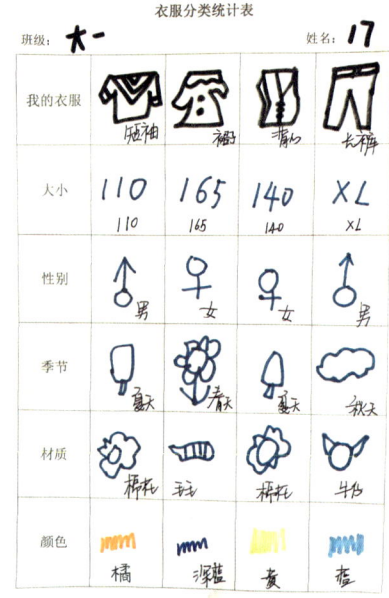

图9-2 衣服分类统计表

2. 开一家服装店吧（区角活动 + 家园合作）

关键经验

（1）能依据衣服的不同款式和特点分类展示与摆放，初步创设服装店的展示区、存放区、试衣间和收银台等区域；

（2）结合生活经验，通过比较衣服的大小、厚薄、款式等不同特点，给衣服制定价格，并制作标价牌；

（3）开展服装推荐、试衣、买卖的角色游戏。

活动准备

（1）幼儿收集的各种废旧衣物；

（2）游戏区橱柜等基础游戏设备；

（3）穿衣镜、衣撑、塑料模特等开设服装店所需的材料；

（4）幼儿有在家长的陪同下参访服装店的经验。

探究过程

（1）创设问题情境，教师询问幼儿："小朋友收集的各种衣服太多了，除了放在信息角，还可以放在什么区？开展怎样的活动？"由于幼儿喜欢在角色表演区玩开商店、餐厅的游戏，因此"开一个服装店"成为大家一致的愿望。

（2）支持幼儿利用区角游戏时间整理、摆放或悬挂各种衣服，将游戏区域布置成服装店。

（3）在开展服装店买卖游戏的过程中，幼儿发现问题并提出疑问："为什么我们商店里的衣服都没有价钱？我逛店的时候，发现价钱都在衣服上！"于是，服装店里的小小营业员开始尝试用卡纸设计价格牌，为每件衣服制定价格。

> **补充说明：** 在为衣服定价的过程中，教师发现幼儿定价相对随意，不同幼儿的定价标准不一，需要教师及时介入，引导幼儿结合生活经验和衣服的实际特点定价。考虑到幼儿的数学认知水平，教师和孩子们一致决定，把5元作为一个基准，根据衣服的特点在5元的基础上涨价或减价。例如，款式很新加1元，材质很好加1元，反之则减1元。

（4）因为是角色扮演游戏，在幼儿缺少买衣服经验的情况下，游戏开展得并不是很顺利。结合幼儿的活动需要，教师建议家长利用周末或离园之后的时间带幼儿去真正的服装店参访，让幼儿尝试自己和服装导购员对话，进一步观察服装店的布局，关注不同衣服的标价。

（5）结合幼儿参访服装店的经验，引导幼儿进一步创设、布置班级里的服装店。由此，服装店焕然一新，幼儿在角色游戏中的角色性语言、行为更加丰富。

3. 26℃穿衣法则（集体活动 + 小组活动 + 区角活动 + 家园合作）

关键经验

（1）了解不同质地、厚薄的衣服所代表的温度，会通过看温度计、天气预报等途径知道当日室内外的气温；

（2）能在雪花片、锁扣等辅助工具的帮助下，为娃娃搭配适宜的着装；

（3）在游戏中丰富对衣服和气温的感知，从而尝试做到在生活中合理着衣；

（4）愿意用恰当的符号记录并分享自己的穿着和搭配。

活动准备

（1）《冬天穿衣方法调查表》（见图9-3）和《26℃穿衣法则调查表》（见图9-4）；

（2）背景板：未着衣的男宝和女宝身体图板（见图9-5）；

（3）衣服图卡：与男宝和女宝图板相衬的不同材质、厚薄的上衣和下衣图卡若干（标有代表此种衣服温度的数字）；

（4）气温记录趋势图（主要由班级小值日生负责在入园时记录）；

（5）计算辅助工具：锁扣（链扣）、雪花片、小方块、数字卡若干；

（6）《我来设计衣服穿搭记录表》（见图9-6）。

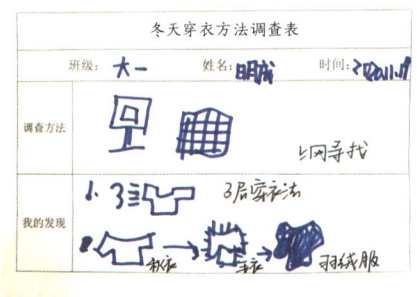

图9-3 冬天穿衣方法调查表

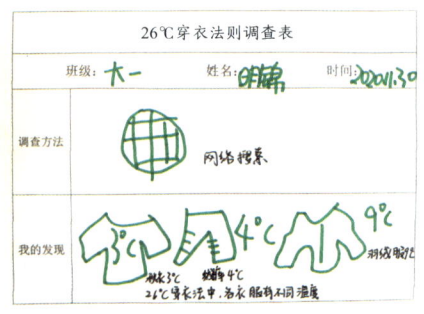

图9-4 26℃穿衣法则调查表

图9-5 男宝和女宝的身体图板及配套衣服卡片

图9-6 我来设计衣服穿搭记录表

探究过程

（1）结合气温变化、幼儿感冒等生活现象，引导幼儿关注并谈论"冬天到底应该怎么穿衣服？"这一话题，并激励幼儿带着调查表询问身边的成人。

（2）集体活动中，组织幼儿分享自己的调查发现，并向幼儿介绍教师的调查发现——26℃穿衣法则。

> 补充说明：26℃穿衣法则是什么？即设定人体最舒适的温度为26℃，将不同材质、厚薄的衣服的保暖性量化为比较全面、统一的摄氏度数值，由此得出穿衣公式——今日气温＋需要穿的衣服的摄氏度数值＝26℃（舒适温度）。

（3）虽然有教师的介绍和讲解，但是因为涉及的数字比较大，幼儿理解起来会有点难度，因此教师为幼儿提供了调查表，鼓励他们和爸爸妈妈一起查一查、聊一聊、试一试26℃穿衣法则。

（4）区角游戏中，背景板、衣服图卡等游戏材料一经投放，幼儿的探究游戏便应运而生。他们通过班级中的温度计获取室内温度，通过雪花片、小方块等计算辅助工具进行加减运算。在幼儿自主游戏与教师有目的的引导中，幼儿总结出不同的26℃运算。

方法一：凑数法，即一个一个加，累加出26。

方法二：递减法，即一个一个减，将26减至0。

方法三：减一减、凑一凑，即先用26减掉代表室内温度的数字，得数即为需要凑出来的总数。

> 补充说明：伴随着主题探究和游戏的深入，幼儿发现了穿衣法则的"小漏洞"。他们发现，26℃穿衣法则里面，羽绒服只有两种，厚一点的和薄一点的，代表两种不同的温度。可是实际生活中，他们发现了很多不同款式、不同面料、不同厚薄的羽绒服，还有羽绒背心，他们甚至发现羽绒也有很多种，有鹅绒的，还有鸭绒的，而且法则中上衣居多，基本没有裤装的温度标识……面对幼儿的深度探究，教师在尊重、支持的基础上，引导幼儿参照原设定衣服的度数，通过比对、思考来设计、绘制更多种类的服饰图卡（见图9-7），丰富游戏材料，增加游戏的可选择性、多变性，让游戏内容层层递进，更有趣味。

图9-7 幼儿设计的羽绒服温度指数图卡

（5）教师提供《我来设计衣服穿搭记录表》，请幼儿带回家中，利用晚上时间查看第二天的气温情况，准备第二天要穿的衣服并用符号或图画的形式进行记录。教师及时与家长沟通活动的目的与意义，获取家长的帮助和支持。

核心活动二：神奇的布

随着社会的进步，衣服面料的种类越来越多。纯棉、羊毛、真丝、棉麻等自然面料源自大自然对人类的馈赠，也带给幼儿无限的探究空间。本核心活动通过区角游戏和实验等活动形式，引导幼儿在看一看、摸一摸、试一试的直接感知与探究中，发现不同布料的光滑度、柔软度等特点；并通过参访纺织博物馆，在身临其境中进一步了解布和衣的发展史，感受其神奇之处。

1. 调查各种各样的布料（集体活动+小组活动）

关键经验

（1）知道不同材质布料的特点，了解带有不同特点的布料在生活中的作用；

（2）能大胆提出自己的疑问并用符号表征的形式记录；

（3）愿意与同伴分享自己的发现，感受布的神奇之处。

活动准备

（1）不同材质的布料；

（2）《关于布的调查表》；

（3）用于记录的纸、笔。

探究过程

（1）一日活动中，幼儿发现不同衣服的材质不同。教师引导幼儿将收集到的布料进行分组，幼儿通过看一看、摸一摸，充分感知各种布料材质的特点。

（2）教师利用餐前、餐后等时间，组织幼儿集体分享自己的探究发现，比如布的光滑度、柔软度和厚薄度等。

（3）幼儿产生各种疑问，比如"为什么有的布摸起来毛茸茸的？""布上的花纹、图案是如何做出来的？"。为了帮助幼儿在接下来的探究中目标更加明确，教师引导幼儿边观察、边记录自己的疑问。

（4）针对幼儿的各种疑问，师幼共同编制《关于布的调查表》，请幼儿调查生活中各种各样的布料,并通过符号表征进行记录,便于有针对性地对布进行探究。

2. 了解布和衣服的发展史(集体活动+小组活动)

关键经验

(1)了解布的由来,知道布和衣服的发展历程;

(2)基本了解丝绸、麻布、棉布等常见布料的特点及纺织过程;

(3)能积极表达对绘本内容的理解,愿意分享自己的收获。

活动准备

(1)PPT课件;

(2)绘本《用七十万年穿好衣》《万物由来:布(身边的科学)》。

探究过程

(1)随着对布的探究不断深入,幼儿开始想到"布的由来""衣服的由来"等更深层次的问题。教师引导幼儿积极表达自己的疑问,比如:"在很久很久以前,人们好像穿的是树叶衣服,为什么现在要用布做衣服了呢?"

(2)当面对"布的由来""衣服的发展史"这些较为遥远且抽象的问题时,绘本就是带领幼儿直观走进历史时间轴的最直接、有效的途径之一。教师引导幼儿首先自主阅读绘本,然后交流阅读后的感受与发现。

(3)教师组织幼儿开展集体活动"布和衣服的发展史",将幼儿自主阅读绘本的发现进行信息共享,带领幼儿了解从古至今布和衣服的演变历史及常见布料的纺织过程,用思维导图的方式帮助幼儿统整信息。

3. 参访青岛纺织博物馆(实地参访+家园合作+区角活动)

关键经验

(1)参访前能与同伴合作制订参观计划,参访后能大胆交流自己的发现,并用符号表征的方式记录;

(2)进一步感知布的发展历程及纺织过程,认识各类纺织机器,能在区角中通过多种方式再现自己的发现;

(3)知道参访时的安全注意事项,体验外出参访活动的乐趣。

活动准备

(1)参访时的安全协议书(与家长签订);

(2)幼儿外出参访物品:水壶、背包、安全马甲等;

（3）外出参访方案（场地、交通工具、参观流程等）；

（4）照相机；

（5）各种材质、大小的布料。

探究过程

（1）参访前，教师引导幼儿制订参访计划，包括自己要解决的问题是什么、参访过程中的注意事项，幼儿对此用符号进行表征记录（见图9-8）。

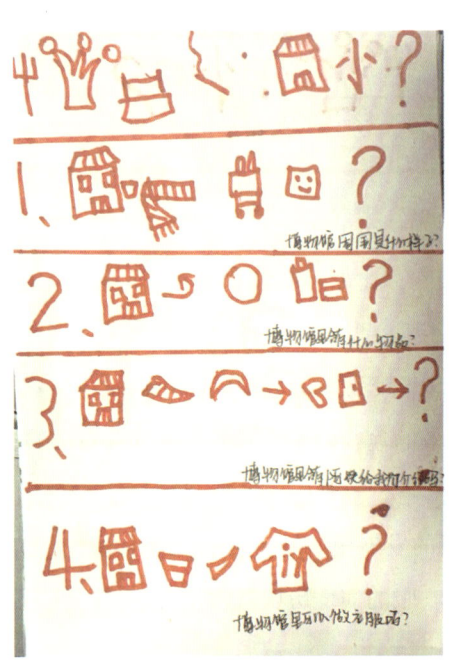

图9-8　参访青岛纺织博物馆前的疑问

（2）参访过程中，在讲解员的带领下，幼儿分别来到"历史馆""纤维馆"等展馆，了解青岛纺织百年的发展历程及各种各样的纤维知识，还认识了各类纺织机器。

（3）为了给幼儿提供亲身体验与实际操作的机会，我们在青岛纺织博物馆中开展扎染活动，幼儿在发挥想象力的同时感受到中华民族历史悠久的民间传统文化。

（4）参访结束，教师引导幼儿通过照片回顾自己的发现，并用符号表征及思维导图的形式将幼儿的分享进行记录，帮助幼儿进一步整合参访收获。

（5）幼儿在美工区、拼摆区和搭建区里再现自己的参访体验（见图9-9）。过程中，教师可提供参访照片，支持幼儿的活动。教师采用"我们用什么材料来搭建青岛纺织博物馆？青岛纺织博物馆里面有什么？"等问题，引导幼儿思考搭建青岛纺织博物馆的材料、步骤与方法。

4. 探究布的特性小实验（区角活动＋家园合作）

关键经验

（1）知道四种关于布的实验，发现不同

图9-9　拼摆出展区里的模特

材质布料的特性；

（2）能与同伴合作开展实验，大胆进行猜想、验证，并用符号表征记录实验；

（3）喜欢实验探究，体验做实验的乐趣。

活动准备

（1）各种材质、大小的布（不同厚度、透光度、光滑度等）；

（2）型号一样的玻璃瓶、玻璃杯、三副支架、斜面滑板等实验道具；

（3）《实验记录单》、笔。

探究过程

（1）幼儿结合参访体验，提出相关疑问"为什么纺织博物馆里有的房间拉上窗帘后黑黑的，而我们教室拉上窗帘后还有些亮亮的？"等。基于幼儿以往开展科学实验的经验，师幼商讨决定，通过开展"布的保温实验""布的透水实验""布的摩擦力实验""布的遮光实验"（见图9-10至图9-13）进一步探究布的保温性、透水性等特性。

（2）实验中，教师引导幼儿按照不同的步骤完成实验，观察实验现象，了解实验原理。

补充说明： 幼儿通过探究布的遮光实验，发现了光与影的特殊关系。因此，追随幼儿的兴趣，衍生出新的活动"手影游戏"。教师引导幼儿在家中和爸爸妈妈一起利用夜晚时间开展简单的手影游戏，初步了解如何用双手变出不同的形象。

除了在家中，幼儿在教室里也寻找到一

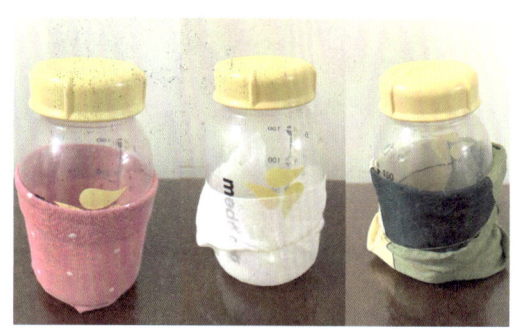

图9-10　布的保温实验

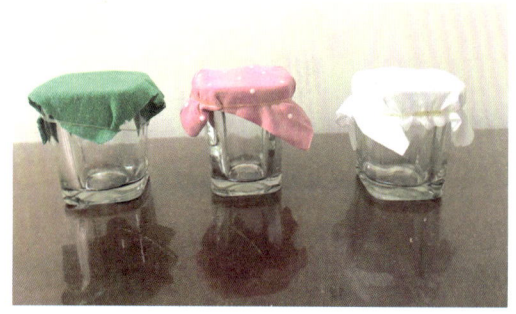

图9-11　布的透水实验

图9-12　布的摩擦力实验

图9-13　布的遮光实验

图 9-14 幼儿在塑封膜上绘画并将其投射到地面上

处可以玩影子游戏的好地方——教室中的小隔间。小隔间白天不开灯时光线会很暗,而且里面有一面大大的白墙,正适合做手影游戏。幼儿在游戏中进一步了解光与影的关系。

幼儿在探究手影游戏的过程中发现了更多的游戏方式,比如在塑封膜和塑料瓶上画画,通过手电筒投放出五彩的影子画(见图 9-14),并将其创编成有趣的小故事。

(3)实验是不断猜想、验证的过程。为了帮助幼儿记录、对比每次实验过程与实验结果,教师提供《实验记录单》(见图 9-15),让幼儿将实验的材料、过程和结果等进行记录。

5. 布的扎染活动(区角活动+家园合作)

关键经验

(1)知道扎染步骤,了解不同的扎染方法;

(2)能用染料、果菜汁扎染,制作各种手工艺品;

(3)体验扎染工艺带来的乐趣,感受中国传统文化。

活动准备

(1)白色布料、白色 T 恤布若干;

(2)菠菜、火龙果等易染色的蔬菜及水

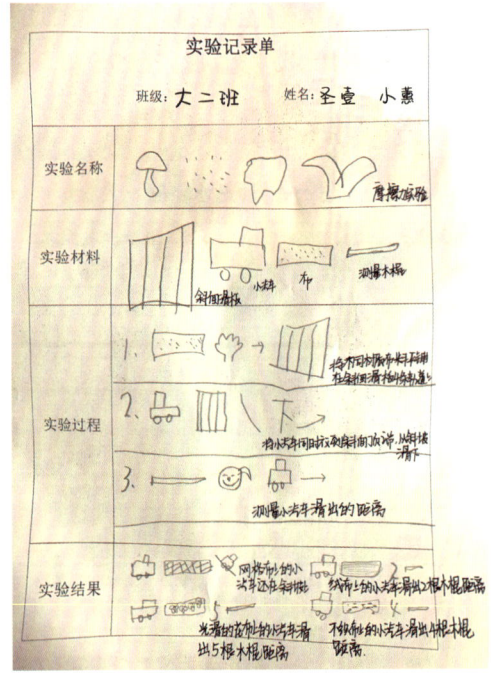

图 9-15 实验记录单

果,简易榨汁机、蒜臼子、扎染染料、工具(皮筋、玻璃球、夹子等);

(3)幼儿已有的扎染经验。

探究过程

(1)根据幼儿的兴趣,教师与幼儿一起准备扎染材料与工具,如夹子、皮筋等。过程中,教师指导幼儿用捆扎法、折叠扎法等几种简单的扎染方法进行扎染。

（2）幼儿结合绘本及前期经验了解到，很久以前没有扎染染料时，人们采用植物汁液进行扎染。教师与幼儿和家长一起收集不同颜色的水果、蔬菜和简易榨汁机等，将果蔬汁作为染料进行扎染。

（3）课程来源于生活，又回归生活。幼儿将生活中的衣物进行改造，将扎染布料缝制成包包、小挂件等，还将扎染的T恤穿在身上，体验将扎染工艺运用到生活中的乐趣（见图9-16）。

图9-16　幼儿扎染的T恤

核心活动三：衣冠楚楚

穿衣整洁、得体能展现个人良好的生活品质，是一种重要的社会交往礼仪，也是我们在"'布'一样的花花衣"主题中期望渗透给幼儿的生活能力。本核心活动帮助幼儿亲身体验不同场合的着衣之道，鼓励幼儿深入探究在游戏中发现的"衣服脏了怎么清洗？""衣服皱了怎么办？"等问题，通过实地参访干洗店向专业人士学习护理衣物的好方法，并尝试改造旧衣服。

1. 探究着衣之道（集体活动+小组活动）

关键经验

（1）了解不同场合、不同季节、不同年龄、不同职业的着衣之道，懂得穿衣礼仪；

（2）能根据自己参加的不同场合选择合适的衣服，能用多种方式再现自己的活动体验与收获；

（3）愿意和同伴一起交流、分享合适的衣着要求，体验通过着装让自己"变美""变舒适"的乐趣。

活动准备

（1）PPT课件《我的着衣之道》；

（2）体现不同场合着衣之道的视频。

探究过程

（1）幼儿观看运动员比赛的视频，通过"视频中的叔叔穿着什么衣服？为什么要穿这样的衣服？"等有效提问，引发幼儿的讨论，初步了解运动场上要穿伸展性好、吸汗性好的衣服。

（2）由运动场延伸到更多场合，教师通过"你还知道哪些不同的场合？在这些场合都要穿什么衣服？为什么？"等有效提问，引发幼儿思考生活中更多场合的着衣之道，比如音乐会中要穿漂亮的礼服、参加聚会时要根据聚会的主题选择合适的着装。

（3）除了不同场合有着衣之道，其实，不同年龄、不同职业、不同季节都有其着衣之道，甚至还有特殊功能的衣服，比如消防服、防静电服等。教师通过视频、图片，引导幼儿分组、分门别类地进一步了解衣服的搭配方法、穿衣特点。

（4）教师引导幼儿根据已有经验，符号表征自己知道的穿衣之道，并与同伴交流、分享，帮助幼儿进一步了解穿合适的衣服也是一种礼仪，是对别人的一种尊重。

2. 我们的干洗店开业啦！（集体活动+区角活动+家园合作）

关键经验

（1）了解不同衣服常见的面料成分、清洗衣服的洗涤剂和护理衣服的工具；

（2）掌握衣服护理方法，能在生活中自主整理衣服，提升自我服务能力；

（3）体验自己的事情自己做的成就感。

活动准备

（1）幼儿收集的各种衣服；

（2）刮毛机、熨烫机等适合衣服护理的工具；

（3）卡纸、画笔。

图 9-17　把衣服熨平整

探究过程

（1）"着衣之道"不仅仅是指在不同的场合要穿不同的衣服，往往衣服的干净、整洁也是穿衣礼仪之一，当我们穿着干净、整洁的衣服出现在别人面前，展现给他人的是一种大方与得体。所以，当幼儿发现服装店里有的衣服皱皱巴巴时，基于前期对着衣之道的了解，他们开始想办法用积木代表熨烫机"熨烫"衣服，试图将皱皱巴巴的衣服"熨烫"平整（见图9-17）。

（2）区角游戏中，善于观察的幼儿发现，服装店皱皱巴巴的衣服非常多，教师引导幼儿思考如何解决这一问题。幼儿因此想到各种办法，比如"小朋友每天轮流到服装店整理衣服""找一个单独的地方专门整理衣服"。经过讨论，师幼最终决定在服装店旁边开一个"干洗店"。

（3）在家长的支持下，教师通过提问"开干洗店需要做哪些准备？"来引导幼儿积极收集材料，如洗衣服的洗涤剂、护理衣服的工具（挂烫机、刮球器、粘毛器等），并调查不同材质的衣服的护理方式（见图 9-18）。

（4）教师利用集体活动时间与幼儿分享不同工具的使用方法与安全注意事项，帮助幼儿初步学习衣服护理工具的使用方法与步骤。幼儿利用餐前时间将学习到的安全小知识用绘画的形式表现出来并张贴在教室中，起到提醒的作用。

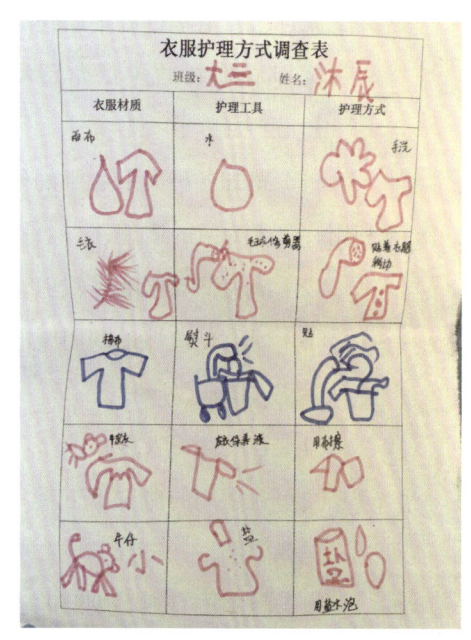

图 9-18　衣服护理方式调查表

（5）教师支持幼儿创设干洗店区域，将衣服洗护物品分类、分区域摆放，并尝试开展干洗店角色游戏。教师要在活动中观察幼儿的游戏情况，便于接下来的指导。

（6）教师在区角游戏观察中发现幼儿关于"开干洗店"的经验是欠缺的，比如顾客与服务员之间的对话、取拿衣服的步骤等，因此建议家长周末带领幼儿参观周边的干洗店，进一步观察干洗店的设施设备，学习顾客与服务员之间的对话及洗衣、取衣步骤等。

（7）有了开干洗店的直观经验后，区角游戏中的幼儿更加专注、投入。他们在参观干洗店的过程中，发现干洗店是有取衣证的，可以避免拿错衣服。因此，结合幼儿的参观经验，教师带领幼儿了解取衣证上的关键信息，引导幼儿制作取衣证（见图 9-19）。

（8）引导幼儿思考"如何将学习到的衣服护理方法运用到生活中？"。在家长的配合下，幼儿回到家中清洗自己的小袜子、小手绢等。第二天来幼儿园时，教师利用餐前时间组织全体幼儿分享自己在家中洗护衣服的感受，

图 9-19　幼儿制作的取衣证

并交流自己在清洗过程中遇到的困难和解决方法。

3. 旧衣换新颜（区角活动）

关键经验

（1）感知各种废旧衣服的外形特征及布料特性，了解旧衣改造的方法，懂得废物利用、变废为宝的道理；

（2）能将旧衣服通过裁剪、缝纫、编织等方法改造成各种手工艺品和生活用品；

（3）愿意创造性地利用废旧材料，体会动脑、动手的乐趣。

活动准备

（1）各种废旧衣服；

（2）儿童用的剪刀等工具。

探究过程

（1）教室中有很多废旧的衣服，教师引导幼儿讨论"如何利用废旧衣服？"这一问题。幼儿集思广益，想到可以进行旧衣改造！幼儿根据自己的兴趣选择旧衣服，观察、感知其材质、花纹和手感的不同。

（2）在教师的帮助下，幼儿将废旧衣服裁剪成大小不同的布条、布块。师幼合作通过编织和缝纫的方法将其制作成坐垫、小玩具等布艺品，幼儿在游戏中体验废物利用的乐趣。

（3）在区角活动分享时间，幼儿结合自己的布艺品，分享制作方法与制作步骤；教师通过图片、视频等方式引导幼儿欣赏更多的布艺品，丰富幼儿的相关经验。

核心活动四：量体裁衣

布料是怎样变成衣服的呢？本核心活动中，教师将带领幼儿参观周围学校的制衣教室，感受服装设计、打样、裁剪、缝制的完整过程；邀请家长走进课堂，引导幼儿学习简单的缝纫方法。区角游戏中，也为幼儿提供了各种布料、针线，支持幼儿在了解其安全使用方法的基础上，开展力所能及的裁剪、缝纫游戏。

1. 衣服怎样做出来？（集体活动+小组活动）

关键经验

（1）初步了解衣服的制作步骤；

（2）初步掌握用不同的测量工具测量长度的方法；

（3）体验测量中的乐趣。

活动准备

（1）绘本《小老鼠裁缝店》；

（2）"衣服制作步骤"视频和相关图书；

（3）白板、画笔；

（4）扭扭棒、麻绳、软尺等测量工具。

探究过程

（1）教师利用集体活动时间，引导幼儿就"衣服怎样做出来？"这一问题展开交流，并结合视频、图片，帮助幼儿初步了解制衣步骤。

（2）想要衣服合适，首先要测量出较为准确的衣服尺寸。教师以《小老鼠裁缝店》绘本故事为线索，帮助幼儿在生动的故事中初步了解、认识不同的测量工具与测量方法。

（3）教师提供扭扭棒、麻绳、软尺等测量工具，指导幼儿分成不同的小组，学习测量人体三围的方法并对比不同工具测量方法的异同，初步体验制衣步骤。

2. 参访青岛中学制衣教室（集体活动＋实地参访）

关键经验

（1）在参访过程中积极表达自己的发现与疑问，并与青岛中学的教师交流自己的想法；

（2）能大胆规划、设计"制衣工厂"；

（3）感受布变为一件衣服的神奇之处，萌发对制衣的兴趣。

活动准备

（1）教师与青岛中学教师联系，制定参观方案（参观路线、安全注意事项等）；

（2）幼儿使用的画纸、画笔。

探究过程

（1）参访前，教师带领幼儿确定参访青岛中学制衣教室与校服博物馆的计划以及安全注意事项；为帮助幼儿明确参访目标和重点，让幼儿将自己的疑问用符号表征的形式记录下来，带着问题进行参访。

（2）教师带领幼儿参访青岛中学制衣教室与校服博物馆，并邀请专业的制衣教师

图 9-20 教室中的"制衣工厂"

进行讲解,帮助幼儿直观地了解缝制衣服需要的工具及制衣步骤。

(3)幼儿参访青岛中学的制衣教室后,也想拥有属于自己的"制衣工厂"。师幼交流后,将"制作区"作为"制衣工厂"(见图 9-20),并分类投放制衣需要的材料与工具,供幼儿在接下来的活动中使用。

3. 如何制作衣服?(区角活动+家园合作)

关键经验

(1)了解设计图纸、选择布料、画衣形、裁剪、缝纫等具体的制衣步骤;
(2)能初步为毛绒玩具制作衣服,学习使用针线;
(3)体验给毛绒玩具制作衣服的乐趣。

活动准备

(1)针线等缝制衣服的工具;
(2)带有各种花纹的布料;
(3)画板、笔;
(4)幼儿护目镜。

图 9-21 给毛绒玩具制作衣服

探究过程

(1)为了帮助幼儿现场体验缝制一件完整衣服的具体步骤,教师邀请家长走进课堂,为幼儿一步步介绍、演示做衣服的过程:绘制衣服设计图、选择布料、用粉饼画出衣形、裁剪和缝纫等。

(2)课程是不断回顾好总结的过程。教师带领幼儿再次回顾具体的制衣步骤,并将每一步用步骤图的形式表征、呈现出来,帮助幼儿明确制作衣服的方法。

(3)在区角中,幼儿开展"量体裁衣"的活动。通过给毛绒玩具制作衣服(见图 9-21),不断练习设计衣服、测量尺寸、裁剪布料和缝制衣服的方法。

4. 我会自己缝补衣物（集体活动+家园合作）

关键经验

（1）知道几种简单的缝补衣物的方法；

（2）能尝试自己缝补破损的衣服、袜子、书包等物品；

（3）体验自己的事情自己做、勤俭节约的乐趣。

活动准备

（1）幼儿家中破损的衣物，如破了洞的袜子、开了缝的衣服领子等；

（2）针线等缝补工具；

（3）幼儿护目镜。

探究过程

（1）一日生活中，有的幼儿发现自己的衣服袖子开线了，教师借此机会组织幼儿开展讨论："衣服开线了该怎么办？"幼儿结合缝制经验，自然而然地想到可以用针线缝补。

（2）教师与家长进行沟通，建议家长在家中找一找需要缝补的衣物，比如破洞的袜子、开线的衣服等。幼儿尝试缝补衣物，懂得勤俭节约，体验自己的事情自己做的乐趣。

（3）回园后，教师组织幼儿分享自己缝补的衣物及缝补过程中遇到的问题和解决方法。幼儿发现自己虽然能简单缝补衣物，但是走线不太整齐、精细，教师由此总结：幼儿需要在区角游戏中继续练习。

（4）为了帮助幼儿进一步感受勤俭节约的传统美德，教师通过"学雷锋"视频，讲述雷锋勤俭节约的事迹，帮助幼儿在生活中养成勤俭节约的好习惯。

5. 我们会制衣（区角活动）

关键经验

（1）知道如何测量、记录三围，通过测量、设计、缝制等过程尝试制作衣服；

（2）与同伴合作设计图纸，并为角色区、表演区等区角中的角色设计衣服；

（3）体会自己制作衣服的成就感。

活动准备

（1）画纸、画笔、直尺、卷尺等；

（2）各种样式、材质、花纹的布料。

探究过程

（1）幼儿为表演区的同伴定制衣服，比如为绘本《没有牙齿的大老虎》里的大老虎制作披风：设计图纸、测量尺寸、选择布料、裁剪布料、缝制披风。或者，为医生制作白大褂（见图9-22）。

图9-22 给角色区的小朋友定制衣服

补充说明：幼儿在测量尺寸时发现，用测量三围的方法制作衣服有一定难度，且如果测量尺寸不准确，做的衣服也会不合身。因此，幼儿想到更简易的方法。比如：将小朋友穿着大小合适的衣服平铺在布料上，用画笔描摹出衣服的大小；或者让小朋友直接躺在布料上，沿着小朋友的身体轮廓画出衣服的大小。这两种方法用起来更直观、方便、简易。

（2）为了区分"服装店"中的不同角色，幼儿为"服装店"里的导购员、收银员分别制作出特定的服装。

（3）教师引导幼儿在制作衣服的过程中学习使用不同的工具进行缝制，即针线和小型缝纫机，对比二者的优缺点，以便在实际操作中选择合适的工具。

核心活动五："衣"依不舍

一次，我园教师的支教活动引发了全园师幼对贫困山区孩子的关注与关切。结合主题活动，教师和幼儿很自然地发起了旨在让贫困山区的孩子"穿得暖"的爱心援助活动。通过集体活动、家园合作、小组活动等方式，幼儿发起捐赠倡议与宣传、收集整理全园师幼捐赠的爱心物资以及联系快递公司发送物质等一系列活动，用自己的实际行动帮助他人、回报社会。

1. 活动发起：贫困山区的小朋友生活现状怎么样？（集体活动）

关键经验

（1）了解贫困山区的小朋友的生活现状；

（2）能积极表达自己对贫困山区的小朋友的关心；

（3）感受不同地区的生活差异，产生对他人的关爱之情。

活动准备

体现贫困山区的小朋友生活现状的PPT课件。

探究过程

（1）"懂得感恩和分享"一直是我园在主题实施过程中贯穿的主旨。我园程老师曾去贫困山区进行了为期一个月的支教，结合大班主题活动，我们邀请程老师结合PPT课件，到班里与孩子们分享贫困山区的小朋友的生活现状。

（2）教师引导幼儿积极表达感受并思考"自己能为贫困山区的小朋友做点什么？"，如"把零食送给他们""把衣服送给他们，让他们温暖一些"等。

（3）结合主题活动"'布'一样的花花衣"，师幼商讨决定将家里闲置的衣物捐赠给贫困山区的小朋友。

2. 制订计划，发起倡议（集体活动+小组活动）

关键经验

（1）能与同伴合作制订献爱心的计划，并用符号表征；

（2）能积极向身边的小朋友、叔叔阿姨发起捐赠倡议；

（3）体验筹备献爱心活动的乐趣。

活动准备

大画纸、画笔。

探究过程

（1）"如何收集衣物？如何将衣物捐给贫困山区的小朋友？"成为幼儿探讨的问题。教师支持幼儿将自己的捐赠计划用符号表征的方式有条理地记录，并在过程中提醒幼儿每完成一件事情就打钩标注。

（2）计划包括"向全园发起倡议"，于是幼儿制作倡议书（见图9-23、图9-24），通过向全园、身边的叔叔阿姨分享倡议书的内容，让更多的人知道该活动的意义。

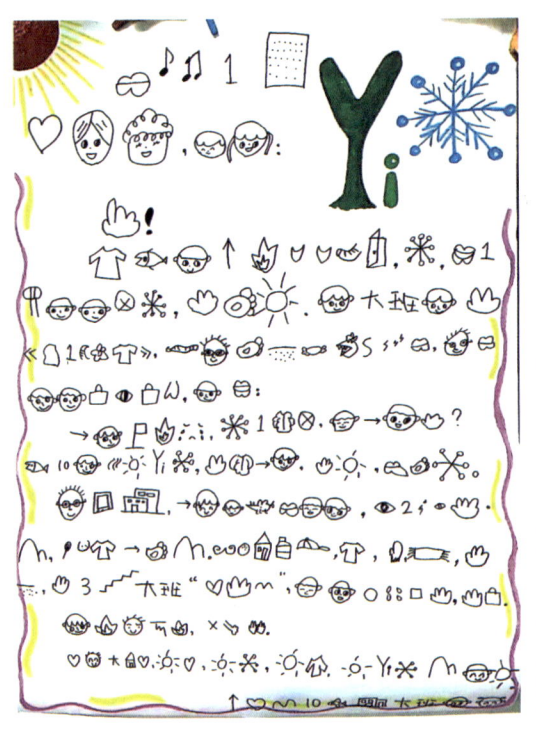

图 9-23 倡议书

亲爱的叔叔阿姨、弟弟妹妹们：

你们好！

衣服与我们的生活息息相关，尤其在寒冬，它可以帮助我们御寒，带来温暖。我们大班的小朋友们正在开展"'布'一样的花花衣"主题活动。前一阵子，幼儿园程老师前往贫困山区的幼儿园支教，回来后，他把在那里的所见所闻告诉了我们，令我们十分震惊。

那里小朋友们的生活环境和学习条件都十分艰苦，甚至冬天里连一件像样的棉衣都没有，那该有多冷呀！我们可以为他们做点什么事情呢？

于是我们想到了开展"暖 Yi 冬"活动，给那里的小朋友们捐赠棉衣，给他们带去温暖，帮他们度过寒冬，让这些衣服传递我们的爱心！

程老师帮我们联系了那里的幼儿园，园长和小朋友们对我们想做的事情特别支持，他们找到两处需要帮助的乡村，确保我们的爱心能够精准地到达那里。

所以，如果您家中有穿小或闲置的棉衣、毛衣、帽子、围巾等衣物（儿童或成人皆可）可以洗净带来，送到三楼大班专门的"爱心收取处"。我们大班小朋友会一起分类、统计、整理、打包，并邀请快递员叔叔帮我们寄给贫困山区的小朋友。

我们的活动是志愿者活动，就是志愿参加，不能要求的意思。最后，感谢你们献出的爱心！暖心、暖衣、暖冬，愿"暖 Yi 冬"活动能让贫困山区的小朋友在这个冬天和我们一样温暖。

青岛高新区实验幼儿园全体大班小朋友

2019 年 12 月 17 日

图 9-24 倡议书注解

3. 收集衣物，积极准备（小组活动 + 家园合作）

关键经验

（1）知道回报他人的方式及制作感恩卡片和爱心卡片的方法；

（2）能将收集的衣物分类整理、打包；

（3）懂得感恩他人、回报他人。

活动准备

（1）感恩卡片、画笔；

（2）用于收集衣物的纸盒。

探究过程

（1）爱是相互传递的。为了感谢捐衣献爱心的小朋友，师幼设计了一张感恩卡片（见图 9-25、图 9-26），在上面写感谢的话语，还有活动的名称，让献爱心的小朋友们留作纪念。

图 9-25　感恩卡片的正面

图 9-26　感恩卡片的背面

（2）接下来的几天，大班小朋友化身小小志愿者，迎接前来捐衣物的弟弟妹妹们。在大家齐心协力的帮助下，我们收到了好多衣物。

（3）幼儿将所有的衣物进行整理、挑选，保证其干净、整洁。教师为幼儿提供《暖 yi① 冬——衣物捐赠统计表》，大家按照衣物的种类、数量、新旧程度进行统计、分类和整理。

（4）师幼精心设计爱心卡片，为贫困山区的小朋友们写上祝福的话语，希望他们暖暖和和过冬天。

4. 运送温暖，传递真情（集体活动）

关键经验

（1）了解不同快递公司的运输费用与到达时间，选出合适的快递公司；

（2）能积极联系快递员，并与同伴合作将衣物搬运到快递车上；

（3）体验用自己的力量帮助他人的幸福。

活动准备

教师协助幼儿联系好快递公司。

探究过程

（1）结合自己与爸爸妈妈取快递的经验，幼儿在面对"如何将衣物送到贫困山区？"这一问题时，自然而然地想到使用快递。教师联系几家快递公司，询问其价格与送达天数。综合考虑，幼儿最终商讨决定使用用时最短的快递公司。

---

① 汉语拼音，指汉字数字"一"，也暗指"衣"之意。

（2）在教师的支持下，幼儿打电话给快递公司，与快递员叔叔取得联系，确定好上门取货的时间与地点。

（3）终于到了寄出快递的那一天，幼儿合作把衣服、卡片都装箱，打包好箱子，一起喊着口号将其运到幼儿园院子里并装入快递车。

（4）衣服寄到后，我们收到了来自贫困山区的幼儿园的回馈。与我园"拉手"的幼儿园的园长和教师在收到衣物之后，第一时间将衣物赠送给那些需要的小朋友，真正做到了情牵两地、衣暖一冬。

5. 温暖"布"曾减退：爱心义卖活动（集体活动 + 小组活动 + 区角活动 + 家园合作）

关键经验

（1）了解义卖会的意义，积极制订义卖计划；

（2）能积极准备义卖商品，并能尝试清点义卖款；

（3）感受义卖带来的快乐，并懂得感恩、学会分享。

活动准备

（1）画笔、画纸；

（2）带有各种花纹的不同大小的布料、彩绳等适合做布艺品的材料及工具。

探究过程

（1）制订爱的计划。虽然给贫困山区的小朋友捐赠完了衣服，但是温暖不曾减退。我们身边还有很多需要帮助的人，比如社会福利院的孩子。师幼因此商讨，决定利用我们制作的布艺品开展义卖会活动，并将义卖款捐赠。师幼一起制订开展义卖会的计划，包括义卖时间、义卖地点和义卖的物品等。

图 9-27　邀请函

（2）准备爱的商品。制订完计划，幼儿投入义卖品的积极准备中，有手织围巾、DIY 包包、布条坐垫，忙得不亦乐乎！

（3）为了让幼儿和家人都知道这场义卖会活动及其意义，幼儿在教师的引导下制作了邀请函（见图 9-27）。

（4）发出邀请函后，幼儿像是担负起了这份爱的使命，迫不及待地拿着自己的摊位材料走到场地上。他们互相讨论，合作布置着自己的摊位和爱心义卖场地。

（5）活动得到了家长们的大力支持，他们与幼儿一起参与义卖会活动（见图9-28）。幼儿守在自己的摊位上，努力介绍自己摊位上的物品，希望小朋友们都能来买，献出自己的一份爱心。

（6）义卖会结束后，幼儿认真清点自己的成果（见图9-29），感受着大家满满的爱。

图9-28　义卖会现场

图9-29　清点义卖款

五、总结与思考

（一）主题实施与幼儿的生活紧密相关，在探究、实践中发现生活的真谛

"关注自然、关注社会、回归生活、主动成长"一直是我园的课程理念，在"探究着衣之道""我会自己缝补衣物"等活动中，幼儿能将所得经验服务于生活！"'衣'依不舍"这一生成活动更是帮助幼儿在发起倡议、收集衣物、联系快递员运送衣服的过程中，了解社会中不同人群的生活状态，懂得用自己的力量与实际行动关爱弱势群体、感恩他人、回报社会。

（二）教师不断提升自己观察幼儿、评价幼儿、指导幼儿的能力

教师要结合幼儿实际的活动状态、活动兴趣、活动需求，多途径引导幼儿探究、学习，丰富经验。例如，幼儿在搭建区再现纺织博物馆的过程中，对纺织博物馆的外形轮廓与内部结构发生"争议"，教师就此结合具体图片引导幼儿观察和对比，不断

解决问题。

（三）实地参访是主题实施中重要的桥梁支撑，同时要做好安全教育

实地参访作为幼儿学习的直观、有效的途径之一，可以为幼儿在园中获得的经验和在生活中的实际经验搭建良好的桥梁。例如，当幼儿在活动中遇到有关布的特性、纺织过程等问题时，最好的方法就是带领幼儿走出去，在直接感知与亲身体验中获得相关知识。实地参访中，安全问题是第一位的，教师要通过多种方式开展安全教育，如交流讨论、观看视频、制订安全出行计划等，帮助幼儿提升安全意识。

（四）活动延伸，丰富主题活动形式

活动的实施需要在过程中不断调整、完善，以达到课程的适切性。例如，生成活动"'衣'依不舍"以义卖会的形式为本次主题活动画上圆满的句号。幼儿将用各种布料制作成的手工艺品进行义卖，整个义卖会的实施包括活动计划、材料准备、开展活动三个环节。在这一过程中，幼儿初步学习使用人民币、换算人民币，培养数学思维；同时点数义卖款，规划义卖款的使用方案，这些都是帮助幼儿学会用自己的力量关爱他人、回报社会的有效途径。

案例十

超级学城

一、设计意图

《纲要》指出："幼儿园应与家庭、社区密切合作，与小学相互衔接，综合利用各种教育资源，共同为幼儿的发展创造良好的条件。"因此，教师应因地制宜，结合本地特色，利用幼儿园周边环境为幼儿提供一个资源丰富的学习环境。大班幼儿面临升学要求，对于入学的新环境充满好奇。同时，高新区沿海坐落着青岛中学、青岛实验学校以及我们所处的青岛高新区实验幼儿园三所学校，蕴含着丰富的教育资源，是兼备生产功能、生活功能和文化功能的社会活动区，其中独特的学校建筑、周边美丽的风景、校内多种多样的功能教室以及各种专业的学校教师都会为幼儿的学习和发展提供支持。因此，"超级学城"主题活动抓住周围的大自然和大社会资源，帮助大班幼儿加深对学城方方面面的了解，并进一步激发其升学愿望。

我们将从"城"的概念迁移到"书城""玩具城""车城"，引导幼儿理解我们所生活的区域可以被称作"超级学城"；带领幼儿在持续的参观和调查中发现学城的大、美以及资源丰富与功能齐全，并探索和发现目前学城还有哪些需要完善的地方，引导幼儿在现有基础上想象、设计未来学城。幼儿可以就自己感兴趣的建筑、设施设备或活动等进行深入的探索和研究，并运用绘画、拼摆、制作和符号记录等形式将自己看到的、调查到的内容进行表征与分享，真正实现"做中学、做中教、做中求进步"。

二、主题总目标

健康领域

- 知道马拉松、足球比赛的规则，积极参加体育活动，体验竞技比赛的乐趣。
- 在实地参访时能徒步走 1.5 公里，发展一定的耐力，增强体质，锻炼身体。
- 在参观中，能够了解不同的体育项目，知道其简单的规则，并对这些体育项目产生好奇，愿意大胆尝试，也学会保护自己。

语言领域

- 能用完整、流畅的语言与同伴交流，讲述自己在逛学城中的发现。
- 能用图画和其他符号等形式表征逛学城的计划、疑问和发现等。
- 能够在集体面前大胆介绍学城沙盘、学城宣传画、学城艺术工艺品等作品，在介绍时掌握一定的宣传技巧。

社会领域

- 能遵守不同的社会行为规则：在参观访问时，遵守参访规则；在举办音乐会、展览会、宣传会等集体活动时，遵守公共场所的规则；在马拉松比赛、足球比赛时，遵守体育竞赛规则。
- 积极参与集体制订计划，完成集体任务。
- 在了解学城的过程中，具有作为社区一分子的归属感，愿意为社区做事，为社区的发展感到高兴，发展爱家乡的情感。

科学领域

- 能够感知物体的基本空间位置与方位，理解"上""下""前""后""里""外"等方位词，并能使用方位词描述幼儿园和学校的位置。
- 掌握一些自然测量的基本方法，知道标准单位的必要性并尝试用米尺进行测量。
- 能够在教师的帮助下制订调查学城的简单计划并执行。
- 在参访、调查、测量等活动中能用数字、图画、图表或符号进行记录。

艺术领域

- 能够跟随音乐变化做相应动作进行表演，并与同伴合作玩逛公园的音乐游戏。
- 尝试多角度观察学城，运用拍照、写生的方式记录学城的美。
- 初步尝试运用遮挡式构图的表征方式表现建筑的前后关系。
- 正确使用剪刀、美工刀等工具，按照合理的比例绘制超级学城鸟瞰图，制作各种学城建筑及设施，规划和再现未来学城。

三、活动网络图

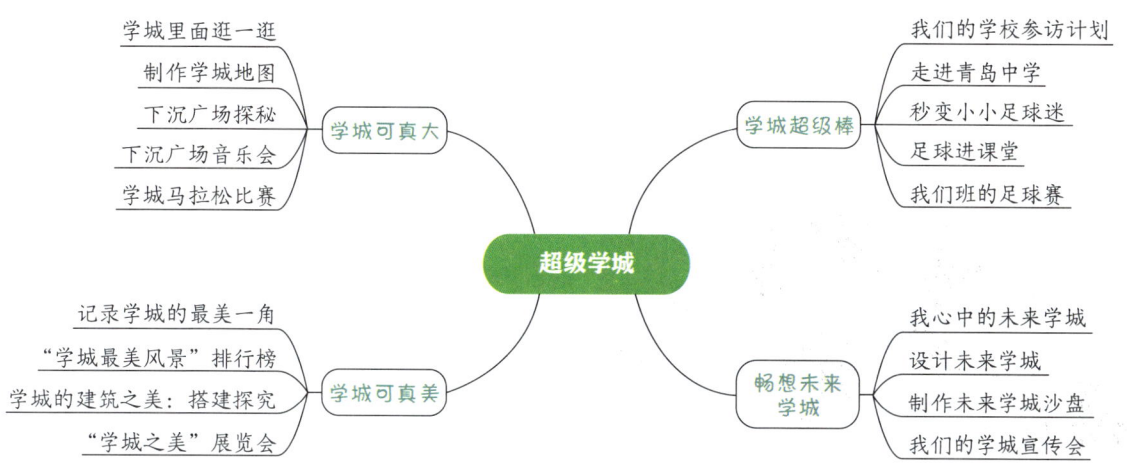

四、活动设计与实施

核心活动一：学城可真大

每日的入园、离园，每周的户外远足，幼儿都在用自己的小手、小脚感受着学城之大，探索着学城之秘。本核心活动从幼儿最直观的感知——"大"入手，通过追随幼儿在逛学城、探秘下沉广场等活动中所产生的兴趣与需要，我们为其充分创造条件，鼓励幼儿在直接感知、实际操作、亲身体验中主动与周边的人、事和物互动，积极提出自己的疑问。同时，在主题活动推进中，我们鼓励幼儿制作学城地图、开展下沉广场音乐会以及举办学城马拉松比赛，始终以幼儿为中心，听取幼儿的声音，适时适当地为他们接下来对学城之美的探索打下基础。

1. 学城里面逛一逛（远足活动＋家园合作）

关键经验

（1）通过参观、扮演活动，知道学城包括什么、可以开展什么活动；

（2）根据"学"和"城"的定义，了解学城的特征（人口密集、商业发达、文化中心），通过搜集资料知道学城的含义、由来和发展等；

（3）尝试根据自己的疑问制订逛学城的计划，并如期开展逛学城活动，进一步感知学城的方位和布局等。

活动准备

（1）学城信息报；
（2）记录本、笔。

探究过程

（1）教师带领幼儿不断参观学城，发现学城的"大"，幼儿通过交流进一步了解学城的组成部分（见图10-1）。

（2）幼儿将自己经调查而得的信息报、图片和照片等资料带来分享，初步了解到幼儿园、青岛中学、青岛实验学校构

图 10-1　幼儿在远足过程中远距离观察学城的外貌

成了学城。鼓励幼儿交流、记录自己的发现和疑问，之后引导幼儿通过询问同伴、家人及查阅资料等途径进行解答。

（3）逛学城过程中，教师着重引导幼儿关注所走的学城路线与幼儿园之间的距离和方位对比，帮助幼儿建立初步的空间意识，感受学城与幼儿园之间的路线及大小对比。

补充说明：随着远足范围不断拓展，孩子们沿途关注到的事物逐渐增多，教师要及时抓住远足这一良好契机来紧随幼儿对于学城的好奇，使他们产生探究兴趣，通过不断参观让幼儿在此过程中以一种自然而然的方式知道幼儿园、青岛中学、青岛实验学校组成了学城。可以在每一次的远足中和幼儿一起讨论本次出行要获得的重点信息是什么，从而做出简单的计划，如在第一次远足中可通过观察了解学城由哪些部分构成以及其他两所学校与幼儿园之间的方位、距离等；在第二次远足中重点观察学城内的路线，为帮助幼儿更好地识记，可以鼓励幼儿为每一条路起一个名字，如"靠海路""芦苇路""海棠果树路"等，以兴趣为指引，以渐进的方式为支持，最终使幼儿获得身处学城中的自豪感，也为他们萌发对学城的爱打下情感基础。

2. 制作学城地图（集体活动＋区角活动）

关键经验

（1）通过观察鸟瞰图等图片，以及整合学城的调查信息等方式，初步了解学城的

整体布局；

（2）能看懂学城地图，准确说出学校之间的方位关系，并用符号标注学校的位置；

（3）能够在互相欣赏与交流中了解地图的真正价值，从自己绘制的学城地图上迅速找到目标位置，以此感受地图给大家带来的方便。

活动准备

（1）实录性地图图片和趣味化地图图片；

（2）学城鸟瞰图、周围建筑的照片等；

（3）幼儿制作的信息报；

（4）尺子、画笔、颜料、大小不同的画纸、剪刀、透明胶带等工具。

探究过程

（1）教师在具体讲授前出示实录性地图图片（根据地形、地貌绘制的平面比例地图）和趣味化地图图片（根据大概的地形、地貌进行趣味化、形象化的绘制，对幼儿来说认识地图更多是一种趣味游戏），请幼儿进行对比并分析其异同。

（2）指导幼儿观察学城鸟瞰图，引导其了解每一所学校的地理位置，如"它的方位朝向是怎样的？""它在幼儿园的哪个位置？"等，使幼儿知道青岛中学、青岛实验学校与我们的幼儿园处于一条长直线上，青岛中学位于幼儿园和青岛实验学校的中间。

（3）在对学城之路、学城整体景观有了一定了解的基础上，幼儿先用笔将学城之路画好，然后再将做好的建筑粘贴在相应位置，并通过贴、画等方法对建筑的细节进行补充（见图10-2）。

（4）幼儿在欣赏学城地图的同时交流自己的新发现："我一下就看见了我们的幼儿园，它在青岛中学的旁边。"孩子们一致认为，学城地图为我们下一次出行提供了便利。

图10-2　幼儿制作学城地图

3. 下沉广场探秘（集体活动＋远足活动）

关键经验

（1）了解下沉广场的外形特征、地理位置以及功能用途；

（2）能够通过查阅资料、自主测量等方式感知下沉广场的具体形状及面积大小，并记录自己的发现；

（3）在了解下沉广场用途的基础上，能够大胆提出疑问，并在过程中主动探索问题的解决方式。

活动准备

（1）画纸、画笔；

（2）学城鸟瞰图、细节图等，米尺、下沉广场调查记录表；

（3）积木以及奶粉桶、易拉罐、木条等辅助材料。

图10-3　幼儿测量下沉广场

探究过程

（1）引导幼儿多次观察，每次观察时都将自己的疑问用符号进行表征，带着问题有目的地解决。

（2）鼓励幼儿尝试用多种方法对下沉广场的长、宽、高进行测量，可逐步引导幼儿用"迈步子测量法""米尺测量法"等充分感受不同测量方法的利弊，形成初步的科学探究意识（见图10-3）。

（3）为了让孩子们更加清楚地了解下沉广场的功能及其背后的小秘密，我们邀请青岛中学的任教老师为我们详细讲解关于下沉广场的小知识，如下沉广场的台阶有什么功能、地面上为什么有灯等。

> **补充说明**：下沉广场有城市广场，还有中庭广场，其形状大小不一，但大都是圆形的，还有长方形的。除了请中学教师进课堂讲解外，教师还和孩子们一起使用积木尝试搭建，通过亲身体验、实际操作的方式，帮助孩子们更加清晰地了解下沉广场。孩子们经历了提出问题、邀请教师进课堂解决问题、遇到新问题，最后实地测量以解决问题这样一个反复的过程。通过持续的远足，孩子们观察问题直到解决问题，其经验得到了很大的提升，同时在不断的探究中获得了更多的知识和乐趣！

4. 下沉广场音乐会（集体活动 + 区角活动 + 家园合作）

关键经验

（1）了解音乐会的开展形式，知道音乐会的构成和组织方式，进一步感知下沉广场的使用价值；

（2）能够主动参与音乐会的计划、筹备、开展等工作，在爸爸妈妈和教师的带领下自主分工，确定节目及场地布置；

（3）积极参与举办下沉广场音乐会，能够结合自己的兴趣，用节奏、律动等形式展示自己的艺术成果。

活动准备

（1）主持稿、各环节音乐；

（2）舞台设置和小花、小草等演出道具；

（3）麦克风、音响、灯光、摄像机等电子设备。

探究过程

（1）经过一系列对于下沉广场的探究后，幼儿想真正地把它利用起来。在确定了开办音乐会的主意后，教师引导幼儿自主报名节目，确定自己想要表现的音乐会内容，并给予幼儿充分的时间和空间，如在音乐区自主开展练习活动。

（2）关于整场音乐会的环节设计，大班幼儿已经有了两年多参加活动的经验，讨论时教师可在听取幼儿心声的基础上，鼓励幼儿尝试制订音乐会活动的计划，自主设计下沉广场音乐会的邀请函。

（3）请幼儿自主推举音乐会主持人，教师及家长可指导修改主持词。

（4）过程中及时拍摄照片、视频等，活动结束后师幼一起回顾、讨论，总结经验。

5. 学城马拉松比赛（集体活动 + 区角活动 + 家园合作）

关键经验

（1）了解学城之间道路的连接方式，知道马拉松比赛的规则；

（2）通过调查，能够尝试规划学城马拉松的比赛线路，合理设置起点、终点以及一到两个能量补给点；

（3）能够遵守游戏规则，体验体育竞赛活动的乐趣。

活动准备

（1）幼儿园安全警示背心；

（2）家长志愿者、家园活动班级横幅；

（3）补给站帐篷、桌椅、饮用水；

（4）马拉松奖牌、大粘贴等荣誉奖励。

探究过程

（1）在马拉松活动开展前，幼儿已经参访过学城，了解了学城周围的道路。教师以此为基础，引导幼儿做好活动前的准备和计划，积极为马拉松的开展进行筹备。

（2）由于马拉松比赛的路线是在外围的马路上，虽然沿途均已设置好家长志愿者的"加油点"，但是教师仍然需要在开始前做好安全提醒，引导幼儿沿着指定路线活动。

（3）本次活动的路途相对长一些（从学校的北门跑到南门，大约有两三公里），教师需要在比赛前带领幼儿做好充分的热身活动，全程关注幼儿的状态，视情况鼓励幼儿坚持比赛，尊重比赛，在坚持中收获金牌。

> **补充说明**：学城马拉松比赛的开展建立在幼儿基本了解学城的基础上。为了帮助幼儿在了解学城及其路线的过程中更有目的性，可提前设计学城的道路调查表，涉及数量、走向、连接点以及沿途公路标志等内容，引导幼儿根据调查表不断收集信息，形成对学城更立体、丰富的认知和感受。

核心活动二：学城可真美

幼儿期是审美教育的关键期，对美的感受更是健全人格发展所必不可少的重要内容。我们的学城哪里美？为什么美？如何表现这种体验美？这些都是可以引导幼儿积极思考和实践的问题。幼儿在充满艺术美感的环境中选择自己喜欢的活动，如拍摄学城的最美一角、评选美景排行榜、搭建心中最喜欢的学城建筑，并通过多种艺术形式开展"学城之美"展览会……幼儿浸润在各类游戏活动中，丰富了美的体验，也进一步加深了对学城之美的感受。

1. 记录学城的最美一角（集体活动+远足活动+区角活动）

关键经验

（1）了解由近及远观察学城的方法，感受不同距离下学城的景色；

（2）运用拍照、写生等方式记录学城的美景，初步理解遮挡式构图的艺术表现形式；

（3）充分发挥想象力表现学城之美，能积极主动地与同伴交流和分享美景，感受学城的魅力。

活动准备

（1）幼儿有拍照、写生等方面的经验及初步的审美意识；

（2）照相机；

（3）画板、画笔、画纸。

探究过程

（1）教师结合幼儿的生活经验，采用拍照这种最直接、最方便的方式进行"拍摄学城之美"活动，先开展第一轮的美景拍摄。拍摄过程中，引导幼儿找好角度，注意光线、构图等细节表现，并引导幼儿分享自己的拍照技巧。

（2）在及时分享与反馈拍照成果后，教师带领幼儿开展"写生学城之美"活动，注意依据幼儿的兴趣选择写生地点，重点引导幼儿关注大小、远近等比例关系的呈现。

（3）教师带领幼儿开展两三次由近及远的写生活动，引导幼儿从不同的距离观察学城的外貌和细节。拍照与写生活动随着幼儿远足距离的增加以及取景地点的改变而有所变化，教师要始终追随幼儿的视角，尊重幼儿的想法，保证活动后的分享与交流。

补充说明：拍照与写生活动都需要分阶段开展，范围逐步扩大，距离与形式也要有所变化。可采用作品分析法对幼儿的作品进行分析和分类，了解同一事物在不同的角度和方位的观察效果，帮助幼儿有针对性地选择绘画角度，以此丰富幼儿发现美、欣赏美进而创造美的能力。在写生过程中，结合大班幼儿的年龄发展特点，教师可在幼儿的观察基础上引导幼儿探究遮挡式构图的艺术表现形式，帮助幼儿实现从二维空间向三维空间的发展。在指导过程中，幼儿可能会有"遮挡是不是就是画一半？""画遮挡是不是就是不完整？"等疑问，教师要及时倾听幼儿的思考，尊重幼儿的认知发展过程，引导幼儿多观察事物的实景及带有遮挡内容的范画，从而发现其中的规律。

2. "学城最美风景"排行榜（集体活动）

关键经验

（1）知道投票、计票、唱票的步骤；

（2）能够通过投票评比的方式选出"学城最美风景"前三名，并大胆说出自己投票的理由；

（3）愿意根据投票结果少数服从多数。

活动准备

（1）写生作品；

（2）幼儿拍摄的照片；

（3）投票签、投票箱。

探究过程

（1）教师通过欣赏幼儿的作品以及开展谈话活动，鼓励幼儿讲述自己的作品，说一说自己心中的学城美景在哪里以及美在哪里，引导幼儿找到自己觉得最好的作品并说明理由。

图 10-4　"学城最美风景"排行榜

（2）当意见不统一时，启发幼儿讨论如何解决问题，同时引出幼儿对这种多票决定结果的方式的思考。教师可与一名幼儿演示投票的方法：首先逐一展示所有的参赛作品；接下来，给每名幼儿发放一根投票签，请幼儿将其投到自己最喜欢的作品的投票箱里；最后，统计每件作品的票数并大声报出每件作品的具体票数，即"唱票"，得票最多的前三名为获胜作品。

（3）幼儿尝试自主投票，教师帮忙记录与汇总结果，同时向幼儿讲解投票时"少数服从多数"的原则，从而根据每件作品的最终票数选出"学城最美风景"的前三名（见图 10-4）。

3. 学城的建筑之美：搭建探究（区角活动）

关键经验

（1）了解学城的德式建筑红屋顶、黄墙体等特点；

（2）能够运用转向、穿过、平式联结和交叉联结等建构技能搭建较为复杂的楼体结构；

（3）能够形成在操作前进行规划的意识，有计划地合作设计图纸。

活动准备

（1）画纸、画笔；

（2）学城鸟瞰图、细节图等；

（3）积木以及奶粉桶、易拉罐、木条等辅助材料。

探究过程

（1）大班幼儿已经具有一定的独立建造能力，在搭建楼体时，已经掌握了部分"拉手搭桥"的经验，事先能进行一定的设想和规划，并能通过分工合作完成一件有场景、有情节的立体结构。教师需在此基础上，引导幼儿观察鸟瞰图中幼儿园、青岛中学、青岛实验学校的方位及其周围环境，帮助幼儿习得转向、穿过、平式联结和交叉联结等建构技能，形象地还原较为复杂的楼体结构。

（2）鼓励幼儿大胆尝试使用不同的辅助材料、搭建方式（如连体楼的表现形式、学城的尖尖钟表楼）进行组合，掌握包含围栏、草地等在内的学城整体布局。向幼儿介绍学城的德式建筑特点，引导幼儿获得关于学城的新经验。

（3）和幼儿一同分析图纸设计的合理性，如学校的大小及排列方式等，引导其在搭建前掌握商讨、分工以及合理规划的方法，尝试通过分工合作完成学城建筑的搭建。例如，经过设计和商讨后，有的幼儿负责搭建楼体，有的幼儿负责搭建操场，最后大家一起铺设连接建筑的道路，最终形成一个完整的"超级学城"。

4. "学城之美"展览会（集体活动+家园合作）

关键经验

（1）了解展览会的基本流程，知道要按照展览的计划开展系列活动；

（2）能够在艺术展览中积极争做小小讲解员，面向家长、弟弟妹妹们大胆宣传展示，一起感受身处学城中的美好；

（3）体验艺术展带来的视觉享受，体会活动开展带来的快乐。

活动准备

（1）画纸、画笔；

（2）水壶、遮阳帽等户外装备；

（3）幼儿作品、作品展示架、夹子。

探究过程

（1）教师在指导区角活动时，提出举办一场"学城之美"展览会以激发幼儿的兴趣，鼓励他们运用多种形式持续积累主题探究过程中的亲身经历与收获体验。引导幼儿与同伴讨论，以确定学城展览会的时间、场地、展览内容、区域规划、小组分工以及其他准备工作，积极布置场地，绘制展览会邀请函并主动邀请他人来参展。

（2）幼儿商讨展位，各小组分工承包展位，其中两三名幼儿负责一个展位的内容介绍。教师需提前按照幼儿的意愿分好组，在总体规划的基础上引导幼儿做出单个展位的计划，并进行布置和准备。

（3）幼儿的学习是在不断的经验改组中获得的。为了使幼儿获得最全面的经验，学城展览会可分为两个阶段开展。第一阶段为模拟展览阶段，这时教师需关注整体环节和流程是否顺畅，结束后进行讨论，总结优点，改进不足。接下来开展第二阶段，也就是真正面向大众的展览会，重点是帮助幼儿在经验介绍方面进行信息储备，尽显最佳风貌（见图10-5）。

（4）在经历了几场展览会后，为了使幼儿获得完整经验，教师可利用照片、视频等方式和幼儿一起回顾展览会的情节，并鼓励幼儿以多种喜欢的方式在活动区进行再现。

图10-5　展览会上的介绍

核心活动三：学城超级棒

幼儿的学习是一个主动获得经验的过程，对学城的归属感与认同感也是通过自身的积极建构获得的。本核心活动中，教师将有效利用家庭和社区资源，带领幼儿开展参访前的计划、参访中的发现以及参访后的回顾等系列活动，尊重幼儿的表达方式，鼓励其大胆将自己的想法进行记录。同时，教师将积极倾听幼儿的声音，关于足球的生成探究活动便是教师紧紧追随幼儿的兴趣，以幼儿的节奏和视角展开的，且更加凸显幼儿的主体地位。幼儿在多样的活动中获得丰富的体验，内心将真正接纳学城的一花一木、一草一石，由衷地为学城的发展而感到自豪。

1. 我们的学校参访计划（集体活动 + 小组活动）

关键经验

（1）知道制订参访计划的步骤和计划的要素、内容；

（2）能够在同伴和教师的帮助下制订参访学校的具体计划；

（3）当计划中有不合理之处时，能够及时调整，面对困难乐于坚持到底，从而获得完成计划时的成就感。

活动准备

（1）白板笔；

（2）白纸；

（3）青岛中学的内部照片；

（4）计划范例。

探究过程

（1）教师带领幼儿做计划时，要遵循由易到难的科学规律，先从幼儿熟悉的生活计划开始口头表述练习，待幼儿有了一定经验后可就较为抽象的参访活动制订计划。过程中，随时与幼儿讨论每一步计划的合理性与可行性。当幼儿发现自己不能"自圆其说"时，就会察觉到计划的纰漏之处，教师可与幼儿一起调整，制订最适切的计划。

（2）完成计划所需的时间很关键，如果需要很长的时间才能完成，这样的计划就不符合现阶段幼儿的发展水平。所以，教师要引导幼儿做具体且稍加努力就能够实现的计划，如具体到参访的哪一方面，是食堂还是教室，是服装设计教室还是机械教室等。让幼儿在对照计划实施每一步的步骤时看得见，摸得着，不易跑偏。

（3）幼儿的计划很难一次做到完美无瑕，需要在实施过程中、在教师的指导下不断修改、完善。同时，每次遇到问题，都是一次对耐心的历练过程，教师要关注这一情况，督促和鼓励幼儿一旦制订计划就要坚决落实、按时完成。

2. 走进青岛中学（集体活动 + 实地参访 + 区角活动）

关键经验

（1）了解青岛中学里不同教室的内部构造及功能，知道哥哥姐姐们在不同的教室里开展的各种活动；

（2）能在参观结束后用完整、流畅的语言讲述自己的发现和感受，并能通过师幼合作把活动区创设成不同的多功能教室；

（3）体验在区角活动"青岛中学"参加不同活动的乐趣，产生对小学的向往之情。

活动准备

（1）PPT课件（幼儿逛青岛中学内部及体验活动时的照片）；

（2）记录单；

（3）笔。

探究过程

（1）幼儿前期的参观都是围绕学城的外部进行的，他们越来越想走进学城的内部，探究学城里面到底是什么样子的。由于学城内部很大，教师可提出问题"参访时，你想看什么？"，以此为话题引导幼儿先根据自己的疑问做好参访计划。参访过程中，引导幼儿仔细观察青岛中学的内部结构、不同教室的名称以及可以开展哪些有趣的活动。

（2）引导幼儿回顾参访青岛中学的发现与感受，可结合幼儿的观察内容引导其与幼儿园的各个生活区进行对比："青岛中学和我们生活的幼儿园相比有哪些不一样的地方？"教师对幼儿的交流内容进行经验提升和整合，并激发幼儿向往上小学的兴趣。

（3）鼓励幼儿讨论我们的活动区可以变成哪些多功能教室，并自主创设区角中的多功能教室，收集材料、进行布局。

> **补充说明**：由于年龄水平以及陌生环境的影响，师幼合作制订计划的过程中需要教师渗透参访礼仪的小约定"参访时我们需要注意什么？"，如他人物品不乱碰、排好队列不乱跑、安静参观不吵闹等。同时在学校的选取上，因为两所学校的风格一致，我们选取了内部资源功能丰富、离幼儿园近一点的青岛中学作为幼儿参访的重点，提前联系好负责的教师，依据学校的时间表做好路线的设置。这些都是需要提前想好并做好充分准备的事情。

3. 秒变小小足球迷（集体活动+区角活动+家园合作）

关键经验

（1）认识足球的外形特征，知道足球运动的人员、场地和得分规则等要点；

（2）在参访中学足球场后，能够大胆地在集体面前表达自己了解到的与足球相关的信息；

（3）了解足球的发展史，愿意进一步探究足球以及足球赛的秘密。

活动准备

（1）《足球调查表》；

（2）用于统计幼儿疑问的电子白板；

（3）绘本《阿诺踢足球》《火龙谷里的足球赛》《足球运动员》等。

探究过程

（1）活动开始前，教师设计《足球调查表》，请幼儿回家在爸爸妈妈的帮助下开展对于足球信息的调查。调查表包含"足球的外形特征""我看到的足球场"以及"我知道的足球故事"三部分内容。请幼儿上前分享对足球的调查结果，教师及时小结与提升。

（2）开展"足球赛，知多少"疑问征集活动，教师从运动员、场地布置、所需材料、得分要求和比赛时长等方面，分类记录幼儿关于足球比赛的小问题，激发其进一步探究的欲望。

（3）师幼共读绘本《阿诺踢足球》《火龙谷里的足球赛》《足球运动员》等，引导幼儿带着对足球的疑问，在绘本中寻找答案，为开展一场属于自己的足球赛打下情感基础。

4. 足球进课堂（集体活动＋家园合作）

关键经验

（1）进一步了解足球赛的规则，认识足球装备，知道青岛中学足球课的基本环节；

（2）在教师的带领下，能够掌握基本的踢球动作要领；

（3）对踢足球充满兴趣，愿意开始筹备一场真正的足球赛。

活动准备

（1）家长准备好的关于足球小知识的 PPT 课件；

（2）球鞋、球衣、红牌、黄牌、微型球门等足球专业装备；

（3）足球赛视频。

图 10-6　足球进课堂

探究过程

（1）邀请会踢足球的爸爸妈妈进课堂为孩子们讲解踢足球的要领、足球赛的规则，有条件时可携带部分足球专业装备，如球鞋、球衣、红牌、黄牌、微型球门等，引导幼儿看一看、摸一摸，帮助其获得更加直观的感受（见图 10-6）。

（2）在幼儿了解一定的足球知识并掌握部分踢球技巧的基础上，教师可结合照片、视频等多媒体资源与幼儿共同观看一场真正的足球赛，以了解赛事规则等要求。教师可在重点时段中断或者重复观看，引导幼儿重点了解球员的站位、追球、带球以及传球等知识，鼓励幼儿现场模仿动作，初步掌握要领。

（3）鼓励幼儿与进课堂讲解的家长模拟进行传球、射门、守门等环节的练习，在亲身感知的趣味游戏中初步了解各个动作的基本要领，体验足球游戏的快乐。

5. 我们班的足球赛（集体活动 + 区角活动 + 家园合作）

关键经验

（1）了解足球赛的各个开展环节，知道不同站位的球员各自的职责是什么；

（2）能够自主组建球队，选择自己擅长的角色，并积极为开展一场足球赛做好经验、物质以及体能方面的准备；

（3）愿意积极参与班级足球赛，体验体育竞技的乐趣。

活动准备

（1）记录单、笔；

（2）活动区的足球信息；

（3）足球、场地、记分牌等比赛物品。

探究过程

（1）认识并感受足球后，幼儿想要开展一场足球赛。教师鼓励幼儿分工做好比赛计划，如球赛的开始时间、比赛当天要带什么等。同时，在班级区域活动时将足球赛的开展融入区角游戏中，如：小舞台的幼儿练习啦啦操，美工区的幼儿制作奖牌、公平旗，制作区的幼儿制作记分牌等。

（2）比赛当天，邀请专业足球队员作为裁判员，在热身时带领孩子们重温踢球、运球的方法，讲解足球赛的规则以及不同站位球员的职责。

（3）比赛过程中，教师除了关注场上的即时赛事情况（见图10-7）外，还要关注观众席上幼儿的专注性以及赛事比分的记录情况。可运用鼓舞性话语，如"两队比分拉近了，星星队加油，再进一球！""让我们为这一球欢呼吧！"等，时刻调动场上、场下的活跃气氛，培养幼儿良好的专注力和团队意识。

图10-7　足球赛

*补充说明：*足球作为"世界第一运动"，对于幼儿的运动和动作发展有着良好的作用。大班幼儿虽有初步的规则意识，但是参与竞赛的经验不足。一场正规的足球赛的开展对他们而言是在其最近发展区内的，有一定难度，但值得挑战。在游戏过程中，除了关注幼儿的身体活动充分与否，教师还要时刻关注幼儿的竞赛意识，帮助他们认同足球比赛的竞技性，培养不抛弃、不放弃的体育精神。例如：当遇到球被截走或者没有射进门，幼儿表现出灰心时，教师要及时鼓励；当幼儿重整旗鼓时，教师要及时表扬，告诉幼儿跌倒了及时爬起继续完成比赛更值得他人尊敬。当然，球赛结束后，教师仍需带领幼儿及时回顾活动，积极积累经验，总结出哪些地方玩得尽兴、哪些地方还需要改进等，以此帮助幼儿获得完整的球赛体验。

核心活动四：畅想未来学城

本核心活动基于对未来学城的美好想象，通过信息调查、绘本阅读、符号表征、制作沙盘等形式为幼儿提供多样表达的桥梁。尤其是在大班幼儿的语言和文字表达能力尚未成熟的时候，他们更需要用此类形式抒发对自然和社会的认知。此外，除了对自身的认同，幼儿还化身为学城"小小代言人"，经历着从对学城宣传会的积极构想，到协商设计,再到合作布置,最后成功开展。在此过程中,教师鼓励幼儿敢想、敢做、敢计划、敢实施,将创造力由脑海中的想象转化到现实中,选择自己最喜欢的方式诠释对学城的深刻理解和热爱之情。我们有理由相信,学城的未来,因有你们而更加美好。

1. 我心中的未来学城(集体活动+区角活动+家园合作)

关键经验

(1)了解绘本中有关各种各样学城的描述,进一步拓展想象力;

(2)能在爸爸妈妈的帮助下调查世界各地典型的学城,可以用完整的语言表达"我调查的学城是什么样子的",并能大胆畅想我们未来的学城;

(3)喜欢交流,体验畅想未来学城的快乐。

活动准备

(1)调查信息报;

(2)电子白板、PPT课件;

(3)绘本《梦中的欢乐学校》《城:从石器时代到遥远的未来》等;

(4)幼儿已了解"未来"的含义。

探究过程

(1)激发幼儿在已有经验的基础上大胆想象,教师用启发性提问"你们觉得学城里面还可以有什么?""如何让学城变得更好?"等,鼓励同伴间、小组间进行交流。幼儿在描述未来学城时,教师给予评价,如"你讲得真完整,不仅讲了你眼中的未来学城的样子,还说出了原因"等。

(2)为了进一步拓宽幼儿的视野,可通过制作调查信息报等方式进行分享,邀请幼儿分享自己调查到的其他学城的信息。教师根据幼儿已分享的信息报,分类整合并呈现其他学城的公共设施、交通设施、空间大小等不同方面的图片。

(3)师幼共读绘本《梦中的欢乐学校》《城:从石器时代到遥远的未来》等,请幼儿用完整的语言说一说故事中的学城是怎样的,比较书中的未来学城与自己所处学城的不同,鼓励幼儿畅想未来学城,大胆表达未来学城的样子。

2. 设计未来学城(集体活动+区角活动)

关键经验

(1)了解现代学城的特点,知道未来学城的建筑功能,大胆想象并创意绘画未来学城；

（2）能够安心作画，画面构图合理，涂色均匀不留空隙，学会使用过渡色；

（3）在创作未来学城时，对学城的未来建设产生憧憬，愿意为学城的建设贡献一分力量。

活动准备

（1）关于其他学城的PPT课件、未来学城的想象图；

（2）画纸；

（3）马克笔、水彩笔若干。

探究过程

（1）教师带领幼儿通过谈话和观察图片，交流各个学城的特点，了解其名称和用途，并引导幼儿根据兴趣自行分组，对感兴趣的问题进行深入讨论。各小组分享自己畅想的角度和内容，如未来学城中建筑的外形特征、未来的路、未来的教室、未来的校车等，互相欣赏同伴的奇思妙想。

（2）教师出示未来学城的想象图并进行情景化讲述，可询问幼儿："你们想不想知道未来世界的学城是什么样子的？我们一起乘坐时空隧道去未来世界看看吧！"引导幼儿观察并讨论："这些画有什么特点？这些小朋友的涂色与你们的相比较，有什么不同？"教师就幼儿的回答，结合画面内容、过渡色的使用等进行小结与提升。

（3）自主绘画过程中，教师指导幼儿先进行简单的构思，分析合理的构图，之后再用黑笔起稿，注意绘画的规范要求，如握笔姿势、桌面整洁度的保持以及珍惜纸张的意识等。绘画完成后，可引导幼儿将完成的作品展示在电子白板上或者展板上，请幼儿上前讲述，将自己对未来学城的畅想讲完整、讲清楚。

3. 制作未来学城沙盘（小组活动＋区角活动）

关键经验

（1）了解学城的基本布局及结构特点，可以在持续制作学城沙盘的经验基础上，将对未来学城的构想以及为当下学城增添的设施等内容进行多种形式的表现；

（2）能够灵活利用生活中的废旧物品，正确使用剪刀、美工刀等工具，按照合理的比例再现学城鸟瞰图，制作各种学城建筑及设施，规划和再现未来学城；

（3）愿意在教师的指导下合作制作学城沙盘，获得对学城及其未来发展走向的整体感受，萌生对学城的爱。

活动准备

（1）胶枪、双面胶、透明胶带等制作工具；

（2）各种纸盒，收集、捡拾的自然材料；

（3）纸盒制作的照片、周围建筑的照片、参观学城的照片、其他学城的图片等。

探究过程

（1）幼儿已有实地参访学城的经验，教师指导幼儿通过观察学城鸟瞰图创作学城大地图，注意地图中每个色块所代表的含义，保证地图中道路的通畅。在感知整体布局的基础上，引导幼儿制作单独的建筑，利用各种材料以及贴、画等方法补充建筑的细节。

图 10-8　学城沙盘

（2）指导幼儿规划制作完的建筑，布置简单的学城。引导幼儿利用收集来的各种废旧物品（如牙膏盒、一次性纸杯、光盘等），学习使用热融胶枪，尝试制作比例相对合适的学城沙盘（见图 10-8）。

（3）同伴协商确定沙盘内容，学会使用剪刀、美工刀的正确方法，表现楼房的装饰特点。引导幼儿将足球场、篮球场、排球场等参观场地呈现在沙盘上。

4. 我们的学城宣传会（集体活动+区角活动+家园合作）

关键经验

（1）了解学城之美的不同表现形式，知道不同的宣传方式，了解举办宣传会需要做哪些准备，以及宣传能够带来的社会性影响；

（2）能自主分工制订布展计划，做好场地、展品等的规划和准备工作，并掌握一定的宣传技巧和宣传专用语；

（3）产生对学城的认同感和归属感，愿意向大家宣传学城的美。

活动准备

（1）明信片、书签、包、相框、美术作品、大沙盘；

（2）展品架；

（3）邀请函、超级学城宣传画。

探究过程

（1）教师带领幼儿了解宣传会的主要形式和内容，如引导幼儿观察城市宣传画、宣传广告，了解宣传画包含醒目的大标题、正文内容以及作者和日期等基本要素，激发幼儿想要设计学城宣传画的欲望。除了绘制宣传画，还可以持续收集和制作关于学城的纪念品（见图10-9），因此可以将幼儿分成不同的设计小组，确定场地，制订展会计划。

图 10-9　学城创意帆布包展区

（2）为保证宣传形式的多样性，教师可与幼儿一起划分不同功能的小组，如介绍学城沙盘组、介绍学城宣传画组、介绍学城艺术工艺品组等，一起设计邀请函，并共同商量和列举在展览时要注意的各个事项。

（3）鼓励幼儿面向小区内的居民开展介绍和宣传活动，教师提前与幼儿沟通向他人宣传时的注意事项，如打招呼的礼貌用语，介绍时语言要详细、完整、连贯、通顺，尽可能地回答好他人提出的问题，为学城创造好的影响力。

五、总结与思考

（一）基于幼儿的经验、兴趣、需要的课程推进

杜威曾说："一切真正的教育来自儿童的经验，教育是在经验中、通过经验和为着经验的一种发展过程。"儿童的学习就是一个经验不断内化与改组，并在前期经验的基础上不断生长的过程。大班幼儿对自己生活三年的幼儿园以及周边的环境非常熟悉，而这就是幼儿的已有经验，加上他们正处于幼小衔接关键期，教师需要通过各种方式激发其升学的愿望。于是，本次主题活动既引发了幼儿对学城的探究兴趣，又激发了他们对升学的向往，以其感兴趣的生活世界为基点来选择课程内容，从而深化幼儿的学习。

（二）资源的开发与利用

幼儿园在资源的收集和利用过程中结合主题需要和幼儿园的实际情况，对能利用

的各类资源进行整理，保证主题活动的顺利推进。本主题活动选择了距离孩子们最近的三所学校开展双向联合，利用多所学校校舍、师资资源，为孩子们开展了"下沉广场探秘""学城马拉松比赛""秒变小小足球迷"等系列探究活动，同时加入了一些绘本资源，在家、园、社的合力下共同促进幼儿在生活体验中的学习。

陈鹤琴提出的"活教育"提倡让儿童在与自然和社会的直接接触中，在亲身观察中获取经验和知识。我园的孩子们身处这样一处超级学城之中，应享受这份社会"教材"所蕴含的多种教育盛宴，我们也将一直以幼儿为中心，遵从"动态平衡"的课程建构思路，不拘泥于固定刻板的课程展现形式，不断学习与摸索，不停交流与互动，以此为幼儿提供更加广袤、丰富、生动的"活课堂"。

案例十一

瓶、碗、罐开大会

一、设计意图

瓶、碗、罐在我们的生活中无处不在，与人们的生活密切相关。不同种类、材质、样式的瓶、碗、罐，在人们的生活中有着重要的作用。

生活中丰富多样的瓶、碗、罐是幼儿感知、发现和探究的源泉。在主题活动实施过程中，幼儿通过观察、比较、分类和统计，充分感受瓶、碗、罐的质地、形态和功能的不同，了解瓶、碗、罐与我们生活的重要联系，从而获取有意义的生活经验。通过了解如何使用瓶、碗、罐，幼儿进一步探究餐桌文化和历史悠久的茶文化，不仅体验使用瓶、碗、罐的乐趣，而且感受生活的幸福。

与此同时，中国陶瓷器皿凝聚了中国传统文化的精髓，幼儿可以在充分欣赏传统陶瓷器艺术造型、图案寓意美的过程中，初步感受中华民族文化中人们对美好生活的期盼与丰富多样的艺术表达方式等。在此基础上，鼓励幼儿发挥自己的想象力，运用多种方式模仿和创造性地设计自己喜欢的瓶、碗、罐，表达自己的美好期望与祝福。

二、主题总目标

健康领域

- 观察、使用玻璃和陶瓷材质的瓶、碗、罐时，会轻拿轻放，注意安全。
- 能动作协调地使用材料进行手工活动。

语言领域

- 根据实物、作品以及瓶、碗、罐的历史发展展板进行讲解，体验讲解活动的乐趣。

社会领域

- 能根据博览会的需求，制作不同的展示作品，与同伴分工协作，认真对待自己承担的工作，合作举办博览会。
- 知道中国饮食文化博大精深，能深入探究中国的茶文化、酒文化，萌发民族自豪感。
- 了解瓶、碗、罐的发展历史，认识不同朝代的陶瓷器，深入了解不同年代陶瓷的典型特征。
- 了解不同国家、民族的用餐礼仪，尊重各国的饮食文化，在生活中践行文明用餐礼仪。
- 了解中国人的待客之道，在生活中能够热情招待客人，体会到热情待人的快乐。

科学领域

- 了解生活中瓶、碗、罐的特征与用途，了解它们的名称、质地、形状以及与人们生活的关系。
- 知道瓶、碗、罐标签上图片、文字和数字的含义，能根据标签信息挑选商品。
- 能根据瓶、碗、罐的用途、外形、质地等进行分类统计。
- 探索与瓶、碗、罐有关的科学实验，学会用符号记录和表征。
- 了解不同材质的瓶、碗、罐的回收方式，具有相关的环保常识。
- 知道正确清洗各种瓶、碗、罐的方式，在实践中正确清洗，初步感知清洁剂的化学原理。

艺术领域

- 感知敲打不同质地的瓶、碗、罐时发出的美妙声音，能运用自制的瓶瓶罐罐乐器随音乐进行演奏。
- 欣赏各种各样的陶瓷器，感知中国传统陶瓷的色彩、形状、图案和花纹的特征，体会民间艺术的装饰美和造型美。
- 学习用图案、花纹和色块装饰瓶、碗、罐，并运用橡皮泥、陶泥、插花和折纸等材料装饰和创意制作瓶、碗、罐。

三、活动网络图

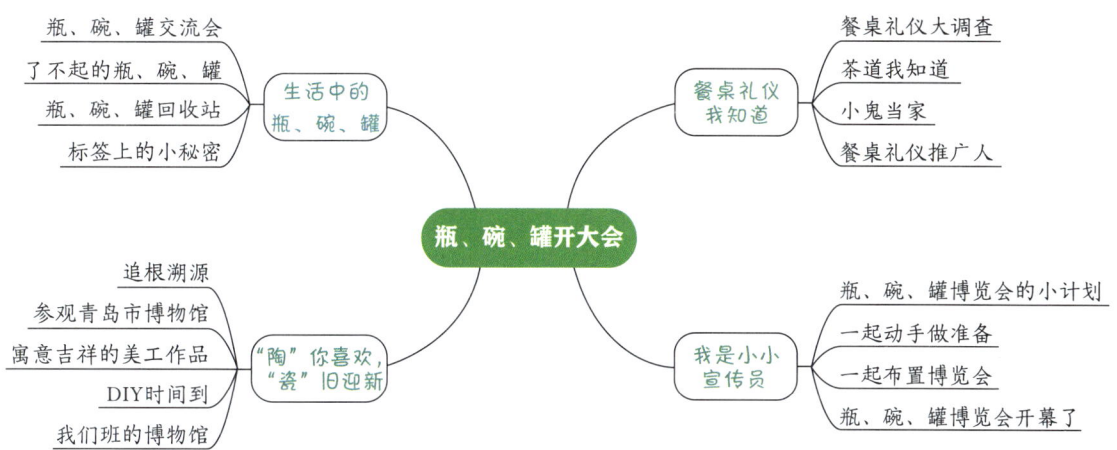

四、活动设计与实施

核心活动一：生活中的瓶、碗、罐

生活中常用的简单物品，能让幼儿迸发出强烈的探索欲望。本核心活动以幼儿可持续的、连贯的问题意识为导向，通过咨询访问、区角探究、讨论互动、实地参访等活动形式，帮助幼儿直观了解瓶、碗、罐的外形、结构、功能等特征，探究其与人们生活的密切关系。在不同的生活场景中，幼儿尝试利用标签，选购所需的瓶、碗、罐商品；将收集到的废旧瓶、碗、罐分类创新利用。在同伴、教师、家庭、环境的全情支持下，幼儿将感受生活中的瓶、碗、罐的魅力，收获别样的精彩。

1. 瓶、碗、罐交流会（集体活动 + 小组活动 + 家园合作）

关键经验

（1）通过观察比较，发现各种瓶、碗、罐在颜色、材质、形状、开启方法和功能上的区别，对观察探究各种瓶、碗、罐感兴趣；

（2）自主分为"瓶""碗""罐"三个调查组，开展相关调查，运用表征的形式记录调查结果；

(3)运用不同的感官感知瓶、碗、罐外形特征的不同,利用直尺、软尺、电子秤和水温计等测量工具对瓶、碗、罐进行测量、称重及性能的测试实验。

活动准备

(1)幼儿收集的具有不同材质、功能和特点的瓶、碗、罐;

(2)《生活中的瓶、碗、罐调查表》;

(3)放大镜、毛线、扭扭棒、吸管、锁扣玩具等辅助材料,直尺、软尺、电子秤、水温计等测量工具;

(4)用于记录的纸、笔。

探究过程

(1)请幼儿将从家中收集来的各种瓶、碗、罐向全班进行展示,分享自己日常生活中对于不同瓶、碗、罐的使用场景和相关经验。

图 11-1 生活中的瓶、碗、罐调查表

(2)将不同的瓶、碗、罐投放到信息角中,供大家一起观察、比较,感知瓶、碗、罐作为容器不同的特点,如材质、颜色、形状、开启方法和功能等,并讲述和记录自己的探究发现。

(3)为了深入探究不同瓶、碗、罐的特点,幼儿根据兴趣自主分为"瓶""碗""罐"三个调查组。幼儿按照组别回家调查相关信息,将自己初步的调查结果和发现用符号表征的形式记录下来,完成《生活中的瓶、碗、罐调查表》(见图11-1),分小组共同探讨调查的内容,将其分类汇总在画纸上,按不同组别派出小代表分享调查成果。让全体幼儿对瓶、碗、罐有初步的了解。

(4)区角活动时,幼儿可以根据自身兴趣在活动区使用目测、实测等方法运用不同的工具测量瓶、碗、罐的不同位置,比较不同瓶、碗、罐的高矮和粗细等特点并记录自己的测量结果(见图11-2)。

(5)引导幼儿通过不同感官和工具深入探究自己感兴趣的瓶、碗、罐,如看一看颜色和外形特征、摸一摸感受触感和温度、敲一敲不同质地的容器并听一听其发出的美妙声音，大胆猜想、实验验证不同瓶、碗、罐的外形特征对功能的影响，如塑料材质的水瓶轻巧便携、不锈钢水瓶较重但具有保温功能等。

2. 了不起的瓶、碗、罐（区角活动）

关键经验

（1）了解生活中瓶、碗、罐的作用及其在不同领域的广泛应用，能用绘画、泥工、剪贴和布艺等多种形式进行呈现；

图 11-2　幼儿在区角中探究瓶、碗、罐

（2）大胆为同伴介绍自己作品中瓶、碗、罐的特点和应用场景；

（3）乐于大胆畅想，借形想象，创造性地表现生活中的瓶、碗、罐。

活动准备

（1）画纸、卡纸、画笔、橡皮泥、不织布等美工材料，以及幼儿收集的各种自然材料和废旧材料；

（2）不同领域、不同场景下使用瓶、碗、罐的照片。

探究过程

（1）通过调查和探究，幼儿对瓶、碗、罐的使用有了进一步的了解。教师支持幼儿通过迁移自己调查的不同领域中使用瓶、碗、罐的经验，交流自己想表现的瓶、碗、罐的使用情景。例如：在厨房、浴室、客厅等居家生活场景中使用调味品、沐浴露、花瓶的情景，在药店、医院中使用药品、输液瓶的情景，在实验室、工厂中使用实验品、大型罐的情景等，发现瓶、碗、罐在生活中的不同领域都能用到，是了不起的容器。

（2）提供美工材料、自然材料和废旧材料，鼓励幼儿用不同的材料进行尝试，选择合适的材料进行创作。例如：可以用硫酸纸材料表现玻璃罐头的透明效果，用废旧锡纸材料表现不锈钢水壶等，呈现不同场景下瓶、碗、罐的使用情景（见图 11-3）。

图 11-3　幼儿表现瓶、碗、罐使用情景的泥工作品

（3）引导幼儿在作品中表现瓶、碗、罐用品的特点，并大胆与同伴进行交流。例如：妈妈使用化妆品情景中的面霜瓶都是小小的，因为化妆品的使用期限一般比较短；很多实验品的瓶子都是棕色的，因为需要避光保存；小朋友进餐使用的是不锈钢碗，因为它耐摔、不易破损。

（4）指导幼儿发散思维，借形想象，创造性地利用各种材料表现瓶、碗、罐，如把奶茶杯画成游泳池、利用废旧外卖碗做出小帆船等。

3. 瓶、碗、罐回收站（区角活动＋家园合作）

关键经验

（1）能收集各种瓶、碗、罐并展开调查，针对班级的不同活动、不同区角进行分类投放；

（2）通过调查正确、便捷地清洁瓶、碗、罐的方式，收集清洁材料，在实践中学习正确清洁瓶、碗、罐的方法，初步感知清洁剂的化学原理；

（3）了解不同材质的瓶、碗、罐的回收方式，萌发环境保护意识，大胆想象，积极动手，将废旧的瓶、碗、罐变废为宝。

活动准备

（1）杯刷、奶瓶刷、钢丝球、洗洁精、洗碗粉、小苏打、白醋、牙膏等清洁用品；

（2）画纸、彩笔以及麻绳、美工刀、扭扭棒、胶枪等手工制作材料；

（3）环保主题绘本《揭秘垃圾》《保护地球》《可回收物之塑料》《可回收物之玻璃》《可回收物变宝贝》等。

探究过程

（1）随着收集来的瓶、碗、罐越来越多，种类越来越丰富，幼儿产生了在不同活动或教室中将其作为活动材料或生活材料进行利用的想法，并在教师的协助下开展调查进行投放。例如：可以用罐头瓶、碗、盘进行养殖、水培活动，啤酒瓶可以用来进行美术创作，玻璃瓶盛水，易拉罐装豆子可以作为乐器进行打击乐活动，大矿泉水桶可以作为体育游戏道具，带有滴管的化妆品瓶可以作为区角游戏时的实验用品，有挤压头的塑料瓶可以给保育老师分装洗洁精等。

（2）在收集、分类和投放过程中，幼儿发现很多瓶、碗、罐的表面或内部存在污垢。想要加以利用就需要进行彻底清洁，教师提供不同的清洁用品供幼儿探索，将瓶、碗、罐上不同的污垢清理干净。

（3）在教师的协助下，幼儿根据自己的创作兴趣，利用各种手工材料将废旧的瓶、碗、罐变废为宝，制作各种手工艺品美化班级环境，比如易拉罐火箭、瓷罐娃娃、牛奶瓶风铃等（见图11-4）。

（4）幼儿对这些废旧的瓶、碗、罐的归宿产生好奇。结合活动需要，教师可引导幼儿通过阅读绘本、网络调查等方式，了解到不同材质的瓶、碗、罐大部分会通

图11-4　幼儿利用废旧的瓶、碗、罐进行创作

过不同的方式回收利用，也会有一部分非常难降解、污染环境，由此鼓励幼儿绘制宣传画以呼吁减少使用外卖餐盒等不环保的容器。

补充说明：在对不同的瓶、碗、罐污垢的清洁过程中，幼儿请教爸爸妈妈、保育老师等人员，利用不同的清洁剂和清洁工具进行尝试，并从中发现了很多有趣的科学现象。比如：去除油污是清洁过程中的一大难题，幼儿发现不同的清洁剂效果不同；油污溶于清洁剂是一系列化学反应产生的，但是此类清洁剂对皮肤会造成一定伤害；热水也可以去除油污，这与分子运动有关。在此过程中，幼儿对科学实验的原理产生了浓厚的兴趣，也产生了学习科学知识的积极性。同时，通过清洁瓶、碗、罐，幼儿感受到做家务的不易，表现出对平时承担清洁工作的爸爸妈妈、教师、阿姨的感恩之情，并呼吁大家不过度使用容器、不浪费，许下爱护环境、让地球更美丽的美好愿望。

4. 标签上的小秘密（家园合作＋实地参访）

关键经验

（1）观察瓶、碗、罐商品上的标签，了解标签上的内容，并理解标签上图案、文字和数字的意义；

（2）在调查瓶、碗、罐的标签内容时用合适的符号进行记录，并与同伴分享自己的发现；

（3）尝试利用标签信息挑选商品，感知标签在生活中的作用。

活动准备

（1）带有标签的瓶、碗、罐实物；

（2）用于记录的纸张、笔。

探究过程

（1）在区角活动中，幼儿通过细致观察发现瓶、碗、罐商品上往往都贴有一些标签，标签上有不同的数字、字母、文字和条码，幼儿发现问题并提出疑问："爸爸妈妈买东西的时候是怎样阅读标签的？结账的时候为什么要扫标签？标签上都有商品的哪些信息？"

（2）在教师和家长的帮助下，幼儿对标签上信息所代表的意义展开调查，并用符号和语言记录自己的发现，与同伴交流。

（3）通过调查与分享，幼儿能够识别标签上的简单信息，如净含量、生产日期和保质期，了解标签上条形码、营养成分表和生产厂家等信息。

（4）结合幼儿的活动需要，教师建议家长利用周末或离园后的时间，带幼儿去超市进行实地参访，在不同的货架上寻找不同的瓶、碗、罐商品，关注标签信息，并利用标签信息购买所需要的商品，感受标签在生活中的作用。

核心活动二："陶"你喜欢，"瓷"旧迎新

不少幼儿有在陶艺馆制作陶瓷的经验，当他们把自己烧制的陶瓷碗带到班级时，引发了同伴的极大好奇——原来陶瓷可以用泥土烧制！古代人是怎样开始制作陶瓷的？结合幼儿的兴趣，本核心活动中，我们通过家园合作展开调查、进行集体活动、去青岛市博物馆实地参访等形式，进一步了解瓶、碗、罐的历史发展，探究凝聚中国传统文化精髓的陶瓷制品的奥秘，充分欣赏传统陶瓷艺术的造型、图案和寓意之美。区角游戏中，幼儿也用喜爱的艺术表现形式表达自我感受。利用周末时间，家园合作开展假日活动——陶艺创作，更为幼儿提供了零距离体验、探索陶瓷制作秘密的机会。

1. 追根溯源（集体活动 + 区角活动 + 家园合作）

关键经验

（1）通过观看纪录片、阅读绘本、"云参观"博物馆，了解瓶、碗、罐的历史

发展;

(2)运用绘画、剪纸、泥工等不同的美术形式再现瓶、碗、罐的由来和历史典故;

(3)愿意向同伴介绍自己的作品及其意义,感受自主创作的成功体验。

活动准备

(1)"万物由来大揭秘绘本系列"、"博物馆里的奇妙中国"系列绘本,瓶、碗、罐的历史发展纪录片以及中国国家博物馆网络展厅;

(2)幼儿在家长的帮助下完成的《瓶、碗、罐发展的历史典故》相关信息报;

(3)画纸、画笔、刮画纸、彩砂纸、毛笔、颜料、橡皮泥等美工材料,报纸、气球、麻绳等生活材料。

探究过程

(1)通过对瓶、碗、罐的不断深入探究,幼儿产生了探寻瓶、碗、罐的历史渊源的想法,并在教师和家长的帮助下用自己喜欢的形式展开,制作信息报。

(2)请幼儿带回自己搜集的信息资料并在集体活动中与同伴进行交流,教师在电子白板上对这些信息加以整理并绘制思维导图,让幼儿充分了解瓶、碗、罐的历史渊源和典故。

(3)为了使幼儿更加直观地感受历史变迁对瓶、碗、罐发展的影响,教师在过渡环节为幼儿播放相关纪录片、读绘本以及带领幼儿"云参观"中国国家博物馆。

(4)师幼共同讨论并制作瓶、碗、罐的历史发展典故展板(见图11-5),在活动区中引导幼儿尝试用不同的美术形式进行呈现,如用报纸纸浆制作尖底瓶、用橡皮泥制作半立体青花瓷盘等。

图 11-5 师幼共同梳理瓶、碗、罐的历史发展

补充说明:在研究有关瓶、碗、罐发展的历史典故中,幼儿充分利用多种渠道搜集资料,如相关的绘本、影音资料、网络资源等,让原本抽象的历史变得直观、灵动起来。通过"云参观"博物馆,幼儿获得了更加直观的形象体验,但是他们不满足于图文影音资料,渴望外出参访。在家委会的帮助下,我们联系到青

岛市博物馆。征得许可后，我们坐上"神奇校车"，与幼儿一起来到青岛市博物馆进行实地参访。

2. 参观青岛市博物馆（集体活动＋实地参访）

关键经验

（1）认识不同朝代的瓷器，并了解不同瓷器的特点和发展历程；

（2）在提出不同的问题并得到专业解答时，能运用符号进行准确记录；

（3）了解博物馆的参观要求，遵守场馆规则，体验参观活动的乐趣。

活动准备

（1）反光衣、安全协议书等；

（2）《参观青岛市博物馆的问题表》；

（3）用于记录的纸、笔。

探究过程

（1）进行参访活动前，幼儿做了非常多的"功课"，在教师的引导下思考问题并进行梳理，同时表征在《参观青岛市博物馆的问题表》，带着自己的疑问来到博物馆寻找答案。

图 11-6　幼儿在教师的带领下参观博物馆

（2）在博物馆参访过程中，教师引导幼儿仔细观察，了解博物馆的全貌以及博物馆的参观流程、整体构造和人员安排。

（3）讲解员为幼儿介绍不同朝代的瓶、碗、罐文物，涉及历史发展、上色方式、制作工艺、结构名称以及不同图案所代表的意义等（见图 11-6）。

（4）在参访过程中，幼儿向讲解员提出自己尚未得到解答的问题，寻求专业的答复，并表征记录自己的收获。

3. 寓意吉祥的美工作品（区角活动）

关键经验

（1）了解瓶、碗、罐的发展史，知道不同年代陶瓷器的外形特征等，感知中国传统陶瓷的色彩、形状、图案、花纹的特征、寓意和文化内涵；

（2）运用多种美术形式创作瓶、碗、罐，表达对自己作品的理解和感受，体验创作的乐趣。

活动准备

（1）参访博物馆的照片以及展品照片；

（2）各种有特点的瓶、碗、罐的实物和图片，如梅瓶、葫芦瓶、莲蓬碗、高脚碗、双耳罐等；

（3）带有喜鹊、荷花、牡丹花、梅、兰、竹、菊等元素的图案及如意纹、祥云纹、蕉叶纹、寿字纹等花纹的瓶、碗、罐的图片和实物；

（4）绘本："博物馆里的奇妙中国"系列、《小青花》《其有瓷理》《中国陶瓷》等；

（5）各色彩泥、彩纸、画笔、剪刀、胶带、不织布等美工材料及工具。

探究过程

（1）指导幼儿观察瓶、碗、罐的基本结构，尝试用目测、折叠等不同的方法感知传统陶瓷器的对称性。

（2）提供各种各样的瓶、碗、罐的实物和图片，请幼儿选择自己喜欢的器皿进行细致观察，按照自上而下口、颈、耳、肚、底的顺序进行创作，注意合理构图、线条流畅地表现瓶、碗、罐各部分的外形特征。

（3）提供制作工具和材料，支持幼儿大胆运用不同的画材表现自己喜欢的瓶、碗、罐以及瓶、碗、罐在人们生活中运用的情景，如绘制油水分离画、沙画、刮画和水墨画等。

（4）鼓励幼儿丰富瓶、碗、罐作品上的人物、动物、植物、故事等，能大胆表达自己在作品上表现的内容。添加不同的花纹，如羊角纹、连理枝纹、祥云纹等，注意其规律性和连续性，并与同伴交流不同花纹所代表的吉祥寓意（见图11-7、图11-8）。

图 11-7　幼儿在区角进行美术创作

（5）引导幼儿用刻版画、线描画、泥工、剪纸等不同的形式继续表现自己喜欢的瓶、碗、罐，鼓励幼儿利用收集的废旧材料结合拼贴、编织等方法制作各种手工艺品。

图 11-8　幼儿的部分作品

补充说明：幼儿从博物馆回来后，根据自己喜爱的陶瓷馆藏，在活动区中开展多样化的艺术创作。有的幼儿在瓶、碗、罐作品上表现自己使用瓶、碗、罐的情景，有的幼儿表现有趣的生活场景，还有的幼儿把自己喜爱的民间传统故事表现在作品上，如嫦娥奔月、哪吒闹海、后羿射日等。在此基础上，幼儿还丰富了自己喜欢的花纹和图案，比如花纹有铜钱纹、羊角纹、波浪纹、海浪纹、回形纹等，图案有梅花、喜鹊、牡丹花、寿桃、鲤鱼、胖娃娃、葡萄等。不同的花纹、图案有不同的寓意，比如梅花和喜鹊代表喜上眉梢，牡丹花代表花开富贵，胖娃娃代表多子多福……在介绍作品时，幼儿精巧的心思令人赞叹：将荷花图案的作品送给妈妈，希望妈妈永远美丽；将寿桃图案的作品送给爷爷奶奶，希望他们长命百岁！

4. DIY 时间到（假日小组活动 + 家园合作）

关键经验

（1）了解制作陶器的方法，知道调配黄泥、陶土和水的比例，学会使用拉坯机、刮片、雕塑刀等陶土制作工具；

（2）利用搓条、塑形等技能制作不同造型的泥塑，运用平面和立体相结合的方式绘制风景、人物、动物等图案进行装饰；

（3）体验动手操作的快乐。

活动准备

（1）陶土、水、泥工板；

（2）拉坯机、刮片、雕塑刀等玩泥工具。

探究过程

（1）在一次谈话活动中，一名幼儿绘声绘色地介绍了自己体验陶艺制作的经历，激发了班级幼儿的兴趣。他们不满足于在班里用橡皮泥、太空泥进行制作，产生了进行陶艺体验的想法。在家委会的帮助下，我们联系到了一家陶艺制作馆，开启了陶泥瓶、碗、罐的 DIY 之旅。

（2）周末，我们和家长志愿者一起来到陶艺制作馆。幼儿跟随教师学习工具的使用方法，并尝试调配软硬度合适的陶泥。

（3）欣赏了各式各样的陶艺作品后，幼儿交流并确定自己想要制作的作品内容，并根据制作工艺选择合适的工具，如拉坯机、刮片、雕塑刀等。

（4）在陶艺老师的支持和帮助下，幼儿学习采用不同的方法对作品进行塑形，比如搓条、堆叠、手捏、拉坯等，并用工具进一步添加装饰图案和花纹（见图 11-9）。

（5）制作完成后，在教师或同伴的协助下，幼儿给作品均匀地涂上釉水，等待烧制完成。

图 11-9　幼儿在教师的指导下体验使用拉坯机

5. 我们班的博物馆（集体活动 + 区角活动）

关键经验

（1）结合参访青岛市博物馆的经验，知道博物馆的结构、展品的摆放、展台布置等要求；

（2）自主设计并绘制瓶、碗、罐博物馆的区角牌、工作证、扩音器、门票等必需品；

（3）根据瓶、碗、罐的实物、作品以及历史发展展板的内容进行讲解，体验讲解活动的乐趣。

活动准备

（1）工作牌卡套、前期参访青岛市博物馆留下的门票；

（2）幼儿收集来的瓶、碗、罐等实物，烧制完成的幼儿陶艺作品；

（3）瓶、碗、罐的历史发展时间轴、历史发展展板。

探究过程

（1）参观结束，幼儿分类整理本班收集的各种各样的瓶、碗、罐，如蒜头瓶、茶碗、鸡心碗、陶罐、茶叶罐等，加上前期动手制作的陶泥作品，将其摆放在活动区里，初具规模，于是产生了在班里创设博物馆的想法。

（2）创设问题情境，教师询问幼儿："通过参观博物馆，你们对博物馆有了哪些了解？可以怎样设计我们班的博物馆？博物馆可以有哪些人物角色？分别进行哪些活动？"

（3）支持幼儿利用区角活动时间分类摆放收集来的各种瓶、碗、罐等陶艺作品，通过合理规划游戏区域来布置场地，如安检区、检票区、展区，初步形成班级博物馆。

图 11-10　幼儿在瓶、碗、罐博物馆里进行讲解

（4）提供丰富的美工材料，支持美工区里的幼儿绘制瓶、碗、罐博物馆的区角牌、工作证，制作区里的幼儿制作扩音器和门票等。

（5）幼儿用卡片表征展品的特征，练习讲解瓶、碗、罐的实物、作品以及历史发展展板的内容，熟悉讲解员的工作内容。

（6）邀请娃娃家的幼儿前来聆听，参观班级的瓶、碗、罐博物馆（见图 11-10）。

补充说明：专业的讲解、琳琅满目的展品，引得一批又一批的小游客前去参观。在班级博物馆的黄金地段放上哪些宝贝呢？孩子们有个好主意，可以给作品的编号投票，选出大家心目中最喜欢的十件作品作为展馆的门面，它们还可以作为博物馆里重点讲解的"镇馆之宝"，有助于幼儿在美工区设计相关的"文创周边"作品。

核心活动三：餐桌礼仪我知道

《礼记》中记载："夫礼之初，始诸饮食。"饮食礼仪是一切礼仪制度的基础，中国有传承悠久的进餐文化，饮食礼貌也反映了个体的基本教养。大班是幼儿行为习惯形成的关键期，培养良好的餐桌礼仪是主题回归生活的需要。本核心活动中，教师通过组织集体活动，为幼儿搭建调查和分享餐桌礼仪文化的平台；邀请家长走进课堂开展茶艺体验活动，帮助幼儿感受传统礼仪文化的魅力；通过区角角色游戏，为幼儿提供招待客人、体验待客礼仪的实践场；鼓励幼儿绘制礼仪小书，进行面向弟弟妹妹们的宣传活动。多样的浸入式探究活动，把礼仪教育渗透在幼儿一日生活的各个环节中。

1. 餐桌礼仪大调查（集体活动+家园合作）

关键经验

（1）了解不同国家和民族的用餐礼仪；

（2）通过对中国茶文化和酒文化的探究，体会中国文化的博大精深，萌发民族自豪感；

（3）能根据不同情境选用合适的取餐、进餐工具，掌握正确的取餐、进餐、餐后整理的方法。

活动准备

（1）《我知道的餐桌礼仪调查表》；

（2）绘本《餐桌上的礼节》《嘘！小声点儿！》《餐厅餐桌礼仪》《完美的客人》《山羊小姐吃西餐》等；

（3）有关茶文化和酒文化的纪录片；

（4）盘、碗、筷、勺子、刀叉、夹子、高脚杯、餐巾等取餐、用餐工具。

探究过程

（1）瓶、碗、罐和用餐息息相关，餐桌礼仪和餐饮文化博大精深，它们引起了幼儿浓厚的兴趣，激发幼儿带着调查表，结合生活经验通过多种途径展开调查。

（2）集体活动中，组织幼儿分享自己的《我知道的餐桌礼仪调查表》，讨论不同国家、民族、地域进餐文化的异同，比如在我国有"食不言，寝不语"的古语，而在日本吃拉面一定要发出"哧溜"的声音才是对厨师的尊重等。

（3）除了进餐，饮品也是餐饮文化的重要组成部分。结合幼儿的兴趣，请幼儿分组研究茶文化和酒文化，并对调查结果进行表征记录与分享，体会饮品文化的博大精深。

（4）根据不同的情境，指导幼儿学习运用合适的取餐、进餐工具，演示正确的取餐、进餐流程，以及餐后整理的方法和步骤。

2. 茶道我知道（集体活动+家园合作）

关键经验

（1）知道茶是一种饮品，了解喝茶的好处；

（2）通过多感官认识茶叶，知道茶叶有不同的种类，饮用时选用不同的茶具，掌握简单的泡茶、请茶、品茶和敬茶礼仪；

（3）知道冲泡茶叶的步骤，尝试冲泡饮用；

（4）愿意深入探究我国的传统茶道文化，萌发对我国茶文化的喜爱之情。

活动准备

（1）不同种类的茶若干，茶杯、茶漏、盖碗、茶盘、煮水器、茶叶罐和茶匙等茶具，幼儿的不锈钢杯；

（2）活动现场挂有关于茶发展历史的图片和文字，展示茶的起源和发展，播放轻音乐；

（3）邀请有茶艺表演特长的幼儿家长进课堂。

探究过程

（1）听故事，了解茶叶的起源和发展，知道中国自古就有饮茶、品茶的传统，中国是世界上最早饮用茶水、生产茶叶的国家，茶是中国文化的一个标志。

（2）茶艺老师进课堂，介绍自己带来的不同种类的茶，请幼儿看一看、闻一闻、摸一摸，并讲解其功效特点。知道适度饮茶对身体是有好处的，茶叶中有很多维生素，能帮助消化、提神和解毒。

（3）在优美的音乐声中，茶艺老师介绍茶具的使用方法，为大家演示泡茶温具、置茶、冲泡、倒茶、奉茶和品茶的全过程，让幼儿切身感受茶道氛围。

（4）茶艺老师讲解沏茶、喝茶以及请人喝茶的礼节，如敬茶时要双手端杯，手不要碰到茶杯的边缘，茶不可太烫、太满，同时要面带微笑，注视着客人。

（5）在保证安全的前提下，幼儿自主尝试用绿茶、果茶、花草茶等进行茶艺表演并品尝。要求幼儿泡茶时注意安全，品茶、请茶时注意手法和礼仪，乐于向同伴和家人展示。

> 补充说明：体验到茶文化的趣味，幼儿想让更多人了解茶艺，于是提出了很多好的建议，比如：在博物馆里开一个茶艺体验馆；加餐时可以饮用水果茶、养生茶；还有的幼儿感念幼儿园工作人员的辛苦，想把茶冲泡好给园长妈妈、保健医生、门卫叔叔送去……

学习了茶的礼仪，孩子们懂得"续茶时先人后己"的谦让之礼，"敬茶尊长者"的长幼有序之礼，"严于律己、宽以待人"的自我修养之境。让我们的宝贝们继续把这份非物质文化遗产传承下去！

3. 小鬼当家（区角活动 + 家园合作）

关键经验

（1）了解中国人的待客之道和餐桌礼仪，与同伴共同制订待客计划；

（2）善于运用收集的材料以物代物招待客人，根据游戏中来访客人的需求，展现自己的待客之道；

（3）在生活中能够热情地招待客人，体会热情待人的快乐。

活动准备

（1）有关请客、待客的信息图片；

（2）娃娃家角色头饰、橱柜、桌椅、沙发等基础游戏设备；

（3）幼儿收集的有关瓶、碗、罐的材料，茶具、水壶等；

（4）用于记录的纸、笔。

探究过程

（1）提供纸笔，在教师的引导下与同伴共同制订待客计划，并协商开展角色游戏活动。

（2）鼓励幼儿善用收集来的材料，利用现有条件发挥想象，以物代物开展游戏。

（3）引导幼儿回顾自己请客（或待客）的经历，明确角色，礼貌地招待客人（或做客），妥善地照顾客人，对客人清楚地表达关心，如提供适宜的饮品、进餐时安排好座次等（见图11-11）。

图 11-11 幼儿对小客人进行热情招待

（4）开展游戏时，指导幼儿与各区角进行联动，如来到小超市角色区采购招待客人用的物品，参观搭建区用奶粉桶、积木和纸杯搭建的小区等。

（5）在家长的支持下邀请亲友来家里做客，对亲友进行热情招待，注意保证活动的安全。

4. 餐桌礼仪推广人（小组活动＋家园合作）

关键经验

（1）知道可以通过绘制宣传海报、绘本和演示就餐过程来宣传餐桌礼仪；

（2）掌握制作绘本的方法，将制作好的绘本分发给周围人传阅；

（3）能准确地向周围人演示就餐过程；

（4）体会向周围人宣传餐桌礼仪的乐趣，在生活中践行文明用餐礼仪。

活动准备

（1）画纸、画笔；

（2）教师收集的幼儿日常主题活动中的照片；

（3）餐具、录像机。

探究过程

（1）通过前期活动，幼儿产生了"把自己所学习到的餐桌礼仪分享给更多人"的想法。在教师的支持下，幼儿讨论推广办法，如绘制宣传海报、绘本和演示就餐过程，收集材料，筹备活动。

（2）引导幼儿来到图书区，小组分工合作，将餐桌礼仪画在画纸上并用文字表征（见图11-12），装订成绘本。

图 11-12　幼儿绘画的餐桌礼仪

（3）教师协助幼儿为绘本配上合适的活动照片，装订整理成一本本《我的餐桌礼仪小书》。

（4）建议幼儿把绘本分发给家人、中班和小班的弟弟妹妹们传阅。

（5）幼儿根据意愿选取合适的取餐、进餐工具，边讲解边表演，并将过程录制成视频，分享给更多的人。

补充说明：为了成为合格的餐桌礼仪推广人，幼儿根据自己喜欢的餐桌礼仪内容分成不同的小组自主准备，有的幼儿绘制《我的餐桌礼仪小书》，有的幼儿制作宣传画，有的幼儿为大家演示中餐礼仪（比如座次的排序、筷子的拿法），有的幼儿演示西餐礼仪（比如刀叉的使用、喝汤的礼仪）。孩子们分别就取餐、进餐和餐后整理几个环节进行表演，获得了大家的一致好评。

核心活动四：我是小小宣传员

角色游戏经验主要源于幼儿对真实社会生活的了解和实践，源于对问题的探究以及师幼、亲子及同伴间的交流。主题活动推进过程中，幼儿获得关于瓶、碗、罐的丰富经验，积累了大量自主、自发的瓶、碗、罐创作作品。本核心活动中，教师适时提供让幼儿感受美、创造美、分享美的机会，协助幼儿开办瓶、碗、罐博览会。幼儿整合前期经验，从计划、筹备到宣传、邀请，再到顺利开幕，他们成为了博览会的主理人，在合理规划、团结协作、宣传介绍中，进一步体验创造的乐趣，也在多维互动中提升了大胆表达和交往的自信心。

1. 瓶、碗、罐博览会的小计划（集体活动 + 区角活动）

关键经验

（1）通过搜集资料，了解博览会活动的组织形式和展示内容；

（2）能够运用合适的符号制订完整的活动计划；

（3）尝试在问题情境中表述自己的想法，提高分析问题、规划活动的能力。

活动准备

（1）博览会相关照片和视频资料；

（2）纸、笔。

探究过程

（1）随着主题活动的推进，幼儿产生了强烈的分享愿望，经过讨论，决定开办一场博览会，并为博览会的举办制订计划。

（2）指导幼儿明确计划的结构，讨论计划中的活动时间、地点、邀请人等信息，支持幼儿用简单的符号进行记录。

（3）通过搜集资料，了解博览会都包括哪些内容、需要做什么准备等。

（4）教师与幼儿共同讨论博览会上可以展示的内容，比如：幼儿制作的与主题相关的丰富多样的作品；大家了解到的瓶、碗、罐的历史知识；活动区中大家进行的有关瓶、碗、罐的游戏，如担水过桥、瓶子保龄球、纸杯叠叠乐等；有关瓶、碗、罐的小实验，如瓶子吞鸡蛋、能灭火的杯子、保温实验等；餐桌礼仪表演，如刀叉使用演示、茶艺表演、进餐礼仪等。

（5）尝试根据瓶、碗、罐博览会的计划，进行前期准备工作。

2. 一起动手做准备（集体活动+区角活动）

关键经验

（1）了解宣传海报的结构特点，尝试制作博览会海报；

（2）能够积极计划、分工合作，筹备瓶、碗、罐博览会；

（3）根据博览会的需求，运用不同的艺术表现形式制作各类展品和道具，设计游戏活动，进行表演排练。

活动准备

（1）区角作品、活动材料；

（2）画纸、笔。

探究过程

（1）结合活动需求，幼儿通过收集和观看海报实物图了解宣传海报的样式和构成，并利用拼贴、四方连续剪纸、绘画等多种美术形式制作主题鲜明、形象突出的海报来吸引游客。

（2）引导幼儿结合自己的兴趣与意愿通过小组分工、同伴合作，从实施计划、海报宣传、展览内容等方面积极筹备瓶、碗、罐博览会。

（3）引导幼儿在各个活动区里继续丰富和完善自己拿手的作品（见图11-13、图11-14），并将作品进行分类整理。

图11-13　幼儿利用废旧物进行创作

图11-14　幼儿制作拼插作品

补充说明：各个区角中的活动都在为博览会准备作品。搭建区的幼儿尝试更加稳固的摞高方法；拼插区的幼儿给拼插的雪花片罐子加上坚固的盖子；制作间做衍纸的幼儿为花瓶插上纸艺花朵，用废旧物创作的幼儿给自己的瓶子火箭加上助推器架子；绘画的幼儿有的在画水粉画，有的在画水墨画，有的在画刮画，有的在画沙画，画刻板画的幼儿小心翼翼地拿着小刀精心雕刻；做泥工的幼儿细心地把橡皮泥揉圆弄扁，用手指搓条。每一份作品中都充满了孩子们的爱，都是孩子们用心做的。经过大家的共同努力，我们的作品越来越丰富了。

（4）为了让博览会更加精彩，幼儿开动脑筋，充分利用瓶、碗、罐讨论并设计了丰富的游戏活动，如瓶子保龄球、纸杯叠叠乐、捡大水桶跨栏、担水过桥等。爱好音乐表演的幼儿发现：敲打不锈钢碗的声音像铜锣，敲打装水的玻璃罐会发出不同的音高，塑料水瓶装豆子像沙锤。于是，他们成立了敲敲打打小乐团，用各类瓶、碗、罐和废旧物制作的乐器配上合适的乐曲，进行排练表演。

（5）幼儿选择自己喜欢的博览会宣传内容，互相练习讲解词，教师指导幼儿的站姿和手势等。

3. 一起布置博览会（区角活动）

关键经验

（1）知道博览会的筹备内容，能够相互讨论并不断调整博览会的布局；

（2）能够实地勘测并设计博览会的规划图，愿意与同伴分工协作进行布置；

（3）体验同伴合作筹备博览会活动的愉悦之情。

活动准备

（1）各类瓶、碗、罐的相关作品；

（2）拉坯机、实验用品等活动用道具；

（3）展架、展台等场地布置道具等。

探究过程

（1）请幼儿大胆猜想博览会的活动内容，为开办博览会提出想法和建议。

（2）通过回顾自己参访博物馆的经历，观看博览会视频、新闻报道，给幼儿营造身临其境的活动氛围，充分调动幼儿的积极性。

（3）通过观看一场博览会视频，幼儿对于什么是博览会、博览会的场地如何布置、博览会上可以进行哪些活动有了更深层次的了解。他们发现，原来博览会既有展区又有摊位，不仅可以讲解作品，还有很多互动体验的区域。

（4）在教师的帮助下，幼儿寻找合适的场地，讨论合理的规划，并不断调整博览会的布局，比如有幼儿提出可以把陶泥体验和瓶子保龄球活动挨在一起，以吸引更多人参与。但是，其他幼儿提出反对意见和合理化建议，比如玩保龄球时声音较大，会打扰体验陶泥的人。需要实际去摆一摆看，才能更加合理地安排玩游戏的游客和观看的游客，以及空间场地是否能够容纳等问题。

（5）引导幼儿实地勘测、精心绘制规划图，按图设置各个展区，注意动静分离，注重路线的规划，不走回头路，真实模拟游戏现场，留出观看的区域和排队的通道等。

（6）在教师的帮助下，幼儿整理了现有的作品并将其分类摆放在教室、走廊、大厅的架子上和各个角落，创设出餐桌礼仪表演的区域、茶艺表演的区域、纸杯叠叠乐等游戏区域以及敲敲打打小乐团的区域（见图11-15、图11-16）、小实验的区域……瓶、碗、罐博览会布置完成。

图11-15　纸杯叠叠乐游戏

图11-16　敲敲打打小乐团

（7）幼儿经过讨论，决定邀请不同班级的小伙伴以及时间合适的教师和家长来参加。幼儿结合自己收集的婚礼邀请函和车展邀请函等实物，明确了制作邀请函的要素——标题、称谓、时间、内容和落款等。引导幼儿用符号表征的形式自主绘制邀请函，并带着邀请函分头向他人发出邀请。

4. 瓶、碗、罐博览会开幕了（展示活动+家园合作）

关键经验

（1）知道博览会上不同角色的工作内容，能根据自己的喜好选择角色，能认真对

待自己负责的工作;

(2)了解自己负责区域的讲解内容或游戏玩法,愿意大胆表达,整合自己所掌握的瓶、碗、罐知识,开展讲解、表演等活动;

(3)乐于参与博览会活动,获得成功体验。

活动准备

(1)讲解员的麦克风、工作牌等道具;

(2)纸、笔、彩色卡纸。

探究过程

(1)教师鼓励幼儿根据自己的喜好选择喜欢的宣传角色,有的扮演小小宣传员,有的作为茶艺表演师,有的选择做游戏引导员。

(2)引导幼儿勤加练习,站姿端正大方,表述流畅,认真对待自己负责的内容。

(3)在教师、家长、弟弟妹妹的支持和关注下,小小讲解员、小小科学家、茶艺表演师、餐桌礼仪表演师各司其职,每位参与者都学到了多样的知识,获得了丰富的体验,感受到了瓶、碗、罐在生活中的重要性(见图 11-17 至图 11-20)。

图 11-17　有趣的实验

图 11-18　幼儿介绍废旧物改造作品

图 11-19　幼儿展示泥工作品

图 11-20　幼儿讲解瓶、碗、罐上的图案的寓意

五、总结与思考

（一）科学与艺术的融合得到了充分的体现

幼儿学习的整合性特点，使教师不再仅仅为做作品而做作品，为探究而探究，而是将两者很好地结合在一起，互为补充。一次次的观察、探索及表现都需要幼儿用心发现瓶、碗、罐的外形特征和功能用途等。在这一过程中，幼儿的观察能力、概括能力以及欣赏美、感受美、表现美的能力都得到了提升。

（二）获得直接经验是幼儿的学习特点

活动中，幼儿多次走出教室进行实地参访，感知体验由间接经验转化为直接经验最终内化为属于自己的认知结构，这一过程丰富了他们的社会经验，真正做到来源于生活并回归于生活。同时，可以让幼儿体验到在不同的生活场景中获得最真实的亲身感知，通过带着问题进行实践来获得答案。

（三）教师要做好先行者，提前掌握与活动相关的知识和技能

此主题活动需要教师了解瓶、碗、罐的来历以及中国传统纹饰的构成要素、装饰原理和规律等。教师要结合幼儿的年龄特点进行有效转化，运用幼儿能理解的方式进行讲解，如富贵耄耋图案中的猫、蝶与"耄、耋"谐音，寓意长寿、健康、富有，这需要教师做好准备工作，才能引导幼儿进行正确解读。

（四）充分考虑安全因素，做好安全防范工作

在参访活动中，教师要与家委会、工作人员做好配合，提前计划好交通路线等，做好安全预案。例如，家长进课堂茶艺活动中，因为泡茶所需的水温比较高，一般在80℃左右，端着一壶烫茶走动显然存在极大的不安全因素。因此，教师可以根据幼儿的发展情况，选择适合幼儿使用的道具，如不用没有把手的茶杯而用不锈钢水杯，以尽量避免不安全因素的产生。

(五)让文化在幼儿的心灵深处播下美好的种子

中国的未来在幼儿身上,民族精神的传递和文化的传承需要幼儿去延续。核心活动"餐桌礼仪我知道"将幼儿带入博大精深的民族文化中,让幼儿对自古以来的餐桌文化有了一定的了解,为他们后续深入了解中国传统文化打下了基础。

案例十二

你好！高新区

一、设计意图

青岛高新区，是一座以科技和创新为发展动力的新城区。近几年发展迅速，跨海大桥、澜湾艺术公园、青岛市民健身中心、青岛科技生态园、济青高铁红岛站、地下管廊……众多已经建成或正在建设的项目令这座城区璀璨生姿。高新区还有着得天独厚的地理条件，如沙河、祥茂河等河流贯穿其中。红岛传统的渔盐文化更是胶东文化的重要组成部分，如红岛蛤蜊节、郎君节等民俗文化。高新区以其丰富的建设、风景、人文资源给幼儿提供了广阔的探索空间，吸引幼儿去发现、去探究、去感受。

作为在高新区开办的第一所公办幼儿园，我园的教师和孩子们在这里生活的时间较短。他们都对这座崭新的城区充满了好奇、疑问，随之而来的是浓浓的探究兴趣。幼儿不断探究高新区的历史、文化和环境，由小到大逐步迁移到自己的生活中，涉及居住的小区、日常散步的公园、喜欢去的游乐场和爱吃的烧烤和海鲜，充分感受着在高新区生活的便捷与舒适。为了了解近年高新区发生的变化以及这些变化给生活带来的影响，教师鼓励家长带领幼儿走出家门，引导幼儿在活动区中体验高新区的滨海旅游项目、经济组织形式和地方特色美食等，以增强幼儿关注社会环境的意识。

大自然、大社会蕴藏着丰富的课程资源，大班幼儿的合作意识、求知欲望、创造力和语言表达能力明显增强，他们不但爱问"是什么"，还想知道"怎么来的""可以怎么做"。本主题活动旨在引导幼儿多角度、多途径实地观察高新区的风景名胜、特色建筑和交通建设，调查高新区的发展历史、人文景观、重大活动，让幼儿在参访、探秘、表现和表达的过程中产生自主学习的欲望，深度感知高新区的城市建设，大胆创想未来高新区的发展，萌生建设更加美丽、更具特色的城市的想法，从而产生热爱家乡、热爱生活的美好情感。

二、主题总目标

健康领域

- 在实地参访活动中坚持徒步半小时以上。
- 具备基本的安全知识和自我保护能力,在探秘城区的过程中自觉遵守安全规则。
- 通过拾果果、翻花绳等游戏发展手指精细动作。

语言领域

- 喜欢收集、倾听、朗诵、表演有地域文化的传说、故事、诗歌等文学作品。
- 能用清楚、完整的语言讲述参访经历和自己的发现与创造。
- 在角色游戏中,能结合角色需要,用完整、流畅的语言为客人推荐特色菜品。
- 根据宣传会的要求和宣传板的内容,独立构思讲述内容,并在集体面前讲述。

社会领域

- 对高新区的历史文化感兴趣,通过调查、参访、询问等多种方式探究高新区的风景名胜、特色建筑、人文历史和城市建设。
- 能发现、感受城区的发展变化并为此感到高兴,在实践中爱护环境、保护环境,产生热爱家乡、热爱高新区的积极情感。
- 在参访活动中了解高新区的民俗传统、发展历史、现代布局以及未来规划。
- 在筹备展览会时,能积极主动地承担任务,遇到困难时可以和同伴协商解决。

科学领域

- 知道地下污水处理厂如何处理污水,了解处理好的水如何二次利用,并尝试自己处理幼儿园小池塘中的污水,将过滤水用于发豆芽。
- 尝试晒盐,感受海水变盐的神奇变化。
- 能够按时、按需、按量地清点剩余货物,并列出需要补货的清单。
- 能用数字、图画、图表或其他符号进行记录。
- 能在成人的帮助下制订简单的调查计划并执行、反思计划。

艺术领域

- 通过绘画、布艺、沙盘制作、故事表演、演唱等多种方式表达自己在探究高新区的历史文化等方面的真切感受。
- 能正确使用多种工具或材料，大胆规划、设计、想象并呈现高新区的发展。
- 愿意与他人分享、交流自己喜欢的艺术作品和美感体验。
- 学会欣赏自己的小区、高新区的特色建筑，并运用积木、沙盘等多种形式进行建构。
- 能跟随乐曲大方地进行秧歌表演，能够合作练习，结合音乐节拍将秧歌的十字步走整齐。

三、活动网络图

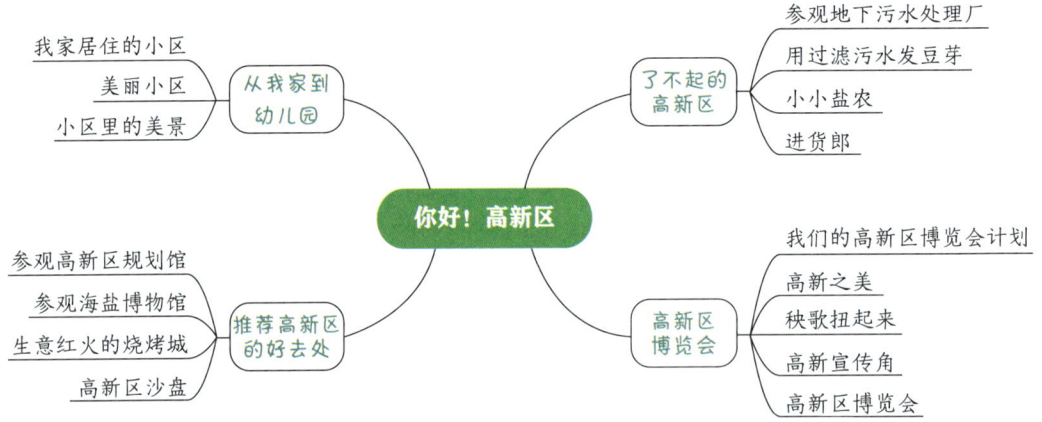

四、活动设计与实施

核心活动一：从我家到幼儿园

幼儿园是孩子们的第一所学校，从家到幼儿园的路，是孩子们最常走的路。本核心活动中，教师将和幼儿用手、脚亲身丈量、细致观察"从我家到幼儿园"这个最熟悉的环境，发现和表达不一样的美好。同班小伙伴的家住在哪里？社区的便民服务中心给我们带来哪些便利？街中心的健身小公园是怎样的？……这些都将成为幼儿新鲜的发现。此外，同伴之间不同小区和周边环境的分享，也让幼儿开启对我们当下居住的城区——高新区的探究。

1. 我家居住的小区（集体活动＋区角活动＋家园合作）

关键经验

（1）知道自己家小区的名称，以及小区内的环境、生活场所、娱乐设施等；

（2）能设计从家到幼儿园的路线图，并清楚标注沿途的典型建筑；

（3）喜欢和同伴互相介绍自己的小区和上学路线。

活动准备

（1）幼儿制作的"我居住的小区"信息报、笔、纸、照片、实物；

（2）幼儿对来园路上的沿途风景、路牌和周围建筑有所了解。

探究过程

（1）引导幼儿以同一小区为单位进行分组，自主讨论他们将在周末进行调查的小区的路线、时间，并用符号表征的方式记录，做好调查计划。然后，幼儿利用周末时间通过写生、拍照等多种形式记录自己参观、调查本小区的发现，并在周一与班级幼儿交流调查结果，教师巡回倾听和观察（见图12-1）。

图 12-1　幼儿相互介绍、讨论信息报

（2）利用"我居住的小区"信息报、照片、实物等相互交流自己居住在哪个小区，了解自己小区的名称，以及小区内的环境和周边的美丽景色。

（3）在高新区的地图中找到自己居住的小区的位置以及周围其他典型建筑的地理位置，尝试设计路线。指导幼儿先画出路途中的主要建筑、场所，最后表现出不同的路线，如十字路口、T形路口、交叉口等（见图12-2）。

图 12-2　"从我家到幼儿园"的路线图

2. 美丽小区（区角活动）

关键经验

（1）能与同伴协商选用适宜的积木、自然材料和废旧材料，合作搭建自己居住的小区；

（2）通过摞高、垒高、组合不同形状的方式，搭建小区中不同形状的楼房，表现小区的不同布局；

（3）喜欢和同伴合作开展建构游戏。

活动准备

（1）孩子们所居住的不同小区的图片以及他们在不同小区里游戏的视频；

（2）积木，木棍、芦苇等自然材料，奶粉桶、易拉罐、薯片桶等废旧材料。

图 12-3　搭建我家居住的小区

探究过程

（1）幼儿结合自己感兴趣的高新区建筑，观察并分析其搭建特点，运用组合搭建的方式再现建筑，如小区楼房、小区周围的公园和幼儿园等。

（2）利用图片和视频，引导幼儿对比、观察自己的作品，寻找可以继续改进和完善的地方，如小区中的健身器械、保安室和快递柜等（见图 12-3）。

3. 小区里的美景（区角活动）

关键经验

（1）知道自己所居住小区的方位、布局和建筑特点；

（2）能用剪贴、泥工、布艺等多种形式进行艺术创作；

（3）喜欢创造性地利用废旧材料，体会动手、动脑的乐趣。

活动准备

各种自然材料和废旧材料。

探究过程

（1）幼儿结合自己的兴趣，利用收集到的各种各样的贝壳类自然材料和废旧材料，通过制作、泥工、绘画等形式再现自己喜欢的高新区风景，如我居住的小区、小区周围的美丽风光,以及自己和家人在游玩过程中的体验与发现(见图12-4)。

(2)指导幼儿使用大小不同的纸盒制作自己居住的小区模型,用不同形状的纸片拼贴成自己居住的小区,并能够根据小区的特征裁剪纸片,加上有条理的装饰(见图12-5)。

(3)幼儿能利用有规律的排序、图形组合和颜色归类的装饰特点进行表现。

图 12-4　布艺拼贴画——我居住的小区

图 12-5　大型制作——我居住的小区

核心活动二:推荐高新区的好去处

高新区是建设在沿海滩涂上的一座新兴城区,几乎没有原来居住在高新区的居民。高新区的孩子大都是出生后、上学前从其他区市搬迁来的。本核心活动中,教师与幼儿从家和幼儿园出发,在调查、分享、交流中,幼儿发现了商场、集市、休闲游乐场等能让生活便利、丰富多彩的好去处。为了让幼儿对高新区有更加直观、具体的认识,教师带领幼儿参观高新区规划馆。在工作人员的讲解中,幼儿了解到高新区当前和未来的发展规划,对成为"新区人"有了初步的认同感和归属感。

1. 参观高新区规划馆(集体活动+实地参访+家园合作)

关键经验

(1)了解高新区规划馆的结构,知道规划馆的社会功能;

(2)了解高新区的发展历史及现代规划布局和未来的规划安排;

(3)能从高新区的地图中找到青岛中学、跨海大桥、幼儿园等地标,并用福禄贝尔玩具拼摆出高新区的好去处。

活动准备

（1）幼儿收集制作的信息报；

（2）从幼儿园到高新区规划馆的路线图；

（3）青岛中学、高新区实验幼儿园、创业大厦、澜湾艺术公园、方特等典型建筑的照片等；

（4）高新区地图；

（5）福禄贝尔玩具。

探究过程

（1）结合自己对高新区的了解，幼儿分享关于高新区的历史、有趣的地方和发展等内容的信息报。

（2）带领幼儿参观高新区规划馆，在讲解员的带领下，首先，了解规划馆的布局结构；其次，了解规划馆的社会功能，即记录高新区的发展……最后，了解高新区的发展历史以及未来的发展情况。幼儿向讲解员提出自己的疑问，并请讲解员回答。

（3）参观结束后，幼儿及时总结、提升经验，利用地图简单了解高新区的区域规划，并能从地图中找到青岛中学、跨海大桥、幼儿园等地标建筑，用自己喜欢的符号进行标注。引导幼儿利用相关图片及信息报进行认真观察，并用福禄贝尔玩具细致地拼摆表现（见图12-6、图12-7），且能够用较完整、清楚的语言介绍和推荐高新区的好去处。

图12-6　幼儿拼摆的青岛中学

图12-7　幼儿拼摆的赶大集场景

2. 参观海盐博物馆（集体活动+实地参访+家园合作）

关键经验

（1）通过参观海盐博物馆，重点了解晒盐的方式、盐的种类及地区分布和历史；

（2）通过参加捞盐民俗活动，进一步了解高新区的渔盐文化；

（3）喜欢高新区的渔盐历史，乐于感受高新区的民俗文化，且有安全意识，遵守规则，能够安全乘车、文明出行。

活动准备

（1）幼儿收集制作的关于参观高新区渔盐文化的信息报；

（2）家长志愿者维持秩序，进行辅助拍照。

探究过程

（1）结合幼儿对高新区渔盐文化的了解，分享高新区盐业历史、渔盐文化、盐业发展等信息，引导幼儿在参观海盐博物馆前表征自己的疑问，带着问题参观。参观前，教师讲解参观的安全规则，引导幼儿文明出行。

（2）讲解员带领幼儿参观海盐博物馆，了解高新区的渔盐历史、渔盐神话、盐业发展，体验捞盐、晒盐等活动。同时，幼儿向讲解员提出自己的问题，并请讲解员回答。

（3）参观结束后，教师引导幼儿结合照片回顾参观经历，分享自己在参观中的发现，并通过区角游戏加深幼儿对于高新区渔盐文化的了解。

3. 生意红火的烧烤城（区角活动+家园合作）

关键经验

（1）能依据菜品的不同种类分类展示、摆放菜品，初步创设烧烤城的菜品展示区、收银台、厨房加工区、用餐区等区域；

（2）结合生活经验，通过比较菜品的多少、制作难度、食材珍贵程度等不同特点制作标价牌，并能根据客人的口味和店内菜品设计特色菜和标好价钱的菜单；

（3）愿意结合角色游戏的需要，在家长的陪同下参访生活中的烧烤城，进一步丰富有关服务员和厨师的经验。

活动准备

（1）幼儿收集的各种自然材料、仿真食物模型，幼儿制作的艺术食物作品，游戏区橱柜等基础游戏设备，桌布、座号牌、计算器等开设烧烤城所需的材料；

（2）幼儿有开商店的游戏经验，以及在饭店用餐的经验。

探究过程

（1）创设问题情境，教师询问幼儿："小朋友们住的小区临近海边，你们可以收集到各种各样的贝壳，除了信息角，还可以将这些贝壳放在什么区？开展怎样的活动？"因为幼儿有开商店的经验，"开一个烧烤城"成为大家一致的愿望。

（2）支持幼儿利用区角游戏时间整理、摆放各种菜品（见图12-8），对菜品的种类和口味等进行分类展示，引导幼儿创设收银台、厨房加工区、用餐区等区域。根据实际的烧烤城布置游戏区域，一个整齐、有序的烧烤城出现了。

（3）在开展烧烤城买卖游戏的过程中，幼儿发现问题并提出疑问："为什么我们的烤串都没有价钱？我逛店的时候，价钱都在菜单上和门口的展示菜卜呢！"于是，烧烤城里的小小营业员开始尝试用卡纸设计价格牌，为每道菜制定价格（见图12-9）。

图12-8　幼儿整理菜品

图12-9　幼儿给菜品的定价

补充说明： 在为菜品定价的过程中，教师发现幼儿定价相对随意，不同幼儿的定价标准不一，需要教师及时介入，引导幼儿结合实际生活经验和菜品的特点定价。考虑到幼儿的数学认知能力有限，教师和孩子们一致决定，把5元一盘作为一个基准，如果菜量很大，而且食材珍贵，就在5元的基础上加钱，反之要减钱。然后，幼儿在区角游戏中，将经验传递给其他幼儿。

（4）支持幼儿利用区角游戏时间设计并绘画特色菜，表征特色菜谱（见图12-10）。

（5）在开展过程中，幼儿进行角色游戏，扮演服务员提供餐具的同时有意识地向小客人推荐招牌菜，并介绍其特色之处；在上菜（见图12-11）的过程中能满足小客人的用餐需求，逐步让烧烤城的名声传播开来，烧烤城的生意变得红火起来。

图 12-10　幼儿设计的特色菜谱推荐

图 12-11　幼儿扮演服务员上菜

补充说明：因为是角色游戏，幼儿在缺少服务员经验的情况下，游戏开展得并不是很生动。结合幼儿的活动需要，教师建议家长利用离园之后的时间带幼儿去真正的烧烤城参访，让幼儿尝试与服务员、收银员和厨师对话。结合幼儿参观烧烤城的经验，引导幼儿进一步创设、布置班级里的烧烤城。烧烤城焕然一新，幼儿在游戏中的角色性语言和行为也更加丰富。

4. 高新区沙盘（区角活动＋小组活动）

关键经验

（1）通过之前的参观经验，以幼儿园和中央智力岛为中心，设计"我眼中的高新区未来发展大沙盘和高新区未来发展大地图"；

（2）运用收集的废旧材料和自然材料，制作沙盘中的建筑物和树木等；

（3）在制作沙盘和绘制地图的过程中，逐渐巩固对于高新区的认识，畅想高新区的美好未来，萌发热爱高新区的情感。

活动准备

（1）幼儿收集的各种废旧材料和自然材料、之前参观高新区规划馆的照片、高新区地图；

（2）幼儿有参观规划馆沙盘的经验。

探究过程

（1）询问幼儿参观后的感受，引导幼儿畅想高新区的未来发展，并提问："怎样才能直观地让人们知道你对于高新区未来发展的畅想？"

（2）引导幼儿通过迁移参观规划馆沙盘的经验，自主制作关于高新区未来发展的

图 12-12　幼儿制作高新区地图

沙盘和高新区未来发展大地图。

（3）引导幼儿灵活运用废旧材料和自然材料，通过组合、裁剪、涂色和粘贴等方式，制作各种建筑物和植物等沙盘模型。

（4）指导幼儿自主绘制大地图，能够以幼儿园所在的学城为中心，根据不同的方向绘制标志性建筑物，并按照建筑的不同功能标记不同的颜色（见图12-12）。

（5）在寻找材料的过程中，幼儿学会对比、观察、目测、自主选择以及同伴相互学习、协作等探究方法。

补充说明：对于汇智桥的特殊拐角吊索，幼儿是通过合作切割纸箱作为桥头、编麻绳连接桥身、组合粘贴设计而成的（见图12-13）。

图 12-13　沙盘——特殊设计的汇智桥

（6）地图的绘制需要幼儿提前绘画高新区的标志建筑。在教师的指导下，绘制好高新区地图的轮廓和主要马路后，再粘贴提前绘制好的标志建筑，最后参照实际地图连接建筑物与主干马路。

核心活动三：了不起的高新区

作为新区，高新区的城市规划和建设更加具有现代城市的气息。"九水一区，枕河听海"的环境魅力，"一区多园，联合融通"的科创特点，以及周边的渔盐文化，都让这座城区更加独特。本核心活动中,教师和幼儿将共同探究,发现高新区的与众不同之处,如走进先进的地下污水处理厂、开展盐文化了解与探究活动。区角游戏中,幼儿通过搭建、制作等多种表现形式,再现高新区的"了不起",增进对于高新区的喜爱之情。

1. 参观地下污水处理厂(集体活动+实地参访+家园合作)

关键经验

(1)通过参观高新区的地下污水处理厂,了解其布局结构以及内部构造;

(2)知道地下污水处理厂如何处理污水,了解处理好的水如何二次利用;

(3)知道在外出参访中要提高安全意识、遵守规则,能够安全乘车、文明出行。

活动准备

(1)幼儿制作的信息报;

(2)从幼儿园到地下污水处理厂的路线图;

(3)家长志愿者维持秩序,进行辅助拍照。

探究过程

(1)用符号表征自己有关参观地下污水处理厂的疑问,能够用清晰、完整的语言进行讲述,提出假设性问题。

(2)参观过程中,幼儿带着疑问倾听讲解员的讲解,适时提问(见图12-14)。首先,了解地下污水处理厂的布局结构以及内部构造;其次,了解地下污水处理厂中污水的来源、处理方式以及处理好的水的用处,明白地下污水处理厂的先进之处。

图12-14 幼儿提问并观察未经处理的污水

(3)参观后,通过表征的方式,记录自己的发现,并与同伴讨论自己的发现。

补充说明:参观前,幼儿需要自由交流参观过程中的重点,带着问题参观,如生活中的污水如何进入处理厂?污水处理需要经过几道过滤?处理好的水又去了哪里?同时,用符号表征的方式记录。参观时,带着自己的疑问,询问讲解员。参观后,幼儿利用绘画等方式展现自己的所见所感,交流讨论,教师最后统一总结提升孩子们的参观经验。

2. 用过滤污水发豆芽（区角活动＋家园合作＋集体活动）

关键经验

（1）学习过滤污水的方法，能够将收集的材料按由粗到细、从上到下的顺序整齐地摆放在塑料瓶中；

（2）尝试过滤幼儿园小池塘中的污水，并将过滤的水用于发豆芽；

（3）体会过滤污水的成就感，树立保护水资源、保护环境的意识。

活动准备

（1）幼儿具有发豆芽的经验；

（2）幼儿收集来的废旧材料和自然材料，如小石子、棉花、沙子、竹炭、瓶子等；

（3）幼儿曾参观污水处理厂。

探究过程

（1）幼儿自主调查、研究处理污水的方法，并在课余时间到户外和家中收集处理污水所需的各种材料。

（2）利用区角活动时间，幼儿讨论、设计处理污水的方法，并制作污水处理器（见图12-15），尝试处理污水。

（3）幼儿将处理好的污水进行二次利用，泡发黄豆，发豆芽（见图12-16），感受污水循环利用的作用。发豆芽的过程中，每天使用过滤好的污水给豆芽换水，并用表征的方式记录豆芽每天的变化，能够完整、流畅地讲述自己的观察记录。

图 12-15　幼儿制作污水处理器

图 12-16　用过滤水发出的豆芽

补充说明：孩子们参与种植活动后，洗手造成的带有泥土的脏水总能让他们产生处理污水的兴趣，因此教师引导幼儿将这些水加以收集，并调查基础的污水处理方法。通过在家中和幼儿园中搜寻材料，设计污水过滤器，即从上到下分别是：树叶、鹅卵石、小石子、细沙、竹炭和棉花。幼儿通过参观得知，处理过的污水最终会被用于城市绿化浇水，因此他们也将自己在植物角处理好的污水用于发豆芽，将水循环利用，初步产生保护水资源的意识。

3. 小小盐农（区角活动＋家园合作）

关键经验

（1）通过实地参访、调查问卷等途径，了解高新区的渔盐历史，明白如何晒盐；

（2）能够通过家园合作，收集高新区的海水，尝试晒盐；

（3）在晒盐过程中，感受海水变盐的神奇变化。

活动准备

（1）幼儿收集的海水；

（2）"了不起的高新区"信息报；

（3）用于晒盐的工具，如薄托盘等。

探究过程

（1）幼儿讨论自己制作的"了不起的高新区"信息报，选取自己感兴趣的方面，了解高新区的渔盐历史。

（2）幼儿尝试将收集来的海水倒入薄托盘里，放在植物角进行晒盐活动，并时常翻弄海水，加快盐的结晶（见图 12-17、图 12-18）。

图 12-17　幼儿将海水倒入盘中晒盐

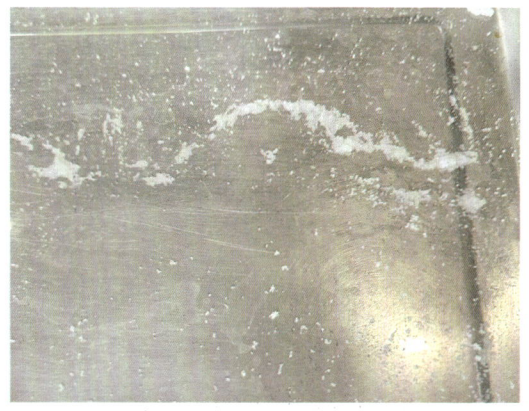

图 12-18　幼儿晒海水析出的盐

（3）在晒盐的过程中，幼儿不断用表征的方式记录自己的发现，并用完整、流畅的语言讲述海水中析出盐的每日变化。

4. 进货郎（区角活动）

关键经验

（1）根据游戏经验，能够按时、按需、按量清点剩余货物，知道及时清点菜品的重要性；

（2）能够列出需要补货的清单，及时联系制作区的幼儿制作菜品，进行进货和补货；

（3）能在角色游戏中及时为客人上菜，保证货源充足。

活动准备

（1）幼儿收集的各种废旧材料；

（2）游戏区橱柜等基础游戏设备；

（3）一次性餐具、桌布、幼儿设计的菜单若干。

探究过程

（1）教师与幼儿讨论："最近烧烤城生意红火，但是菜品不足，如何解决这个问题？"引导幼儿思考补货的方法。

（2）指导幼儿在角色游戏中整理、清点货物，并运用符号表征的方式将需要补充的货物罗列出来，并向制作区的幼儿下订单，保证烧烤城随时有货，正常运行。

（3）下订单的过程中，教师发现不同幼儿的补货数量不一，需要教师及时介入。根据幼儿的数学认知水平，教师和孩子们一致决定，把5个作为一个基准，如果补货量很大就在5个的基础上加数量，反之减少数量。幼儿在区角游戏中将经验分享给其他幼儿，一起讨论制定补货单（见图12-19、图12-20）。

图12-19　幼儿统计补货、进货情况

图12-20　幼儿设计的补货单

核心活动四：高新区博览会

在以上三个核心活动中，教师和幼儿走出去，用脚步丈量，用眼睛发现，经历了对高新区从陌生到了解、熟悉，再到喜爱的情感变化。幼儿将自己对于高新区的爱通过表征、绘画、游戏、制作等多种形式进行再现。他们也迫不及待地将自己的发现分享给弟弟妹妹、爸爸妈妈们。本核心活动中，幼儿带着"我为高新区宣传，我为高新区代言"的小任务，积极筹备高新区博览会。在博览会中，幼儿自信、大胆地向家长和同伴展示自己制作的规划沙盘、标志性建筑物等作品，还通过扭秧歌、拾果果、织渔网等活动沉浸在对家乡的热爱之中。

1. 我们的高新区博览会计划（集体活动＋家园合作）

关键经验

（1）学习做计划的方法，同伴讨论并确定高新区博览会的时间、场地、展览内容、区域规划和小组分工，为展览做准备；

（2）能运用准确、清楚的符号表征记录高新区博览会计划；

（3）感受与同伴共同制订计划、组织活动的成功体验。

活动准备

（1）水彩笔、纸、黑色网架、桌子、翻花绳、果果若干、蚌壳、旱船等；

（2）幼儿调查的有关博览会和红岛祭海节的信息。

探究过程

（1）回顾前期经验，激发幼儿计划高新区博览会的兴趣。请幼儿分享自己的想法，围绕特色建筑、著名景点、胶东文化等多个方面进行交流。

（2）幼儿自由讨论，分组制订计划。教师从旁指导，重点关注计划制订的条理性、全面性等。

（3）幼儿布置博览会场地，教师鼓励幼儿分组准备相应物品，并将其整齐、有序地摆放，留出过道以及表演的位置，自主尝试彩排，教师观察并指导。

2. 高新之美（区角活动＋集体活动）

关键经验

（1）丰富高新区沙盘，设计未来高新区，装饰沙盘细节，完成沙盘绿化，制作高新区标志性建筑物等；

（2）利用收集来的废旧物和自然材料制作高新区博览会开场秧歌中的蚌壳、旱船和毛驴。

活动准备

（1）纸箱、纸卷筒、光盘、塑料瓶等废旧材料；

（2）贝壳、木棍、芦苇等自然材料；

（3）颜料、各类纸张、剪刀、胶、美工刀。

探究过程

（1）丰富和完善自己与同伴的前期作品，并设计未来的高新区，合作制作未来高新区沙盘，协商确定沙盘内容，学会正确使用剪刀、美工刀，以表现建筑物的特点（见图12-21）。

（2）组合废旧材料，设计并制作用于秧歌的蚌壳、旱船和毛驴，用废旧材料和自然材料进行装饰，为秧歌表演做准备（见图12-22至图12-24）。

图12-21　幼儿修饰沙盘里的建筑物

图12-22　幼儿装饰蚌壳

图12-23　幼儿装饰旱船

图12-24　幼儿制作毛驴

3. 秧歌扭起来（区角活动 + 集体活动）

关键经验

（1）能够跟随乐曲大方地进行秧歌表演，并合作练习，结合音乐节拍将秧歌十字步走整齐；

（2）通过音乐节奏，创编有趣的故事情节，编排多种秧歌队形；

（3）愿意参与秧歌表演，感受民俗表演的热闹气氛。

活动准备

（1）音乐《大秧歌》《喜庆锣鼓》《司马光砸缸》；

（2）舞蹈视频；

（3）红绸带、扇贝壳、大烟袋、毛驴等。

探究过程

（1）鼓励幼儿跟随乐曲自主做动作表现歌曲，表达欢快的情绪；编排博览会节目表演，制定节目单，并进行彩排。

（2）观察幼儿表演秧歌，带领幼儿欣赏带有故事情节的秧歌队表演视频，丰富幼儿的表演经验；引导幼儿自主创编情节，尝试扮演多种角色，如毛驴、贝壳、媒婆、新娘等，变换队形，增加秧歌表演的趣味性。

（3）能与角色区的幼儿互动，为他们献上精彩的胶东节目表演。

4. 高新宣传角（区角活动 + 集体活动）

关键经验

（1）能够设计和整理关于高新区各领域的宣传板，并能完整、流利地介绍高新区；

（2）体验和练习高新区的传统民俗游戏，如拾果果、翻花绳等，并练习讲解游戏的玩法；

（3）能够积极与同伴合作，讨论宣传内容，为高新区博览会的开展做准备。

活动准备

（1）关于高新区的美景、节日的图片，以及幼儿绘制的未来高新区设计图；

（2）投放用于抓石子、翻花绳等游戏的材料。

探究过程

（1）引导幼儿结合自己对城市发展的期望，大胆畅想未来的高新区，如未来的海

图 12-25　幼儿练习拾果果

底城市、未来游乐园、未来幼儿园等，并大胆讲述拼摆内容，为博览会的开展做准备。

（2）开展高新区民间游戏活动，如拾果果（见图 12-25）、翻花绳等，能遵守游戏规则，记录游戏结果，与大家分享游戏心得。

5. 高新区博览会（集体活动＋家园合作）

关键经验

（1）了解自己所负责区域的游戏规则和讲解内容，知道介绍的方法；

（2）能够用流畅、完整的语言介绍高新区博览会，积极参与，大胆、自信地表现自己；

（3）在讲解过程中，增进自己对高新区的认识，喜欢参与展览活动，获得成就感。

活动准备

（1）制作好的沙盘、蚌壳、毛驴和旱船等展示品；

（2）幼儿有讲解高新区信息报的经验；

（3）幼儿有在集体活动中表演胶州秧歌的经验。

探究过程

（1）教师引导幼儿站好队形，以胶州秧歌作为高新区博览会的开场舞，烘托欢乐气氛。

图 12-26　幼儿介绍自己绘制的高新区大地图

（2）引导幼儿大方、自信地介绍自己调查的高新区的六大产业、胶东文化以及自己绘制的大地图（见图 12-26）、制作的沙盘等，讲解自己眼中的高新区发展。

（3）幼儿积极带动大家体验高新区的民间游戏，如拾果果、翻花绳等，让大家在博览会上都乐在其中，深刻体验高新区的魅力。

五、总结与思考

（一）利用地域资源，引导幼儿充分探究，发展幼儿的主观能动性

高新区所处的胶东地区蕴藏着无数值得我们重视和借鉴的传统民俗，秧歌、拾果果、翻花绳都是传统民俗的传承与真情实感的体现；同时高楼林立、现代化科技发展迅速的高新区，也充满着孩子们在未来城市中生活所需的种种社会经验。小导游、污水处理、城市沙盘都是孩子们的已有生活经验的体现，本主题活动中的各种参观与亲身体验活动，使孩子们在大社会、大时代的背景下主动成长。

（二）在参观和反思中，不断提升幼儿的实验探究精神

参观地下污水处理厂后，根据幼儿兴趣进行的污水处理、发豆芽、晒海盐活动，都是幼儿在相对严谨的实验中不断实践、验证自己的猜想的过程。在科学实验中，幼儿深刻地感受着高新区的先进城市设计、底蕴深厚的渔盐文化，也在一步步地探究与发现中提升自己的科学素养。

（三）重视参访活动，让幼儿在走出去的过程中深入探究

高新区地下污水处理厂是城区发展的一部分。污水处理的高效、节能、便捷，反映了高新区城市规划的先进之处，引发了幼儿的一系列探究活动，可谓一举多得。对于高新区渔盐历史的调查，是幼儿对高新区理解的又一次思维碰撞。这座城区了不起的地方太多，令人喜爱的地方太多，幼儿在一次次的实地探寻和真正观摩中感受高新区、了解高新区。

（四）充分挖掘家长资源，家园合力推动主题实施

充分挖掘家长资源，可以为幼儿提供更多探究、学习的机会，增加幼儿学习的途径。提供丰富的材料、外出参访高新区规划馆和地下污水处理厂以及开展高新区博览会活动等，都离不开家长的支持和帮助。幼儿园与家长通力合作，有助于促进主题活动的不断推进和丰富，拓宽幼儿的视野。